超好看

01

超好看

01

惊奇物语

南派三叔等 著

南派三叔 等著

惊奇物语

JING QI WU YU

北京联合出版公司

目录

传奇篇

科幻篇

惊奇篇

志怪篇

传奇篇

惊魂夜

文/孙晓楠

一个出租车司机，
几个形迹可疑的包车人，
从北京到山西，
一千多公里车程，
两天时间，竟发生了许多奇特诡异之事。

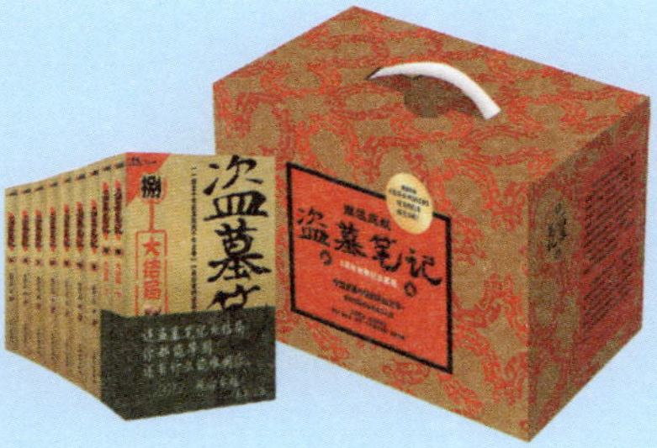

《盗墓笔记》六周年完美纪念套装

作者：南派三叔
定价：295.20 元　出版社：上海文化出版社

十年来最好看最火爆的小说，没有之一！
独家附送三大独家周边，
①《盗墓帝国·公民谱》；
② 十二张精美手绘妖怪明信片；
③“盗墓之旅”主题卡贴。

《若星汉天空》

作者：今何在　定价：54.80 元　出版社：北京联合出版公司

《悟空传》后，今何在极致幻想之作！恢弘壮丽的史诗级作品，讲述神族、人族英雄与魔王的宿命抗争。

出版十周年，逐句修订，绝赞典藏！

《凶宅笔记》

作者：贰十三　定价：32.80 元　出版社：花城出版社

南派三叔激赏钦点，炒房者买卖凶宅的诡异经历：遍布城市和乡村的凶宅，个个诡异无比、凶险异常。神秘莫测的风水奇术、驱邪怪招，能否对付骇人至极的一切？

每座凶宅，都有一个超级可怕的故事！

《诡案组·第二季》

作者：求无欲　定价：29.80 元　出版社：花城出版社

50万册畅销书《诡案组》系列最新作品！公安厅绝不公开的涉鬼奇案：电梯饿鬼、神罚杀人、蛊眼人魔、嗜血眼球、雨夜杀手、陵光谜案……中国版《X 档案》，所有案件根据真实案例改编，绝无虚构！

《最后一个道士》系列

作者：夏忆　出版社：百花洲文艺出版社

南派三叔力荐作品，中国茅山派最后一位掌教的绝密档案首次公开！368种已失传的道教密法能否改变上天注定的命运？最不为人知的道教密法背后隐藏着怎样惊天的阴谋？读《最后一个道士》，看中国最后一位茅山掌教驱鬼引魂的传奇人生。

009

惊魂夜

阴阳脸开出租车算是从良，最早以前他是个“耍儿”。身上文的两条墨龙有几处断了，不是文身师傅手艺不好，而是后来被人用菜刀和大片刀砍的。当时几处刀口鲜血淋漓，肉如同张开的两片嘴唇一般向外翻着，惨不忍睹。

伤愈之后，龙断了，阴阳脸改行开起了出租车，一开就是十几年。

一般司机跑夜车时，总爱留个长发穿个花衬衣，以震慑小混混儿，但阴阳脸动片儿刀的大场面见多了，脸上不怒自威，拉什么样的乘客都不憷头。他开出租以来，遇上过的稀奇古怪事打印了能拉一后备厢——什么半夜光着屁股打车的美女、上车时戴着手铐子的彪形大汉、拿根鞋带儿就敢来勒脖子抢劫的15岁小姑娘……真可谓五花八门。久而久之，阴阳脸已经见怪不怪、处变不惊，但山西之行那一夜遇上的怪事，至今想起来仍能让他毛骨悚然、遍身冷汗。

1

2009年冬，阴阳脸在街上扫马路时，遇上了一个打车的。那人花白头发，40多岁，操一口山西话，说要去山西临汾。

阴阳脸当时吓了一跳，这趟路单程有1000公里，开出租这许多年，从没遇上过这么大的生意。

阴阳脸还在盘算如何开口谈价钱，对方却很爽快地说：“我们只坐单程，你回来的一切费用都由我们包，一共给你3500块，过路费什么的都在这个价钱里了，你看行不行？”

阴阳脸脑袋热了热，暗自盘算，自己一天的纯利不过几十块，一两天的时间，能赚将近两千块，这可不是小数啊！

转念又一想，这不会是个圈套吧，哪有这样的好事儿？

对方似乎看穿了阴阳脸的心思，掏出一张纸和一个塑料卡，递给了他。阴阳脸一看，塑料卡是个身份证，就是眼前这人，那张纸是身份证的复印件。

那人说："我们一共四个人，我们哥儿仨带着瘫痪了的妹妹回家。我妹妹病不轻，自己无法行动，飞机的规矩是自己不能走路的人，没有医生随行一律不准登机。我们老家在黄河边上，穷得很，没通火车，妹妹也经不起那折腾，只能打车。我们打算明天一早四五点钟就出发，你也不用带钱，明天我们先给你1000，路上缴费、加油什么的杂用。这是我的身份证，你比对比对，要是愿意去，就留下复印件，给家里备个安心，不行我们就再另找个车问问。"

阴阳脸仔细看了看那身份证，不像假的，这花白头发说得面面俱到，打消了他所有的顾虑。阴阳脸说："行，就这样定了！"

双方约好时间地点，各奔东西。阴阳脸赶回自己经常等活儿的商场门口，见了熟悉的哥们儿，就说了这个事，看看大伙儿有什么说法。几个出租车司机一听，先是羡慕，然后怀疑，说："二瘪那么壮实的汉子，怎么让人弄死的？三炮可是体校武术教练下岗的，胳膊怎么让人砍断的，你都忘了？便宜就是当，别把你糊弄出去来个套脖儿勒吧！"

一个经验丰富的老司机插进来一句："人为财死，鸟为食亡，非去没人拦着你。明天你仔细看看，他那个妹妹有没有问题，病重不重。1000公里路可不近呢，别死在你车上就行。"

这话说得有道理，阴阳脸上了心。

2

转天早晨4点多，天还没亮，寒风在黑暗中力道极猛，吹得街上的垃圾杂物四处乱窜。阴阳脸把车开到约定的一片居住区，老远见花白头发带着一高一矮两个弟弟，拿着行李，推着一辆轮椅等在那里。

轮椅上坐着一个女人，头戴红帽子，围着大红围脖，脸上只露出一副眼镜。

阴阳脸停好车，下来寒暄几句，想跟着抬那个女人。老司机那句话让他想了半宿，他一定要借上车的机会好好看一看。那女人在轮椅上一动不动，帽子和围巾几乎遮挡住她全部的脸，阴阳脸也看不见她的年龄相貌，嘴里念叨着“我来搭把手”，就上前帮忙。

花白头发并没有阻拦他，阴阳脸刚把手搭上那女人的胳膊，那女人就说：“让我哥哥舁吧，掰扯重了疼。”

矮个子对着阴阳脸笑了笑，说：“我们哥几个舁吧，您帮忙把轮椅放后备厢里吧。”

阴阳脸愣了愣，花白头发解释说：“‘舁’是我们山西土话，就是抬的意思。”

阴阳脸一夜乱想，怕的就是病人半路挺不住，死在他车上。既然那女人说话声音底气十足，绝非垂死之人的气息奄奄，他就放了心。两个山西人各托着女人的一瓣屁股，扶住肩膀，将她抬起来，挺费劲地往车里抬。阴阳脸就开了后备厢，将轮椅折叠起来，放了进去。

关上后备厢时，那三个山西人也把妹妹安置在后座中间，一边坐了一个，花白头发坐到了副驾驶位置上。

阴阳脸一上车，便闻到一股酱牛肉的冷香，他估摸是山西人怕半路饿，自带的吃食。阴阳脸抽抽鼻子，从气味上辨别出，是真正的一斤牛腱子肉出四两那种地道老手艺，不是超市里那咬到嘴里和粉肠差不多的廉价货色。

花白头发掏出1000块钱，递给阴阳脸，说：“这是咱昨天说好的，路上加油的钱，您先收着。”阴阳脸客气一句，也就把钱揣起来了。

当时还没到早晨5点，路上一片漆黑清静，也没几辆车，阴阳脸领取了高速卡，就上了高速。花冠出租车开得很快，以每小时100多公里的速度，直奔石家庄方向。

上午8点，车过石家庄，进入山西境内。这段高速是劈山而建，两边开始出现连绵不绝的群山。阴阳脸没怎么出过远门，第一次来太行山，受不了车速忽高忽低，耳朵开始出现异常反应，又是阻塞又是耳鸣。花白头发见他一个劲用手指掏耳朵，就给他出主意，让他咽唾沫试试。阴阳脸一试，果然见效。

花白头发很热情地给阴阳脸讲解沿途的风景，路过大寨一带时，他指着公路左边告诉阴阳脸说：“从那个方向走过去，就是当年全国都要学习的大寨村，当年村长陈永贵还当过副总理呢。毛主席说过的：工业学大庆，农业学大寨！”

阴阳脸很兴奋，觉得又赚钱又开眼，实在是不虚此行。他一边开车，一边观看路两边黄土窑洞的山西民居，也没顾得上再注意后座上的三个人，嘴里直夸山西好风光。

花白头发笑着说：“兀的哩！”

阴阳脸不懂，矮个子解释说：“就是你们说的‘那当然了’！”

3

车到太原，满箱汽油已经消耗大半，见到服务区，阴阳脸就把车开进去加油，几个山西人轮换着上厕所。阴阳脸把憋了好久的尿放出去，人轻松了不少，却猛然觉得不大对头。

这一路行来，几次在高速公路服务区上厕所，那女人都没趁机方便方便，而且车里坐满了人，又开着暖气，那女人的红帽子和大红围脖始终没摘下来过。

回到车上，花白头发还没回来，阴阳脸便对那女人说：“大姐，你也不去上个厕所啊？”

那女人还没回答，她身边的矮个子先说：“给垫着尿不湿呢。我们都是大老爷们儿，带着她上厕所太不方便了，你说是去男厕所还是女厕所？没办法，将就一些吧！”

阴阳脸恍然大悟，谁赶上这样的事，也都只能让那女人尿在尿不湿里。但那女人一动不动，低着头歪倚在后座上，瞧上去要是没有两个弟弟在左右支撑，她一准儿会倒下来。阴阳脸皱了皱眉头，刚想说话，矮个子说：“我哥去买吃的了，师傅你回避一下好吗，我们哥儿俩给我妹换一块尿不湿。”

阴阳脸见人家这样说，只好下车避嫌，心里嘀咕那高个子的山西人一路阴着脸，一句话都没说过，莫非是个哑巴？隔了一会儿，花白头发拎着一个大塑料袋回来，见了阴阳脸就说：“委屈点儿，山西运煤的大货车太多，我怕后面的路会堵车，咱就别在餐厅里吃饭了。我买了吃的，咱就一边赶路，一边填填肚子算了。”

车开出服务区，又朝临汾方向驶去。花白头发取出面包夹香肠，分给几个人充饥，阴阳脸肚子也饿了，嘴上客气一句，接过来就吃。车厢里酱牛肉香气四溢，香肠里淀粉却很多，阴阳脸一边吃一边暗骂：老醯儿，果然抠门，藏着上好的酱牛肉不拿出来，用碎烂肉做的香肠穷对付！他肚子里有了食，脑子活泛起来，发现几个男人都在大嚼，唯独那女人依旧坐在那里，不吃也不动。

阴阳脸刚想从后视镜再看一眼，就听见背后那女人嘟囔一句：“还有多远啊？”

几个山西人只顾大嚼，都没搭话，阴阳脸觉得不合适，使劲咽下嘴里的面包说：“我也是第一次跑这条路，不熟。看公里数刚跑了一半，还有五百公里呢。”

那女人没再说话。出租车再往前开，就遇上了堵车，前面是一眼望不到头的车龙，几乎都是运煤的晋牌大货车，密密麻麻塞满了只有两条车道的高速路。起初，阴阳脸还仗着车小，循着大货车的缝隙往前硬挤，挤出几百米之后，前面再无间隙可过，只得老老实实等着了。堵了半个小时之后，再看后面也是一眼望不到头的车龙了，一点儿挪移的余地都没有。

又堵了个把小时，车龙开始以虫爬的速度缓缓向前移，十分八分钟里也没移动出几十米。光耗油不走路，阴阳脸急得要命。那几个山西人看起来比他还急，花白头发几次三番下车打探，都没探出堵车的原因，回来就是长吁短叹，直说这下天黑前赶不到家了！

4

阴阳脸正烦躁中，只听那女人说：“我有点儿渴。”

后座矮个子就说：“妹子，忍着点吧，喝多了水又尿，不方便。等你渴得忍不住了再喝吧。”

那女人就没再说话。

阴阳脸担心那女人的屎尿弄脏车座，有心提醒那几个山西人，又始终觉得不好意思，再想既有尿不湿垫着，冬天里穿的衣服又厚实，拉尿也不大可能渗出来，干脆闭口不谈。几个人都放下车窗玻璃，在车里抽烟。

这一堵耗去了好几个小时。等道路终于疏通，出租车驶出大运高速的临汾出口时，天已经快黑了，还下起了大雪。出租车的里程表上显示，已经走了大约800公里。

山西人说，要去的地方在深山里，奔黄河方向，是个还用羊皮筏子的小山村，还有200多公里的盘山公路，盘着吕梁山走，不大好开。

阴阳脸开了这么久的车，已经很疲乏，怕自己犯困，索性打开了收音机，听听音乐。此刻收音机收到的已经是山西当地的音乐节目，一首山西民歌《六到你家》：

第一次到你家，你呀你不在，你爸爸打了我两呀么两烟袋；
第二次到你家，你呀你不在，你妈妈打了我两呀么两锅盖；
第三次到你家，你呀你不在，你家的大黄狗咬我的裤腰带；
……

阴阳脸觉得十分好笑，忍住了没说，要不是车里有个女的，他一定会感叹这民歌的歌词隐晦。这首歌听完，阴阳脸精神头儿好多了，全神贯注地继续开车。

第一眼看见吕梁山，就是满眼的碎石头，在天津开惯了车的阴阳脸领教了吕梁山的厉害。一边是山壁，一边是悬崖，坡度没多少缓冲。209国道落了雪，像一条扭曲着爬山的大白蛇，连续七八道胳膊肘一样的弯道，盘旋着向山上冲去。

盘山路是没有路灯的，前面常常是悬崖深谷，只有走到近前，才知道山路拐了大急弯。这时天色已经完全黑了，那股酱牛肉的香气又钻进阴阳脸的鼻孔，他忍不住嘟囔一句：“你们到底带了多少酱牛肉啊，这么大的味儿？”

“酱牛肉？哪有酱牛肉？”花白头发看了阴阳脸一眼，诧异得很，“我们没带酱牛肉啊？”

阴阳脸一怔，抽抽鼻子，花冠车里酱牛肉香气极浓：“没带？难道你们闻不见吗？”

“没有啊！”花白头发抽抽鼻子，闻了几下，回头问后面，“你们闻见了吗？”

后座上那女人没出声，两个男人都摇头，矮个子说：“没有，没闻见什么味儿。”

花白头发道：“兄弟，你饿了吧？我这里还有面包夹香肠，你来点儿垫垫肚子，到家咱喝酒。”

“是饿了，可不能吃，这路太难走，饿着肚子开车人精神，吃饱了容易犯困！”阴阳脸说的是实话。

五个人在一辆车里，只有一个人闻见气味，如果不是四个人装傻，那就是自己的鼻子出问题了！阴阳脸心里纳闷，却顾不上再多想。

5

山路越来越难走，阴阳脸在黑暗中睁大双眼，努力辨识着路面，小心翼翼地驾驶着他的出租车。黑暗、雪地、山路，驾车三大“高危老虎”一起到来，谁还敢开快车！车速一直保持在每小时50公里以下，照这个速度，200公里路程至少需要四五个小时。轮胎的纹路沾满了雪之后，车轮就变成了光溜溜的一个圆，抓地力越来越小，几次转弯和加速，车尾都小幅度地甩了屁股。车上人都捏了一把汗，要是甩大了，幸运的撞在山壁上车损人伤，不走运的可能就是连车带人飞下悬崖，车毁人亡。

阴阳脸把心都提到了嗓子眼儿，为了防止急刹车，他又降低了车速。沿途时有对面开过来的运煤大货车，多是载重50吨敢超载120吨的超级大家伙。这些车因为长，在盘山路转弯处都习惯往路中间开，占住一部分逆向车道，以便给车尾留下充足的余地。如果不是雪天，遇到这种情况，阴阳脸只需踩下刹车减速，就可应对，但此时路面如同滑雪场一般，刹车踏板绝不可轻易踩下。万一和运煤大货车相撞，人家100多吨的重量，轻易就能把一吨多重的花冠车顶下悬崖。

如果没有其他过路车在场目击，出了这样的事，大货车很可能一走了之。不管是交警，还是死者家人，永远都不会知道车是如何飞下悬崖的。

就这样又开了几个小时，半夜11点左右，离目的地已经很近了，山路越来越窄，也越来越险。

走盘山公路，如果上山时路右边是山壁，左边是悬崖，并不意味着这一路都是如此。穿山的国道省道，经常是循着最便捷的途径修成，常常在两座山峰交界处又依循着另一座山修路。这样一来，你的车有时候是靠着山壁，有时候就是靠着悬崖了。

阴阳脸在开到下坡一个大急转弯时，正贴着悬崖这一边，突然发现有块巨大的石头横在前方路面上，足有八仙桌子般大小。

吕梁山是砾石沉积层，极易剥落崩塌，落在路面上还算好，赶巧了要是落在经过的车辆上，小轿车瞬间就能被砸成一坨人肉罐头。

阴阳脸没敢在雪路上踩刹车，他向左打轮，驶向逆向车道，打算绕过去。就在这时，前面急转弯的悬崖处突然出现了强光，接着一辆运煤大货车就从山壁遮挡处驶出来。

花白头发一声惊呼。这时停车，不管能否及时停住，都等于把安危交给了对面的大货车。那一百多吨的大家伙自转弯处过来，眼前突然出现一辆逆向行驶的车，它未必能及时停得住。

阴阳脸一脚油门，提起速度，指望在大货车开过来之前抢回自己的车道。大货车这时也看到了他们，鸣着气喇叭踩了刹车，喇叭声在这深山里奇大无比，震耳欲聋。阴阳脸这一脚油给得狠了一点儿，花冠车明显有点侧滑，双方车头在相距十几米时，花冠车终于抢回悬崖这边的车道。

一大一小两车交错的瞬间，阴阳脸隐约听见大货车的司机隔着玻璃狠狠地咒骂道："你个个抛啊？开哪里来了！"

阴阳脸虽不知道"个个抛"是什么意思，但想必不是好话，刚要回嘴，突然发现眼前路面上居然还有几块人脑袋大小的散碎砾石。急切间目测，绝对高于车底盘。

左边是运煤大货车，右边是万丈悬崖，前方是高于车底盘的落石，阴阳脸没有办法，狠狠地踩下了急刹车。

花冠车严重侧滑，斜着朝悬崖滑去。

阴阳脸这辆老款的1.6升花冠，虽然是十万元车里配置极其少有的前后碟式刹车，但标配没有ABS，急刹时，车轮很容易被抱死，在干燥粗糙的柏油路面上，会留下两条黑色的刹车带拖痕，在这滑溜溜的冰雪路上，抱死的车轮就成了雪橇板。

花冠车极速朝悬崖滑去，阴阳脸急打方向盘，但四个车轮早已是在雪路上滑动而不是滚动，方向盘根本无法控制车辆的方向。

这只是一瞬间，反应再快的人也来不及跳车逃生，极度的恐惧使车后座上的矮个子惊叫出声，而阴阳脸的脑袋里只有一个念头：这辆车还欠着四万块钱账，车毁人亡，谁来赔偿还账?

“咔咔咔！”三声刺耳的巨响，花冠车在悬崖边突然停住，巨大的惯性使车内所有人都向前一趔趄。那女人因为坐在后排中间，前面没有椅子背遮挡，更是扑倒在花冠车两个前座之间的手刹拉杆上，帽子飞到了前仪表板上。随着一起飞过来的还有一个黑乎乎的物件，“啪”的一声磕在挡把上，跌落在阴阳脸脚下。

车厢里极为安静，只有那女人伏在两个椅子背之间，嘴里如捣蒜，阴阳怪气地一个劲说：“到了吧吧吧吧吧吧吧……”

阴阳脸惊魂未定，侧过头看那女人，那女人居然只有多半个脑袋!

阴阳脸脑袋嗡的一下，手脚冰凉，整个人都蒙了。

他的第一个念头就是：我拿什么来赔这一条人命!

他的第二个念头是：脑袋都没了半个，怎么还说话?

三个山西人脸色煞白，都不说话，阴阳脸满腹狐疑，战战兢兢地去捡脚下的那个黑色物件。他本以为是那女人磕掉的小半个脑袋，捡到手里一看，居然是个随身听。随身听被撞到了放音键，不知哪个零件卡住了，一个劲地反复播放一个女声：“吧吧吧吧吧吧吧吧吧吧吧……”

6

阴阳脸突然醒悟过来，他抑制不住愤怒，朝身边那花白头发大喊道：“你们这是蒙我拉尸啊！”

“别喊，别喊，有事好商量！”花白头发一边说，一边捡起那顶红帽子，笨手笨脚地戴回到那具女尸的半个脑袋上，后座的两个山西人伸过手来，把那女人拉回去。

阴阳脸一看，那女人又恢复了这一路上的姿势，歪坐在后座上，大红帽子大红围脖，只露出一副眼镜。

阴阳脸浑身发凉。荒郊野岭上，对着这三个大汉和一具死尸，也不知道该怎样做才好。随身听还在放着令人毛骨悚然的“吧吧吧”的声音，山西人接过来，把它关了，车厢里立刻安静下来。

雪越下越大，雨刮来回摆动，前风挡玻璃外面，看不见路面。刚才那辆大货车早已在漆黑的山路上消失无踪，想必已经拐过了这座山。

“咱们别停在这儿，要是掉下去可就完了！”花白头发说，“咱们看看这车，要是还能动，咱们靠靠边再说话。”

事到如今，安全才是第一位的，阴阳脸顾不上后座的女尸，打开花冠车的双闪灯，和花白头发一起下车查看。

这一看才发现，车头前保险杠已经在悬崖边悬空，探出去半尺多，三个车轮还在实地上。阴阳脸心中暗叹好险，他拿出手电筒，向车下照，原来是两块人头大小的砾石，卡住了花冠车的底盘钢梁和防护板，这两块石头又顶住了悬崖边的一块岩石，救了四个人的性命。

底盘钢梁并没有变形，防护钢板虽然有两处凹痕，扯断一处连接，但并不妨碍驾驶。三个山西人陪着阴阳脸一起看了车况，矮个子一脸惊讶，突然冒出一句：“透来，这是祁家铺子啊！”

“透来”是句山西方言粗话，类似“我靠”。

三个山西人脸上都露出了惊恐的神色，那个矮个子扑通一声，就朝着花冠车后座跪下了，磕了个头，嘴里念叨着：“妹子，是你嫂子当初不让我管的……当哥哥的对不起你，你大人有大量……别带我走……我家里……不是，我们几个家里都还有一大家子人呢！”

山路极黑，花冠车的双闪灯一亮一灭，橙黄色的光照得几个山西人脸上忽明忽暗，有种说不出的诡异。阴阳脸见他们面露恐怖之色，头皮都炸起来了，不知道这祁家铺子是怎么回事，更不明白这几个山西人为何如此害怕。

花白头发定了定神，照着跪在地上的那矮个子屁股踢了一脚，骂道："你个个抛啊！球毛鬼态！闹球甚了？妹子这是救了咱几个，她活着时最知道疼人，死了还能翻脸不成！"

被踢的年轻人也没还嘴，又磕了三个头才站起身，花白头发见阴阳脸欲言又止，便说道："咱们先把车挪到安全地方去，然后我再给你讲。"

四个男人商量一番，由花白头发脱下外衣，罩在女尸的头上，然后一起掏出"水龙头"，各自对着一个车轱辘放热水。雪夜的深山公路上这般景象很诡异，但热水浇化了轮胎上积存的冰雪，轮胎冒着热气，露出了具有良好摩擦力的深深的花纹。朔风夹着雪片飞舞，四个大男人放完最后一滴热水，各自打了一个寒战。阴阳脸在山路上站了半天，冷鼻子回到车上，又闻见酱牛肉的香气。他顾不上这个，小心翼翼地向后倒车，山西人在车后看着，出租车慢慢倒回柏油路面，几个人才长出一口气。

7

众人回到车上，阴阳脸在狭窄的盘山公路上找了一处视线好些的地方，停下来熄了火。

花白头发说："这里停车不安全，别让运煤的大货车把咱撞了，反正离我们家很近了，还是边走边说吧。"

阴阳脸说："走不了，来火葬区死亡的外地人按殡葬法一律就地火化，跨省运尸不合法！要是遇到检查的，对你是罚款5000块，对我呢，罚款10000块，还要扣车，那一扣车就是六个月，交不出罚款就拍卖。我拖家带口的招谁惹谁了？"

花白头发求情道："兄弟，算我们哥几个求你了，你就帮我们把妹子送回去吧，反正也没有多远了！这荒山野岭深更半夜的，不会有人来查。要是真遇到检查的，该怎么挨罚我们自己担着，你就都当不知道。"

阴阳脸知道一旦遇上检查的，这些解释都屁用不管。他摇了摇头，掏出手机打算报警，一瞥眼间，手机竟没有信号。花白头发的山西人一把捂住阴阳脸拿手机的那只手，后座上始终没开过口的高个子恶狠狠地说：“让你开就麻利开，别自找倒霉，你一外地人也不睁眼看看，这是到谁家门口了？”

阴阳脸也不言语，脸上忽阴忽阳，伸手从驾驶座下面抽出卸轮胎的大扳手，扭头瞪着高个子。他抡着片儿刀满街打群架那时的经验是：我不怕你，你就怕我。熟悉他的大小混混都知道，阴阳脸的脸色忽阴忽阳，那就是动手的前兆。几个山西人虽不清楚阴阳脸的过去，但也在一瞬间从他脸色上看出，这绝不是个好惹的主儿。

花白头发朝自己弟弟骂道：“闹球甚了？这没你说话的份儿，割捞捞里蹲着去。”

高个子马上不出声了，扭头扶了扶歪倒的妹妹尸体。

“她是我们的小妹妹，”花白头发说，“我们老娘瘫痪了，吃喝拉撒都在床上，没人照应不行。我们几个欠债的欠债，下煤窑的下煤窑，家里老婆孩子都管不过来，更没精力照顾老娘。这副担子，就由我们这个没结婚的妹子一个人担起来了。她本来还处着个对象，都谈婚论嫁了，这下也耽搁了。人家男方的家长说得在理，花钱盖房娶媳妇，总不能再接来一个瘫痪的老娘养着。那男的跟我妹妹是真好，一等就是七八年，最后年龄大了，再耽搁就连孩子都耽搁了，家里催得急，实在等不下去了，就逼着我们妹子表态。我们妹子也没法子，就跟我们几个当哥哥的商量，先替她照管一段时间，等她成了亲，再回来服侍老娘。我这当大哥的也有私心，怕她这一走不再回来，干脆支支吾吾躲了。”

“我们都不对！”后座上两个男人叹了口气，说，“咱都对不起咱妹子！”

花白头发接着说：“有天妹子买了十来斤上好的牛腱子，又是煮又是熏，流着眼泪做了一锅酱牛肉，做好了也不给我们吃，都放在一边晾着，我们也不知道她这是干啥。那男的偏偏就来了，一进门闻见酱牛肉的味道，就掉了眼泪。他这一哭，俺妹子也下了泪，拿出个袋袋就把熏好的酱牛肉都装了进去。”

阴阳脸听到这里，下意识地抽了抽鼻子，车厢里依旧飘着浓烈的酱牛肉的冷香。

“那男的说家里逼得急，硬找了个女子，这就要娶亲了。俺妹子也不言语，把装着酱牛肉的袋袋递给他，扭头就进了偏窑，再不肯出来。那男的拎着袋袋，站在正窑里唠叨：‘这是我这辈子最后一次吃你做的酱牛肉了！我是再没这个福气了！’咱妹子虽没说什么，但好几天眼圈都是红的，坐在窑洞里守着老娘发愣，眼睛总朝着那男的村子方向看。其实对着黄土墙，隔着黄土山，又能看见什么啊！”

阴阳脸一动不动，看着风挡玻璃外纷飞的大雪。

花白头发又讲道：“说来也巧，那男的结婚才三天，我们老娘就过去了，发送老娘那天，我妹妹哭得都昏死过去了。前赶后错，就差这三天，这就是命啊！”

阴阳脸心里一酸，忍不住从后视镜看了那女人一眼，依旧是两个哥哥扶持着她，红帽子红围脖，一动不动地歪坐在后座中间。

花白头发又接着说：“发送了老娘，我们几个商量着给妹子找个人家，可她都过了30岁，在我们这里，她这岁数可就真算太大了。邻近村子再找不到合适的，找个死了老婆的吧，又对不起我那黄花妹子。村里人都知道她恓惶，但她不愿意受人可怜，要出门去大城市打工，远远离开这块地方。一家人好说歹说，都劝不住她。这一去，遇到了车祸，让个大汽车碾破了脑袋。”

花白头发继续念叨，声音里带了哽咽：“我妹子为这个家操持了一辈子，给老娘端屎倒尿好几年，从来没享过一天福。就这么在异乡异地被烧成灰，做一辈子孤魂野鬼，那我们这几个哥哥，也太对不起她了！我们就打算把她带回来，埋了，有机会再寻个没结婚就死了的年轻男人，给我妹子结个阴亲，埋在一起，好歹算是个安慰！”

阴阳脸听到这里，二话没说，将大扳手插回到驾驶座下的缝隙里，启动汽车，又开了起来。

花白头发长嘘一口气，抹了抹眼角的泪。阴阳脸想了想，问道：“不对啊，出了车祸，那尸体是由交警监督着送到殡仪馆的，殡仪馆连着火葬厂，层层手续，你们是怎么把她弄出来的呢？”

花白头发叹了口气，说：“别提了，这世界上的事，有时候难办，有时候又简单，说细了对谁都不好。”

阴阳脸小心翼翼地开着车，鹅毛大雪扑落在风挡玻璃上，又被雨刮器快速抹去，再落，再抹，周而复始……

阴阳脸想起磕头的事，不明所以，问道：“你弟弟磕头是怎么回事？祁家铺子是什么地方？”

花白头发脸像浸了老陈醋，酸着脸嘟囔一句：“那男的就住在祁家铺子……”

阴阳脸汗都下来了。

8

几分钟后，花冠车下了公路，驶进一个黑乎乎的小村落。按花白头发的指引，停在了山前一个小院子前，院子里是依着山挖就的三孔黄土窑洞，镶着木头门窗。

女尸依旧呈坐姿，红帽子红围脖，出嫁女一般被几个哥哥抬下车，进了窑洞。花白头发请阴阳脸进屋吃饭，收拾屋舍让他睡一夜，明天再回。阴阳脸本来不肯进去，却拗不过山西人的热情，答应喝一杯热水再走。

这是阴阳脸第一次进窑洞。进了正窑，迎面看见桌子上摆着一张遗像和几样简单的供品。照片上是个有几分姿色的农村姑娘，留着长发，一双小眼睛细细的，正微笑着。

照这张相片时，想来她还在无限幸福之中！

这姑娘的五官除了眼睛小些，其他都不错。阴阳脸当时就想，如果生在大城市，去割个双眼皮，打扮打扮，一定是个美女。

花白头发拿出一沓钱，说：“兄弟，我们家你也看见了，不富裕，后面又要办丧事，再多我也拿不出来了。这3000就算是剩下的车钱，你收下吧。”

事先约定的车费是3500块，阴阳脸前面先收了1000块，应该再收2500块。他想了一想，接过那3000块钱，数出十张百元票子，还给那山西人。

花白头发一愣，问：“怎么？”

“拿着吧，我都想好了。”阴阳脸说。

花白头发说什么都不肯接回来，双方拉扯半天，最后阴阳脸说：“得，这1000块算是我给这位妹妹上炷香，你们别驳我的心意。”

花白头发这才把那1000块钱收回去，说：“家里也没啥好吃的，尝尝我们山西的和子饭吧！”

延伸阅读

结阴亲

简单来说，结阴亲就是给还没有成亲便去世的人，找到门当户对的也去世了的异性，通过一系列程序，把双方的尸骨合葬到一起，在阴间结成婚姻。这种习俗早在汉朝之前就存在，在宋代最为流行，直到晚清才逐渐消失。

阴阳脸不知道合子饭是什么吃食，他怕村子里谁家对拉尸这事看不顺眼，或者跟丧主家不睦，去打小报告，村里要是来人扣了他的出租车，麻烦就大了。他说什么都不肯留下品尝这没听说过的和子饭，这家人留不住他，十分过意不去，把阴阳脸送了出来。临出屋时，阴阳脸就觉得正窑里冷风嗖嗖，不由得又看了一眼那女人的照片，照片上的女人还是那样微微含笑。

花白头发特意拿出八个苹果，在出租车前后各放四个，说：“四平八稳，一路平安啊！”

9

阴阳脸一上车，又闻见车里有酱牛肉的香气，他百思不得其解，驶出村子，上了公路，沿来路往回开。也许是因为车里只剩下阴阳脸一个人了，温度很低，暖气开到最高挡，车厢里还是比来时冷得多。阴阳脸冻得哆哆嗦嗦，几次拿手去试暖风口的温度，都觉得很热，不知道车里怎会这么冷。

走了一段路之后，花冠车突然熄了火。阴阳脸慢慢停住车，拧动钥匙打火，可是连打几次，发动机运转有力，就是点不着火。

阴阳脸看看仪表板，汽油还有，水温不高不低，机油压力充足，奇怪这车子怎么就是点不着火。他打开双闪灯，拿着手电筒顶着雪下车。车外虽是大雪纷飞，居然比车内还暖和些。他打开引擎盖子，查看电路，高压低压都没看出不妥。

阴阳脸站了半天，一回到车里，又闻见那股浓烈的酱牛肉香气。车子还是打不着，阴阳脸盯着那几个浅红色的苹果发愣，喃喃自语道：“没毛病啊，真见鬼了！”

“鬼”字一出口，阴阳脸不禁打了个寒战，回头看一眼后座——当然什么都没有，车里就他一个人。再试着打一次，后座右边的窗玻璃突然一声响，缓缓自动往下落，风夹着雪片，一下子冲进车，车里反而暖和起来。他发了一阵愣，按动玻璃窗总控制器，那块车窗玻璃又升了回来，一直都弥散在车里的酱牛肉香气也瞬间消失无踪了。

阴阳脸突然醒悟，他急忙下了车，打开手电筒四下搜寻，果然看见前面不远处的悬崖边有两块人头大小的砾石，虽然蒙上了厚厚一层雪，还是能看出地上有拖拉痕迹以及四大块黄色尿冰。

此处正是来时险些滑下悬崖的祁家铺子……

从悬崖边往下看，隐约看见下面几处屋舍，除了纷飞的鹅毛大雪，再无任何活动的东西。

突然，出租车里的收音机响了起来，播放的正是那首山西民歌《六到你家》：

第一次到你家，你呀你不在，你爸爸打了我两呀么两烟袋；
第二次到你家，你呀你不在，你妈妈打了我两呀么两锅盖；
第三次到你家，你呀你不在，你家的大黄狗咬我的裤腰带；
……
第六次到你家，你呀你不在，听说你三天前已把那盖头掀。

阴阳脸毛骨悚然，奔回车里坐定，又拧钥匙，这次一拧就是轻快的点火声音，花冠车随之启动。阴阳脸给了一脚猛油，车子加速过急，在雪地上侧滑一下，疾驰而去。

飞卷的鹅毛大雪，险峻的盘山公路，无边的茫茫黑夜，花冠车在吕梁山路上顶着大雪飞奔，阴阳脸开得畅快淋漓。沿途无数次上坡下坡急转弯，无数次险情，都有如神助般化险为夷，仿佛那八个苹果真有护佑一路平安的神效。出租车跑了一夜，天亮雪停时，终于到了临汾。阴阳脸问路时，听说高速路上已经撒了盐，他吃完饭就驱车上了大运高速。本来以为还会遇到大堵车，没想到一路出奇畅通，15个小时后，平平安安回到了自己的家。

后来阴阳脸把这段经历讲给相熟的司机们听，大家都不肯相信，有的说雨雪天电路容易连电，车熄火和落玻璃这类事不算稀奇；有的说放录音机装死人说话哪能唬住活人；有的说酱牛肉味是山西人耍手段掩盖尸臭；还有的嘴臭，说来回两千多公里开车闷，哥们你编故事哄自己开心呢？

阴阳脸脸上忽阴忽阳，微一抽搐，接着淡然一笑，也不辩解。

河流中的孩子

文/EDIQ

死亡来临的一刻很短暂，

他死在七岁那年，

死后的岁月却因为许多新朋友的存在，

看起来不算孤单。

是谁说，每一个人的命都是注定的？

他和少女Lan的故事又将是怎样的？

1/小鬼

我死了，那年我7岁。

死亡来临的一刻很短暂。当我看到自己被水草牢牢缠绕住身体时，才知道我已经回不去了——那今天我还答应妈妈会早点回家吃饭。

我的葬礼很简单，二十张塑料椅子几张桌子，亲戚们围着我的母亲，她已经几次哭到晕厥。父亲一根接一根地抽着烟——我从来没见过父亲抽烟。接着一场暹罗湾常见的暴雨让葬礼草草结束了。人们并没有找到我的尸体，只有我看着它一天天地肿胀变形。

开始的几个月，母亲常常会来河边呼唤我的名字，她沿着河道从日出走到日落。我尝试过回答她，虽然我知道她什么也听不到。两年后母亲又怀上了小孩，父亲担心她留在这里会经常想起我，决定卖了家当搬去城里。也许这样他们心里会舒服一点，我没有怪他们，只是从那天起，我再也没有家了。

每当雷雨交加的时候，我常常睡在猫窝，久而久之我认识了一个新朋友。它是一只白猫，我叫它“白”。对了，我叫Wit。

这段河域每年都有不少往生者，他们的尸体被打捞起来后，家人上了牌位，自然就有了供奉。但因为人们没有找到我的尸体，所以母亲一直都不愿承认我的死亡，不让家里人立牌位，更别说香火供奉。白告诉我，河流里的孤魂如果没有香火供养，就会去求水神，所以我决定去讨些供奉。记得那天我的肉身彻底腐化成了淤泥。

水神庙在水域的下游，这儿的水流急促凶险。水神的庙门前有许多鬼魂背着被他们拖入水的替身。我就曾经见过水鬼拉人下水，它们能幻化成美丽的姑娘、落水的孩童，直到活人靠得够近的时候，便显露出真身将其溺毙。

“Wit。”

我听到有人叫我的名字，这是在死后第一次听到别人叫我。

“真的是你！”一个黑黑的大哥突然把脸贴到我的眼前。

“我是芭蕉林里的井啊，你忘了？你几年前还来我这里许过愿，你想想。”

芭蕉林里的井？对了，我记得我家山后的芭蕉林确实有一口井。传闻以前有很多人在那里投井自杀，所以每到鬼节的时候，家里人就常带我去那里烧纸和祭拜。

“你是第一个来向我许愿的人，哪有人在鬼节对我许愿的，再说我那里根本就没死过人，也不知道是哪里来的传闻。”

井的表情不是太高兴。

“对了，你来求水神什么事？”

“我想讨些香火供奉。”我胆怯地看着他。

“你家人没给你立牌位？水神庙这么多无主孤魂，你要等到什么时候去。到我那里去吧！”他也没等我答话，便拉着我离开了。

芭蕉林一直都没变过，以前我经常和朋友来这里吃芭蕉，因为我们学校离这里不远。也不知道现在学校是什么样子。

井从供品中挑了些放在我的面前：“虽然被人谣传我这里死过人，不过唯一的好处就是，每年都有不少人来我这儿供奉，这些供奉都是我独占的。对了，你有想过拉替身吗，这样你就不用整天在河边游荡了。”

“我不想害人。”我摇了摇头。

“这样啊……那你就只有等下去了。不过你放心，我和水神大人也算是朋友，我会把你的名字放进去，慢慢排，总有一天会轮到你可以有供奉。虽然你生前的愿望我不能帮你实现，但你死后的这点小忙，我还算帮得上手。”

他拍了拍我的肩膀，我们就这样坐在井口上聊着。我听他讲了很多稀奇古怪的故事，有蜥蜴、蛇和蜘蛛，有芭蕉精，还有阴阳眼……

聊天的时候，有个女生一直在偷看我们，虽然她假装什么都没看到。看她的年纪，似乎是十四五岁。

“她叫Lan，她爷爷曾经偷吃了拉胡大人的供品，被拉胡大人惩罚，开了她的阴阳眼。”井不以为然地说道。

“她能看到我们……”我有些惊讶。

井拾起一个烂香蕉扔了过去，吓得她脸色一变。

“Lan，你走这么快干什么啊！”另一个女生从后面追上去，气喘吁吁地问。

“你在看什么？”

“我？没有……”她一边回答，一边故意加快了脚步。

“哈哈！”井对自己的恶作剧非常满意，“总之，以后你要供奉就来找我，改天我介绍几个朋友给你认识。”

2/萤火虫

很少有人在雨后的夜里来河边，每到这个时候就有大群大群的萤火虫在窄窄的河道中飞行，穿插在长而密集的水草丛中，就像水面上的银河。白不太喜欢雨季，这种天气它辛辛苦苦找回来的食物很快就会霉烂，对于一只讲究卫生的猫来说，这是非常恶心的事情。所以它打算换一个窝，这意味着我也会有一个新家。

这几天它一出去就会很晚才回来，直到有一日，它终于如愿以偿骗来了一个姑娘。这个姑娘我见过，她就是Lan。Lan的手里还拎着一个竹编的大篮子，这就是白的战果吧。它满意地在Lan的怀里撒着娇，意思是叫Lan换走它的草窝，之前它故意弄脏自己的目的就是这个。

我决定开个玩笑。

“喂！”我拍了一下Lan的肩膀。

她吓得差点跌倒，然后转身瞪了我一眼。

“小鬼，你是谁啊？”

“我是你的学长啊，二班的，这么多人，你一定不会记得。”我说完，一屁股坐到河堤上。

“我也觉得你有点眼熟，不过你怎么看也不像我的学长。”Lan的眼睛里充满了疑惑。

我心想：假如我还在世的话，怎么也要大她一岁，居然叫我小鬼。

“别来这边玩，我听人说以前这里淹死过小孩。”

“我不是小孩。”我不高兴地看着她。

不过以自己七岁的样貌，也难怪她这么想。

“好啦！雪，以后这里就是你的窝啦。”Lan摸了摸白的头，白舒服地竖起了尾巴。

“恶……”我故意装出恶心的样子，“它不叫雪，它叫白。”

“你怎么知道？”

“你请我喝水我就告诉你。”我起身走到Lan面前。

Lan想了想，似乎没有拒绝，我也就跟了上去。

“你叫什么名字？”

“Wit。”

“我叫Lan。”

小卖部的大妈打了个哈欠，这个时候通常不会有什么生意，她专注地看着电视剧，头也不回地递过来两瓶汽水。我和Lan坐在雨篷昏暗的灯光下。这还是死后第一次有人请我喝汽水，聊了没一会儿，小雨就下了起来。

“过路雨，下不了多久的。”大妈微微转了转头，似乎什么事都不能影响她看肥皂剧。

“跟我来。”我说完看了Lan一眼，示意她跟着我。

“Wit！等等！”Lan慌慌张张地付了钱，跟了上来。

我带她一路跑到了一处茂盛的水草旁边。

“下着雨，来这里干什么？”Lan有些不乐意。

“嘘！”我转身对Lan比画了一个动作，然后捡起一块石头，用力地抛出去。那些正蠢蠢欲动的萤火虫瞬间从草丛里惊起，在河道上胡乱飞舞。接着，相隔不远的草丛里的萤火虫也飞了出来，一团接一团与河流的倒影交相辉映。满河道的萤火虫都亮了起来，我站在呆住了的Lan后面，手指头悄悄地画了一个圈，那些萤火虫就跟着旋转了起来，围着我们，就像是银河一样……

“银河……”Lan回过神的时候，我已经离开了，就算是我付她的汽水钱吧。这里离公路不太远，路上有几对雨后散步的恋人，也都待在桥上看着这奇幻的景象。

“Wit，Wit……”

3/流氓

从那天开始我就经常跟着Lan，当然我会藏在一些她不会注意的地方，也许是对她有些好感，不过我的样貌毕竟只是七岁孩童。井常常笑我傻，白则不爱搭理我，毕竟我们太熟了。有时候我也会偶尔现身和Lan聊聊天、打打闹闹，不过那都仅限于她一个人的时候。

“总之暑假结束前我一定要表白，Wit你帮我把这封信交给Duang。”Lan递给我一封画着心形的信。

“我才不给你送情书。”

“我请你喝汽水。”

“这么恶心，让我先看看。”

“别看。”Lan一脸尴尬地抢着我手中的信。

我当然知道Lan说的Duang是谁，他原来是我的同班同学，不过现在可比以前要帅得多，以前他是不擦鼻涕的跟屁虫。我随意地把信从他的房门塞了进去。不行，我要吓吓他，谁叫他被我喜欢的女孩喜欢。

不多久，我如愿地听到了Duang的惊呼声。我得意地笑了，不过就是一个梦嘛，至于我在梦里对他做了什么……

“放开我。”我突然听到了Lan的呼救声。

我急忙赶到Lan等我的路口，看见几个醉汉和Lan正在那里拉扯着。我原本想冲上去，却被一个力量生生地拖了回来，是井。

“你可要想好了，你现在的样貌只有七岁而已，如果你能赶走这几个人，以后她可就知道你的身份了。我不是不帮你，你要知道，我出现的话，她可能会更害怕，再等等说不定会有人经过的。”井认真地说道。

我想起了井丢烂香蕉的那个情景，那应该不是他第一次吓Lan了。这时有一个醉汉抱着Lan，撕扯起Lan身上的衣服。

“我……不！”我挣脱开井的束缚，冲了出去，井也跟了上来。

“小鬼，滚开！”醉汉指着我怒骂，他的右手捂着Lan的嘴，Lan用眼神示意我快走。

“Lan……”闭上眼睛，我露出了我最丑陋的模样，我自己都不愿意看到的模样，但这是让普通人能见到我的唯一方法，也是灵界最禁忌的法则。因为每显身一次轮回的年限便会延后20年。

这是我死后第七天的样子，发白的眼睛、淤青的皮肤、湿透的头发和五官不住地流出水来。无论是醉汉还是Lan都被吓呆了，那醉汉大叫一声“鬼”转身就跑。接着井从我身后追了过去，我知道他一定不会让这几个人好过。可是Lan不同，她瞪大的眼睛里装着掩饰不住的惊恐，全身发着抖地站在那里。

“你不要过来！”她哭着对我吼道。

“我是Wit啊，Lan……”我看着她离开，慢慢地、轻轻地说道。

也许这个世界再没有人会记得我了……

4/大火

从那天起我再也没有见到过Lan，从她同学的聊天中，我知道Duang接受了她的表白。井常说失恋不是什么了不起的事，他经常看见分手的人来芭蕉林里痛哭。

“你懂什么是爱？你才七岁。”井拍了拍我的头。

我挣开他的手：“你懂吗？你只不过和芭蕉打打闹闹，你连说出来的勇气都没有。”我有些发火。

“你不过是个短命的小鬼，有什么资格这样和我说话？”井突然被触到软肋，激动起来。

“是啊，我就是小鬼，我什么都不知道。你守了她几百年，你说什么是情什么是爱，你又有什么资格说我。”我也顾不上这么多，就这样回了过去。

其实自从有芭蕉林时，就有人在山上开了这口井，与其说是谁先谁后，不如说它们相依为命。因为井水的供养，芭蕉树才熬过几次大旱活了下来，也正是因为这原因，她才有了精魄，有了念头。这就是芭蕉和井的故事。

“Wit。”井突然显得很平静，“有些事，不是想就能成的，因为有了命运就有了阻隔。就像你和Lan，你是被水淹死，而明天中午，她将被大火吞没，但你什么都做不了。我本不应该告诉你，因为每一个人的命都是注定的，就像我们认识，就像你们分别。”

“不！我会去救她，我会证明给你看，不是什么都是注定的。”我不愿再听井的话，头也不回地离开了芭蕉林。

“你会用下一世的轮回来换她的命吗？你马上就可以有供奉了，Wit！”我听见井遥远的怒吼声。

学校。烈日。上课铃。

我都快忘了，离上一次感受到这一切隔了多久，正午的烈日让我感觉像是要魂飞魄散一样。我尽量找有树荫的地方往学校去，我可不想从下水道或者马桶中出现，因为那不是我的风格，而且我也不需要为这个学校留一个鬼故事。

可惜我还是来晚了一步，熊熊大火已经烧进了教学楼，低楼层的学生都跑了出来。操场上人山人海，有的人在咳嗽，有的人在指指点点，而Lan的教室在五楼。我顾不上烈日的灼伤，头也不抬地冲了进去，然而每一步的挪动，我都感觉到自己的消散。

突然我看见楼道中有一个人影，是Duang。他一边叫着Lan的名字，一边试图往楼上冲。他不再是那个流着鼻涕的跟屁虫了。那一刻我觉得他真的很帅，不过以这个火势，他要冲上去似乎不是那么容易。

我帮他挡开一些浓烟后，身体已经越来越透明了。我的力量太小了，小到自己都快要消逝了。

“Wit！”我似乎听到了谁的声音。

“Wit！”他习惯性地把脸贴了过来。是井，他把我拽了起来。

“你还记得你小时候对我许的那个愿望吗？那种非常老套的黑白片的情节，你说想变成电影里的男主角，突出重围去拯救身陷困境的女主角，其实也不是不可以，虽然时间很短。”

说完他一把将我推了出去。冲出浓烟的那一刻，我看见楼梯镜子里的自己不再是七岁的样子。我有高高的个子、浓黑的眉毛、乌黑的眼睛、浓密的头发、高挺的鼻梁，穿着一身蓝色的校服和高帮的球鞋，这才是我真实的年纪，17岁。原来我也挺帅的，我很想留住这一刻，但却没有时间了。冲入五楼教室的时候，我看见Lan倒在了地上，周围还有一些晕倒的师生，我把Lan扶起来，紧紧地抱住她，用我冰冷的体温化解着四周火焰的灼热。

“Wit。”Lan慢慢地睁开了眼睛。

“Wit，对不起，对不起！”Lan哭着说道。

“没事的！”我紧紧地抱着Lan。无数火星围绕着我们飞散，就像那天晚上的银河一样。

操场上的学生远远地看到我们拥抱的身影，先是沉默，也不知道是谁大喊了一声，人群疯狂地沸腾起来。我听不到他们说什么，但我却听见了消防车的声音，听见了水的声音，听见了Duang的呼喊声。接着，消防车的水把我们淋了个透。

“如果有一天我们还能遇上，不要再叫我小鬼了，学妹。”我松开手，在她额头前轻轻地吻了一下，转身走回了残烟中。接下来抱着她的是Duang，当他扶着Lan走出教学楼的时候，全校的学生是为他们欢呼、拥抱，而Lan却努力地四处搜寻着我的身影……

“如果有一天……”

5/河流中的孩子

井和芭蕉还是老样子，鬼知道他们以后会是什么样子，也不对，我也不知道他们以后会是什么样子。

第二年，Lan和Duang都毕业了，他们考上了曼谷的朱拉隆功大学。说实话，我还是很羡慕他们。

同年，母亲接到了电话——警察从河道中打捞上来一具骸骨，验证DNA证明是我。从那天起我就有了牌位，有了香火供奉。

至于我的骨灰，母亲捐给了佛统府的高僧龙婆炎大师，做成了古曼童（泰国佛教中的金童子），那一年是佛历2547年。几年之后我被一个做音乐的人带到了中国，我委托他写下我的故事。

这就是我，河流中的孩子。

眼

文/轩辕小胖

人们认为眼睛是镜子，
比不可捉摸的心灵更加诚实。
但是，往往我们无法察觉，
这面镜子竟会出现那样匪夷所思的问题。

037

眼

1

我仰着头，眼皮被人用手指扒开，一滴透明的液体从上方落下，滴到眼球上的那一瞬间，我下意识地绷紧了身体。

“你每天至少要滴三次。”医生不客气地扒开我的另外一只眼睛，“眼里杂物太多。”

眼药水在眼球表面滑过，清清凉凉的感觉只存在了一瞬间就马上消逝，取而代之的是剧烈的异物刺痛感。

疼痛让我倒抽了一口凉气，医生却不为所动，继续撑着我的眼皮，凑近了观察，问：“你知道这样会有什么后果吗？”

说着，他松开我的眼皮，摊开手对我说：“得拿去洗一洗。”

他手里，赫然放着一颗血淋淋的眼球！

我猛地睁开眼睛，大口大口地喘气。

还好，是梦。

“杜平，做噩梦啦？”大李握着方向盘，瞄了我一眼，问道，“车颠得这么厉害你也睡得着。”

我勉强笑了笑，没有说话。汽车在山路上讨厌地颠簸着，此时却有一种真实的安全感，让我很快从噩梦带来的恐惧中平静下来。

只是有些好笑，这个医生我不是很熟，怎么会梦到他。

最近眼睛老是感觉不舒服，总是酸涩涨痛，给我看病的这个医生告诉我，这是每天对着电脑的后遗症。他给我开了两瓶特制的眼药水，效果好像还不错。

想到这里，我越发觉得眼睛酸涩得难受，从兜里掏出眼药水往眼里滴了两滴，也许是心理作用，感觉好一些了。

“还有多久能到？”我不再理会这个梦，转头问大李。

“谁知道呢？看来今天回不去了。”李大雄看着已经逐渐暗下来的窗外，叹了口气，“我还答应儿子早点回去陪他呢。”

手表显示现在是晚上7点多，我们在这山里已经开了五个多小时，车窗外依然是层层叠叠一眼望不到头的山峦。已经是深秋，白天比以往都短，落日的余晖照在枯黄的树干上，分外萧条。

地面杂草丛生，车窗上浮了一层灰。汽车颠簸得非常厉害，有几次我甚至要护住自己的头才不至于撞到车顶。

在这种情况下睡着，连我自己都觉得不可思议。

“不通火车，没有班车，这地方太偏僻了，简直与世隔绝。对了……”大李转过头问我，“这村子叫什么名字来着？”

我从包里找出打印的资料，翻了翻，回答道：“木亘村。”

“真难记的名字。”大李不耐烦道，“怎么这么久还没到，我都怀疑是不是真有这个地方。别是被骗了吧？”

“好好开车吧。”我望着窗外随口应付道。太阳已经转到山后，橘色的暖光被巨大的山峦遮挡，像是被夺去生命力一般，逐渐地暗淡下去。

2

选择当记者，也许是我人生中一个最大的错误。新闻要拼速度，报道要挖内涵，素材要鲜为人知，导致我随时都处于精神紧绷状态，为了挖掘值得报道的新闻而绞尽脑汁。手机每天响个不停，一接到报料的线索，我就得马上赶去。

报料人往往会夸大其词，一条狗咬伤了人这样的事，也能被他们形容成变异猛兽袭击。要么就是某个小区被淹了，急匆匆赶到一看，才发现只是楼上水管爆裂，浸湿了楼下的天花板而已。

但是没有办法，为了不漏过任何有价值的线索，第一时间拿到有意思的素材，我没有太多精力去筛选，只能疲于奔命。

在几天之前，我还完全不知道有这个村庄的存在。有个陌生的电话号码打到我手机上，报料这个偏僻的村子。

他提到村子的两个神奇之处都让人很感兴趣：首先，村子里的所有人，无论男女老少，几乎没有衰老的痕迹，一直维持原来的面貌，几年没有分毫的变化。其次，这个村子的人，视力都非常好，个个都能夜里视物。

报料人是用公共电话打来的，也没有留下任何联系方式。我每天要接无数个电话，却从声音上听不出来是哪个认识的人。

虽然有些疑惑，但我也没多想。我认识很多积极报料的人，他们并不是想要那点报料费，八卦这件事本身就足以让他们非常兴奋。

放下电话后，我查找了一下资料，发现这个村子果然存在，只是没在任何一条大路边，而是在山里。其他的信息就更少得可怜，应该是这个村子的人很少外出。不过正是这样，我觉得这个消息的可靠性更大了。从地图上看，村子就在我们这座城市的边上不远，于是我匆忙准备了一下，就带上摄像大李一起出发了。

可谁知道山路这么难走，这条道也不知道是哪一年修的，甚至不知道是否已经废弃。在山里转了整整大半天，其他的车都没有见到几辆。还有进山不久，手机的信号也没有了，不过也正是因为这样，我才有闲暇，在车上睡了一会儿。看着外面越来越暗的天空，我叹了口气，做好了无功而返的心理准备。

又硬着头皮开了一阵儿，转过一个山坳，此时天已经完全黑下来，但隐约可以看到有一些房屋的影子。路边立着一块破破烂烂的木牌，在车灯的照射下隐约能认出上面写着“木亘村”三个大字。

指着那个牌子，大李皱眉说道：“看起来有些奇怪啊。”

我注意到那三个字的旁边画着很多椭圆，里面套着小圆，还有一些简笔画一般的小人。那些小人头大身子小，也许是孩童的涂鸦，但仔细看，会发现有种怪异的不协调感，让人很不舒服。

车开进村庄，车头灯孤独地照在小路上。村庄内的所有房屋都没有一丝灯光。我们把车停在村子中心的空地上，发动机的声音停止后，我们发现整个村子死一般的沉寂，像是一个人都没有。

大李吸了一口气，摇下窗户，大喊道：“村里有人吗？”

没有任何声音回答，但我能感觉到，有无数的眼睛盯着我们。这种感觉让我毛骨悚然，我把手握成喇叭状，也拖长了声调喊：“有——人——吗？”

“有人吗？”

……

无论叫多少声都没有人回应。

大李看向我，耸耸肩：“我估计你被报料人给耍了。鬼村？这个玩笑可一点都不好笑。”

我能感觉到这村子里有人，但我没有把自己的感觉告诉他，因为这实在有点惊悚。我伸手到方向盘上，摁响了喇叭。

刺耳的车鸣声猛然划破夜空，这一瞬间，我能感觉到，注视着我们的视线消失了。

“吱——嘎——”随着破旧木门被推开的刺耳声音，旁边的屋里走出一个老头。他缓缓来到车前，语气很不友善地问：“大晚上的搞得这么吵，你们要干什么？”苍老的声音在这伸手不见五指的黑夜里显得异常阴森。

黑暗中我看不太清楚他的脸，努力睁大眼睛，却感到眼睛一阵酸涨。于是我从杂物箱里拿出电筒，拉开车门下了车，迎了上去。

“老大爷，对不起，打扰你们了。我们是省电视台的记者，想来采访一下你们村子。”我掏出名片递给老头，“你们村长在哪儿？”

“我就是村长。”那老头眼皮都没有抬一下，转身往回走，用不耐烦的语气缓慢地说道，“我们村子不欢迎外人，你们走吧。”

我和大李对视一眼，明白有戏。这种对象不是第一次遇见，对付的办法就是死缠烂打。我打开电筒，晃了晃四周，叫道：“村长，这天黑山路陡的，现在下不了山，能不能让我们借住一晚上？”

“回去！”村长忽然抬起头，谈话以来与我们第一次正面相对，厉声对我们吼道，“赶紧离开！”

我当记者走南闯北这么多年，但这时却被电筒光照射下的老人给吓了一跳。

村长的眼仁竟然是白色的，配合着老人凶狠的表情，一瞬间我几乎以为，站在我面前的不是一个活生生的人，而是一具没有生气的僵尸。

显然大李也被吓住了，片刻之后，他才吃力地说道："这么陡的山路，开车很危险的，您就让我们借住一晚吧。"

老头不为所动，转身继续走。对付这种极其不愿意接受采访的对象，我只好拿出杀手锏，说道："村长，即使你今天拒绝了我们，明天或者以后，也会有更多的媒体过来采访你们。既然你们不愿意接受采访，那我们就待一晚，明天一早就走，保证不告诉别人我们来过这里，这样总行了吧？"

委婉的威胁似乎起了作用，老头转过身，用惨白的眼睛扫过我们，最后面无表情地对我们说："进来吧。"

不知道是不是错觉，我看到他在说这句话的时候，嘴角挂着一丝嘲讽。

3

屋子里充斥着一股淡淡的土味，很久没有人住的房子才会有这种味道，虽然黑得什么都看不见，但是我能想象屋顶一定有不少蜘蛛网，屋子里肯定有不少蟑螂老鼠之类的。

大李问："大爷，灯开关在哪儿？"

村长找了个地方坐下："我们这里没通电。"

我有些无语，很难想象在这个年代，还有这么封闭落后的村子。

"那有没有蜡烛？"大李说着，"噌"的一声打着了打火机，明亮的火苗蹿出。

"住手！"村长忽然抓起身边的东西用力地砸向大李，情绪激动地吼道，"把那东西拿开！"

那东西从大李耳边擦过，砸在地上，发出清脆的声响——是一个大口的搪瓷杯子，表面的瓷已经掉光了，看上去年头颇为久远。

我们全都愣了，只是一个打火机，就拿这东西砸人？大李把打火机合上，惊魂未定地轻声骂道："有病啊！"

我不知道这老头是不是有什么怪癖，询问他能否打开手电筒，这下他倒没有反对。

借着手电筒的光芒，大致看清了这房间的格局。这间屋子里算得上完整的东西只有灶台和饭桌椅，墙角堆了一堆东西，前后左右各有一个门，我摸了一下桌子，上面积了厚厚一层灰。

这里非常古怪。我真不想等到明天，于是试着和村长套话："大爷，听说咱们这个村子里的人，眼神都特别好？"

"胡讲！"村长说，"就说我吧，得白内障这么多年，眼睛已经快看不见了。"

没等我继续讲下去，他站起身来说道："右边房里有床，你们就在这儿住一晚上。"村长站起来，走进左边的房间，走进门前又强调了一句，"明天一早就走吧。"

右边的屋子里只有一张大炕，炕上放着两床被子。床单和被子不知道放了多久，用手摸上去一种黏黏的滑腻感，甚至还有许多交错的蜘蛛网。

看着这张床半晌，大李冒了一句："这地方到底是住人的还是住鬼的？"

我们把被子挪开，把炕上的灰擦了擦，没脱衣服缩在墙角。

"你怎么看？"大李问，"明天真一早就回去？"

我摇摇头："这村子太古怪了，村长鬼鬼祟祟的，肯定在隐瞒什么。明天一早我们再找其他人问问。"

大李点点头道："我也这样想的。妈的，明天回去我儿子肯定又会生我的气了，不搞点什么料出来，就真是亏大了。"

山里的夜晚是比较凉的，但长途车程的疲劳还是让我们很快睡了过去。

我又梦到了有人在给我滴眼药水。

"滴答！"

药水滴到了眼皮上。

"滴答！"

药水又滴到了手上。

我的眼睛痒得要死，可是像是故意捉弄我，眼药水怎么都滴不到我的眼睛里。

我开始着急，觉得眼睛痒得似乎要爆炸一般，我愤怒得几乎要狂吼出来。

“滴答！”

过于真实的触感让我猛然惊醒，与此同时，一颗硕大的水滴又打在脸上。

外面下雨了，窗外传来清脆的雨声。屋内有数个地方漏雨，雨水噼里啪啦地打在地上，地上已经积了一层水，炕上的灰和雨滴混合成了泥。

“怎么搞的？”大李也醒了，“这房子怎么待啊？”

外面的雨越下越大，雷鸣夹着闪电在屋外咆哮，屋顶像是被戳了无数个洞的破伞，漏的雨已经汇集成了直线。

我叹口气：“算了，我们回车上睡吧。我去和村长说一声。”说完，我跳下炕，遮挡着头上漏下的雨滴，推开村长房间的门。

半腐朽的门发出刺耳的声音，隐约看到屋内的炕上躺着一个人。

“村长？村长？”

我叫了几声，却没有回应，便悄悄走到他床前。这间屋子漏水的情况不比我们那间好，炕上的水已经往下流，可是床上的人却一动不动。

这样也能睡着？我有些佩服地想。

忽然，一道闪电划过天空，在瞬间的光亮下，我看到了躺在床上的村长。浑身除了脸之外，都被一团黑色的雾气笼罩着，他的眼睛是睁着的，白色的眼球在一片漆黑中分外突兀，无神地凝视着空中。

闪电过后，屋内又回归了黑暗，紧接着一道炸雷在天上炸响。我看着炕的方向，脑中的轰鸣甚至比雷声还要大。

走上前几步，我忍住心里的担心，胆战心惊地把手指放在他的鼻子下面——没有任何气息！

他死了？！

我惊得后退一步，撞到了旁边的箱子，猝不及防之下摔倒在地。

“怎么了？”一道手电筒的光芒照到我的脸上。我的脸色一定非常难看，跟着赶来的大李也紧张起来。

“村长……”我必须调整呼吸才能说出下面的话，“他死了……”

“你们有事吗？”苍老的声音打断了我的话。我猛地转过头，炕上那个本来已经没有呼吸的老头慢慢坐起来，“这么晚了，你们到我房间里来干什么？”

“那屋子漏雨。”大李不满地说，“我们打算去车上睡，过来和你说一声。”

“哦，随便吧。”

我死死地盯着村长，手电筒的光照在他的脸上，这张皱纹交错的脸看起来分外诡异。

他身上那层黑色的雾气已经消失了，像是从来不曾出现过一样。

村长转过头看我，在昏暗的手电光下，我觉得他脸上那些皱纹组成了一副诡异的笑容。他是在嘲笑我。

我的心里有些发毛。难道他故意屏住呼吸吓唬我？可他身上那层黑色的雾又是什么？

大李拖着满心惊疑的我走了出去。在我们要出门的时候，村长忽然说道：“你们的东西掉了。”

我疑惑地朝地下看去，即使有电筒的光，坑坑洼洼的土地上依然看不清楚有什么东西。

村长慢慢走到我们跟前，从墙角捡起一个东西递给我。那是一枚硬币，也许是在我刚刚摔倒的时候掉出来的。

村长不再理会我们，我们走出门后，他就把门紧紧地关上了。

回到车上后，大李和我对看一眼，同时说道：“村长在说谎！”

看来报料人说的有一部分是真的，至少夜能视物这种能力，我们在村长身上看到了。另外我有一种感觉，这个奇怪的村子，奇怪的地方肯定不止这一处。

4

没有鸡鸣，没有狗吠，村庄在一片寂静中迎来了第二天的清晨。

在陌生诡异的环境里很难入睡，我醒过来时发现外面的雨已经停了，掏出手机看时间，手机依然显示不在服务区，已经过6点了。

按理说这个时间，农村里的人应该起来劳作了，可我们没有看到任何村民从家里出来。

天色渐亮，我们没有那么害怕了，于是下车随便找了一户人家敲门："请问有人吗？"

没有回应，又敲了另外一扇门："有没有人啊？"

一连敲了几家，没有一户开门。

大李摸摸头，往地上吐了一口口水说："妈的，怎么像防贼一样防我们？不如……"说着做了一个手势，我明白他的意思是说偷拍。本来我并不喜欢这种方式，既然人家不愿意接受采访，偷拍是有违道德的。但现在好奇心占了上风，我点了点头。

走过一条小巷，我见有堵围墙塌了一块，就对大李使了个眼色。他点点头，扛着摄像机就摸上了围墙头，我走开两步，给他放风。

没过几分钟，大李从围墙上跳下来，神色慌张地说道："里面有个人，他、他在吃饭！"

我哭笑不得："吃饭？那不是很正常吗？"

"正常个屁！"大李骂道，"他不是在吃熟的东西，你知道吗？他是在吃生米！"

我打了个寒战："生米？"

"对！我看得清清楚楚！他从米袋里拿出来的，一粒一粒的生米，直接就往嘴里塞。"

一种奇怪的感觉涌上我的心头，我记得报料人说过，这个村子里的另一个特别的地方，就是所有人都类似长生不老，衰老的迹象在他们身上几乎没有。如果是普通的采访，听到这样的场景，我一定会认为这是他们长寿的秘诀之一，可现在我只觉得这个村子越来越邪门。

大李脸上神情古怪，忍了半天，终于对我说道：“平子，我觉得这里实在是有点恐怖，要不咱们回去吧？”

我正准备点头，忽然想到一件事，转头对大李说道：“我们总不能空手回去吧？既然那个报料人曾来过这里，并且知道这些信息，那么我们也一定有办法能从村民那里打探到些什么吧？”

大李想了想，勉强点了点头表示同意，显然他也不愿意白跑一趟。

可村民们完全拒绝与我们沟通，家家门户紧闭。我们一筹莫展，讨论了一下，决定先回到车上再作打算。

车子旁边却意外地站着一个人。

确切地说，是一个穿着红色短袄的小女孩。她看起来面黄肌瘦，非常瘦小，明显营养不良。但除此之外，一切正常。

我缓缓地出了口气，终于在这村子里见到一个正常的人了。

“叔叔，你是外地人吧？”小女孩饶有兴趣地看着我，没等我们发问，就开口了。这是来这个村子里以后，遇见的第一个对我表示友好的村民。小孩子身上总是更容易套出话来，我随口编了个理由：“我们迷路了，不小心来到这里。”

“叔叔，这是什么啊？还有，外面好玩吗？”小女孩天真地笑了起来，“村子里的人都不喜欢外面的人。他们不让出村，可我想出去。”

我摸了摸她的头，说道：“这是汽车，叔叔就是坐汽车来的。小姑娘，你为什么想去外面呢？”

小女孩骄傲地撇着嘴说：“我哥哥说的，外面很好！”

“你哥哥？他去过外面？”

小女孩的表情忽然变得忧伤起来：“他不在了。”

我好奇地问道：“不在了？”

女孩点点头，像是要哭了出来：“他偷偷跑了出去，却没有带上我……叔叔，你见过我哥哥吗？”

我心里一动，难道这女孩的哥哥，就是打电话给我报料的人？

于是我安慰女孩道：“外面有好多好多的人，如果遇见你哥哥，我一定会告诉他，你在等他。”

说着，我想掏些什么小玩意儿或者吃的给她，却尴尬地发现身上除了手机之外，就只有一包烟，一串钥匙，还有一瓶医生开的眼药水。

看到眼药水，我顿时觉得眼睛有点酸，滴了两滴药水，我想着要向小女孩套话，于是眨巴着眼问道：“小姑娘，你几岁了？”

小女孩好奇地看着我滴眼药水，目光一眨不眨地落在小小的塑料瓶上，我想了想，把瓶子给她：“告诉叔叔，这个就给你玩。”

小女孩拿过那个瓶子，一脸开心，却不再理我，一溜烟儿地跑掉了，我又好气又好笑，又不好和小孩子较真，只能看着她消失在街角。

大李倒是乐得哈哈直笑，说：“现在怎么办？要不要再去找村长试试？”

我想到昨晚的情景，心里有些抵触，但事情不能一直这样没有进展。我点了点头，临走时，把车里的音乐打开，车门虚掩，大李奇怪地问道：“你这是干什么？”

我嘿嘿笑了一声：“看来村子里的人从来没见过车子，让他们有点好奇心，说不定就会有人主动和我们攀谈。”我又晃了晃衣袋，继续说道，“放心，有钥匙，不会出问题的。”

5

“你们怎么又来了。”村长有气无力地说。不知道是不是我的心理作用，他的声音似乎比早上还要苍老。

“我们是想采访……”

村长冷笑一声，手扶在桌子上，看着我们，要站起来。

突变就是在这时发生的。

我看见村长那得了白内障的眼球出现了黑色，不是正常人那种眼白中有黑眼珠，而是一粒一粒，极其微小的黑点，像是散落在雪地里的芝麻一样！

黑色的斑点密密麻麻，越来越多，片刻间充满了村长的眼球，直至整个眼眶，一瞬间他的眼睛已经完全变成了黑色。可是在下一刻，他的眼球突出，几乎要被挤出眼眶。与此同时，村长整个人的身体，都呈现出一种奇怪的状态，就像武侠小说里描写的那种缩骨功一般，整个人都正在膨胀起来！

我怀疑这只是我的错觉，因为下一刻，那种膨胀感忽然消失，村长站立着的身体没有任何征兆地垮了下去，就像泄了气的人形气球，或者说是融化掉的冰棍一样倒在了地上。

这情况来得太突然，我和大李没有一个人反应过来。

这是一种很奇特的感觉，就像是有个人在你面前表演魔术，它实实在在地发生了，你却没法认为那是真的。

“这、这是怎么回事？”大李的声音明显在发抖。

我当然无法回答，硬着头皮上前摸了摸村长的脉搏，发现他已经毫无疑问地停止了心跳。

但奇怪的是，他的手摸上去非常凉，而且皮肤紧绷，肌肉非常地硬。虽然我不懂医学，但也知道这种情况非常地不合理，这不可能出现在一个刚刚死掉的人身上。

可是明明一分钟之前，眼前这个人都还在和我们说话。我感觉自己快要崩溃了，莫名其妙的采访，居然闹出人命，我身上的冷汗瞬间打湿了衣服。

脑中快速转动着，这个封闭的山村看起来异常排外，如果让他们看到现在的状况，不知道会出现什么后果。

我盯着村长的尸体，冷汗直冒。忽然，我发现有些不对劲：村长僵硬的尸体一直保持着那个姿势，但是眼球忽然转了一转，似乎向我眨了眨眼。

我鸡皮疙瘩一下冒了起来，继续盯着村长的眼睛，问大李：“你刚刚有没有看到村长在眨眼？”

049

眼

大李惊慌地说："平子，你不要吓我，死人怎么可能眨眼睛？"

我壮起胆子，凑到村长脸前，看了半天，回想起村长的古怪举止，下了决心，从兜里掏出一把钥匙，猛然插向了村长的眼球！

"杜平你干什么？疯了吗？"大李大叫着想要阻止我，但是在下一刻，他的喊声戛然而止。

我猜得果然没错。

钥匙上挂着村长的眼球，血淋淋的眼球后半部爬满了东西。不是头发，不是沙子，更不是肉眼看不清的灰尘。

是虫！

极小的，密密麻麻的，黑色的虫！不光是眼球里，它们还存在于村长那具没有生气的身体里。

村长黑洞洞的眼眶里不停进出着细小的黑虫，不知道数量有多少，像是潮水一般，从眼骨爬进村长的体内，又从村长体内不断涌出来。

血淋淋的眼球挂在钥匙上，那些蠕动的虫子看起来无比恐怖，我下意识地把钥匙扔在地上，退后几步，面对眼前匪夷所思的场景，干呕起来。

或许这些虫占据了村长的身体，包括眼球、大脑，甚至每个器官，它们以一种寄生的方式和村长共存着，所以，村长早就死了。

对，就是这样。

昨天晚上我看到的，覆盖在村长身上的黑色雾气，就是这些虫！所以那时候村长才会没有呼吸。

可如果他早就已经死了，为什么他到刚才依然在和我们说话？

这时大李忽然大声尖叫了起来，喊叫中充满了震惊和恐怖。我马上就知道他为什么如此惊慌，因为那些虫子像喷泉一样从村长的身体里涌了出来，村长的身体迅速干瘪枯萎了下去。这一切不是电影，而是活生生地发生在我们面前！

这不是最恐怖的。最让人震惊的，是这些虫子汇集在一起，犹如两道黑色的潮水流淌开来，而蔓延的方向正是我和大李。

这一瞬间，我明白了村子的真相。

6

村长一定早就死了，这些虫占据了村长的身体，它们用一种奇特的方式与村长的尸体共存着。他的动作，和我们的对话，其实都是那些有智慧的虫子在控制着！

所以村子里的人都很长寿，所以他们可以在黑夜里不用灯光也能看见东西。难怪村长想要隐瞒拒绝外人到来，因为这个村子的真相是如此的恐怖！

更恐怖的是，这些虫子似乎看上了我和大李的身体，他们抛弃了村长，向我们涌来，瞬间就到了我们脚边。

我忽然想起村长怕火的那一幕，迅速掏出打火机和包里的香烟，把烟盒撕开点燃，然后朝虫子扔了过去，果然，随着燃烧的纸张掉落在地面，虫子们马上如潮水般退去。我大喊一声："快跑！"拉着大李就走。大李却不知什么时候已经把摄像机扛在肩头上，一边倒退着一边开机器。我拍了他一巴掌："娘的，到现在你还在拍什么？赶紧逃啊。"

大李边退边说："这段素材一定要拍下来，虫子的速度很慢，放心，追不上我们的。"

我气得大喊："这他妈整个村子肯定都是虫子，等一下其他虫子赶来，我们就逃不掉了。"

大李一听这话脸色一变，终于放下摄像机和我一起冲出屋子。果然，刚一出屋子，就看到外面那些村民原本紧闭着的房门全都打开了，许多面色枯黄的村民从屋子里走出，安静而迅速地向这里移动。

老人、女人、男人、小孩，穿着简单而破烂的衣服，头发脏乱，表情呆滞。

村民们像是被一种无形的力量控制着，所有人都闷不作声，他们的动作一模一样，不，甚至连表情都一模一样！

村民们像是要进行某种仪式一般，接二连三地走过来，我忽然想起一部电影，主角面对无数变成丧尸的小镇居民。现在，我们面临的情况也同样可怖。

"快上车！"我大声叫道，飞快地朝汽车跑去。

051

眼

还好，汽车离我们并不远，那些村民的速度不是很快。我拉开车门，一屁股坐在驾驶室里，招呼大李上车，当他把副驾驶的门关上后，我松了一口气，整个身子似乎都软了下来。

但下一刻，我身体又变得僵硬起来，整个人都呆住了。

没有钥匙！我记起来了，钥匙扔在村长的尸体边。

大李看见我僵在那里，显然也反应过来了。这时已经有不少人围了上来，离车最近的村民估计只有十来米远了。大李犹豫了一下，脸上露出了下定决心后的坚定神情，他把摄像机扔向后座，打开副驾驶的门跳了下去，我来不及阻止，他就反手重重地把门带上了。

村民们一下被大李吸引了过去，我看着他快速地消失在村长的屋子里，心里怦怦直跳，为我的疏忽懊恼万分。

那间屋子里不停地涌入村民，时间大概只过了几秒钟，但我感觉却有几个小时那么漫长。看着被挤得水泄不通的房门，我心里绝望起来，大李不可能从那么多人里挤出来了。

我想闭上眼睛，但此刻的情景让我毫无办法，我紧张地注视着，忽然听到大李的一声大喝，我吓了一跳，心差点跳了出来，来不及猜测发生了什么，就看到村长那间屋子的窗户嘭地一下被撞开，接着大李的身影再次出现在我面前。

我激动起来，摇下车窗，大声喊道："快来！"声音沙哑得我自己都听不出来了。

大李没有来得及说话，因为那间屋子已经被围了很多人，他虽然暂时从屋子里逃了出来，但显然还没脱离危险，屋外的人纷纷扑向了他。

在村民的包围中，大李快速灵活地躲闪着，但随时有可能被扑倒，看上去惊险万分。他努力向车子这里跑动，可碍于前面挡满了人，虽然左挪右闪，却只靠近了车子几米远。照这样的趋势，我们中间这几十米的距离他是很难逾越了。

就在这个时候，大李又发出一声大喝，再也不躲闪，而是全速跑动起来，接连撞翻了好几个人，直线往我这里冲来。我手心都已经出汗了，看着他越跑越近，但在离车子还有十来米的时候，终于气势一窒，被两个人拦腰抱住。

我脑子一热，就打开车门跳下车想去接应他，大李大喊道：“快上车，不能都死在这里！”说完举起手，使劲一扬，钥匙划过一道弧线，准确地扔到我面前。我虽然浑身紧张得发抖，手却没有丝毫的抖动，只一下就把钥匙稳稳地接住，迅速坐回位置上，把钥匙塞进钥匙孔，迅速地点火发动。

我已经想好了，开着车去撞开这些不知是死是活的家伙，也要把大李救回来，

再抬头时，我却吃惊地发现，大李已经不在了，他刚刚所在的地方已经围了一大群村民。

我脑子里“嗡”的一声，立刻推开车门准备下去救他，车门却好像被什么东西挡住了，一推之下没有推开。我从窗户探出头去，却是那个穿着红衣服的小姑娘。她弓着腰，努力地顶着车门，一脸急切地对我说：“叔叔，你快走吧，来不及了。”

我刚想说什么，却见那群村民已经散开，而大李，我的好朋友，已经变得和那些村民一样，摇摇晃晃地朝我走来，我看着他的眼睛，发现已经变成一片白茫茫的。

我下意识地对小女孩说：“你不是很想去外面玩吗？叔叔带你走吧。这个地方太可怕了。”话音刚落，忽然想到，这个小女孩一直生活在这里，应该也早就被虫子给侵占了，心里顿时有些后悔。转念一想，这个小女孩看起来和其他村民都不一样，也许没有问题呢？

内心瞬间闪过复杂的思想斗争，小姑娘却没有察觉，依然死死地抵住我的车门，摇摇头道：“叔叔，你如果见到我哥哥，告诉他我很想他。而且你不用害怕，叔叔，你不会一个人的。”

我最后看了一眼大李，忍住想要哭的感觉踩下了油门，在其他人围上来之前发动了车子。

7

回到城里，我第一时间报了案。对于那些匪夷所思的情节，我一个字也没有提，因为我知道，不亲身经历，是没有人会相信的。

我只告诉他们，我们去做一个采访，但是狂躁的山民扣押了我的同事，我请求他们去救他。

两天后，警察找到了我，并告诉我那片山区发生了大火，村里那些老朽的房屋全部在这场大火中化成灰烬，警方在那里发现了一百八十七具烧成黑炭的尸体，其中就包括大李。

为了防止瘟疫，尸体被迅速埋掉了。

作为唯一的生还者，我被各方所关注。

“为什么你们要去那里？”

“为什么你一个人都没有救？”

“为什么这场大火，没有一个村民逃出来，究竟发生了什么？”

对于警方的连番询问，我只是保持沉默。

有谁能相信我经历过的事情？

因为一切证据表明，我和后来的那场大火并没有关系，而我又什么都没有说，经过连续两天不停地盘问，他们最后还是悻悻地把我放出来了。

从警局里出来，外面车来车往，我却一点都没有回到现实社会的幸福感。阳光有些刺眼，彻夜的审讯让我眼睛涨痛无比，我摸摸兜，却想起眼药水已经给了那个小姑娘了。这里离医院不远，正好顺路，我想。

接待我的还是那个年轻的医生。他看见我进来，笑着问：“怎么，还是痒？是不是最近又在电脑前过久，用眼过度了？”

“不知道，最近没怎么碰电脑。”我客套地笑了笑，“再给我开点眼药水吧，用了很多牌子，还是你这里配的最舒服。”

“你已经不需要那个了。”年轻的医生忽然一展笑容。

我有些错愕，不明白他的意思，问道：“可我感觉不时还会刺痛、酸涨啊。”

医生摇摇头，问我：“你知道引起眼睛疼痛的原因主要是什么吗？”

我下意识地回答：“眼里的杂物太多。”说出这句话的时候，我忽然想到了村长死的时候那诡异的样子，觉得一阵恶心，对医生问道，“对了，医生，我想请教你一个问题。虫子有可能进到人的眼睛里吗？”

“当然。”他坐下，漫不经心地点头解释，“很多虫的虫卵小到人眼看不到，可以通过各种途径进入人体。”

“它们可以控制人类吗？”

“很难说。”医生说，“也许刚进入人体的时候，它们只是没有思想的寄生物，但是随着时间的推移，它们就可以进化成为有独立思想和性格的另一种新生物。”

也许是看到我的脸色非常难看，他耸耸肩膀：“这只是生物学上的一种推测而已。很多科幻小说里也有过这样的描写。”

我继续问道：“如果真的发生这样的情况，人类会不会逐渐被这种虫子给全部占领，然后控制？”

医生显然对这个话题饶有兴致：“这可不一定。既然它们有了智慧，那么可能会有不同的选择。也许一部分虫子会觉得寄生在一个人的躯体里是很安全的，它们可能终生寄居在一个人的身体里。”

我呼吸有些急促：“一部分？”

医生笑了笑：“但是也许会有另外一部分虫子，会不停地选择更好的寄主。”他轻松地道，“假设它们是一个智慧的种族，那么任何种族中都有聪明的先行者和愚笨的落后者，笨家伙们会安于现状等待灭亡，只有走在时代前端的聪明人才会想着突破困境。你说，对不对？”

我想起村长身体里爬出的那些虫子，汗毛又竖了起来，摇头道：“从一个人的身体迁徙到另外一个人身上？那太可怕了。应该也是不安全的吧？虫子总会害怕很多东西，比如火啊，杀虫剂什么的，这样总会被聪明的人发现的。”

年轻的医生哈哈笑了起来："那是最笨的办法。它们一定会学着用很多方法来增加同类的。"

我的心跳剧烈加快，盯着他的眼睛，问道："例如？"

"例如……"医生笑得无比开心，从抽屉里拿出一个小瓶子。

旱魃

旱魃

文/万象峰年

在别处稀松平常的水，

却是这个村子维持秩序最关键要紧的所在。

一口口水眼接连消失，

人心渐渐无可控制地走向崩坏。

057

旱魃

大老张端着今天起床的第一瓢水，庄严地分成六份。亮晶晶的水柱窜进杯子里，引得众人喉头蠕动。那一双双干巴巴的嘴唇干抿着，一群眼睛像狼眼一样放光。

而这水不是白喝的，每个人都要贡献一泡起床尿。大老张在茅房外听着，听够10秒钟才点数，每10秒计半杯水，零头酌量。

自从大旱以后，先是庄稼的用水成了问题，然后是大型牲畜的饮水成了问题，到后来小家畜和人的饮水也成了问题。村里的三口水井遭到强暴似的只剩下三个干枯的洞眼。山洞里的水，地下的水，建筑工地的石灰池里的水都被汲干了。

幸运女神之吻亲到了大老张的歪脸上，他家的地里陷下去一块，竟然渗出一摊水来，取用后又会慢慢地渗出来。这个村里面没有之一的最穷的人仿佛一夜间变成了最富有的人。水是石油！水是液体黄金！水是八心八箭的钻石！大老张的嗓门叫得越来越响，腰板挺得越来越直。

当然，大老张不愿别人把他当作自私自利不顾老百姓死活的阶级敌人，他开始在村里实行肥料换饮水方案——每个人都可以用尿来换干净的水，每天早、中、傍晚、睡前各设一次兑换时间。要现撒，因为有人会拿工业污水充在尿里，大老张又不能拿嘴巴去尝。后来乡亲们纷纷抗议一泡尿憋半天太残酷了，才改成每天六次兑换时间。

有人换完了水，不甘心地说："大老张，可以多给点吗？我的管儿粗，你听那声音就不一样。"

"滚滚滚！我不是你老婆，我管你粗细！"大老张脸一黑把人赶走了。

刚才进茅房去的油脸仔状态不错，一道击水声力道十足，大老张手上的秒表已经跳到了37秒。

突然，大老张脸色一沉，飞起一脚踹开茅房门。随着茅房洞开，惊愕的表情定格在众人脸上。油脸仔惊得一动也不能动，裤子滑到脚面上，手上提着的一个装着尿的塑料袋还在朝尿桶射着水柱，激起哗哗的水声。

"哦——"众人发出一声惊叹。

"哗啦"一声，尿袋从油脸仔的手上掉落，溅了他一身。

“我操你祖宗！”大老张气得嘣出一个响屁，又羞又愤，飞起一脚踢中油脸仔侧身。

油脸仔从茅房那边飞了出去，滚了几个滚，白花花的屁股转得人眼花。

大老张还未罢休，在茅房上卸下一根木头上去就要揍。这时一人急急地跑来，一面颠一面喊道：“大啊啊啊老张！水干了！你的……水都干了！”

大老张的手举到半空停住了。他早就知道，地下水早晚有一天会消失的，在地下水系丰沛的地方，一夜成河、一夜成涸的事情时有发生。他开始审度自己的现实——他再也不能呼风唤雨了，以前全村的男人都要为他撅起鸡巴，现在他要靠自己像个爷们儿一样活下去了。好在他每天都把水转移到自家的蓄水池里，靠着这些积蓄，比别人更优哉地度过这个旱季是没有问题的。

大老张朝排队的人嚷道：“不换了不换了，今天不换了，什么时候换再等通知。”

有人苦着脸问：“大老张，我要憋到什么时候？”

“憋什么憋！黄的白的都放到你家地里去！”

报信的人又气喘吁吁地说：“蓄、蓄水池也干了！”

这句话如一道晴空霹雳，大老张脸色尿黄，跌坐在地上。一阵狂风吹过，带起灰扑扑的沙尘，吹在乡亲们本来就黄扑扑的脸上，吹在大老张本来干干净净的脸上，吹成了一样的颜色。

村委会象征性地成立了水失窃事件调查组，但是他们更多的是幸灾乐祸——如果大家都瞎了，谁能容忍一个明眼人存在呢？只有大老张最卖力地奔走，他一开始就去查看哪家的蓄水池突然涨了，哪家的菜地突然湿了，哪家的娃子突然干净了，但是一无所获。12方的水就这样消失了，就算被偷走了也该有个去处啊。

就在一筹莫展的时候，事情突然有了转机。不是找到了小偷，而是村里的公家蓄水池的水也被偷了。村里一共有两个蓄水池，其中一个池子的水在一夜之间不见了，这下找水成了全村的事。

村上成立了联防队，巡逻守卫剩下的那个蓄水池。大老张最积极，当之无愧地担任起队长的职务。

他夜里扛着木棍靠在水池边，竖起耳朵，睁着警觉的眼睛，就算是一对蛐蛐在交配也逃不出他的法眼。

一轮明月挂在天上，寂静无风，池水静幽幽地躺在月亮下，像一个隐藏着无数秘密的怪客。难道这水是天外的来客，在夜深人静的时候便飞回了故乡？

池水发出一声响动，他赶紧伸头过去看，是一只青蛙跳到了水里，划碎了一池月光。波光粼粼，它们拼命组合到一起，又被重新打碎。好一番热闹。

这热闹是假象，因为没有声音。如果一群人在村头没有声音地摆龙门阵，那一定是非常诡异的景象。

不知又过了多久，黑幕之中悄然潜进了一个影子。大老张的心一紧，把头缩回去一截，握紧了木棍。影子几乎贴着地，无声地行走。虽然掩藏在周遭的阴影中，但那影子身上穿的并不适合夜行的衣服出卖了他。那身衣服在夜色下反射着粼粼的光，那些看不起农民又学不像城里人的愣头青就穿成那样。

先静观其变！大老张没伸头。

影子潜到蓄水池边，爬上水池的边缘，大老张抬头看到他那一身奇异的衣服和干瘦佝偻的身影。来人并没有带任何取水的工具，只见影子跃下水池，只一声细微的咕咚声便没了踪影。

你小子！原来是来偷偷洗澡的！大老张操起木棍噌地站起来，摆出个棍棒生风、乱发飞舞的姿势，想给来人一个心理上的痛击。

可是那个人没有浮上来。

大老张左等右等，拿着棍子摩挲了半天，也琢磨不出个所以然来。

这时，他发现了一些异常——水里的月亮正在远离。他用手摸了摸水池壁，惊得差点跌坐下去。

妈呀，水位在下降！

一条地道！早就挖好在水池底下！多么深远的计谋，多么浩大的工程，无数条地下水道汇聚起来，汇聚到那个地下蓄水池中。在昏暗的池边坐着冷笑的，是那个贪污犯、蛀虫！

大老张点燃一挂鞭炮，乡亲们纷纷披衣赶过来了，把蓄水池团团围住。

水池的水位眼看着降到了底，出现的不是地道，却是一个人形。在手电筒光的照射下，人形的皮肤闪着粼光。

“别让他跑了！”大老张喊道，用棍子上去欲叉住人形。

人形出人意料的敏捷，在池底兜了几圈，一跃而上。

这一跃却跃在人堆里。大家一拥而上，把人形按在底下。

村委会办公室里人头攒动，全村的人都从床上爬起来围观绑在椅子上的怪人。

怪人已经被盖上了衣服。刚抓进来的时候他还是赤身裸体的，让乡亲想起那些来拍裸照的城里艺术家，十分不雅。人们摸了半天才确定，鳞片是长在怪人的皮肤上的，一直分布到脚跟和耳根；怪人的头发和牙齿几乎完全脱落，牙床上长出了新的细小尖齿，一张嘴牙就露出来，像鳜鱼的嘴巴；眼睑也变成一层薄膜，一翻一翻的。

“这、这、这……”人们围着他指指点点。“这不是——陈太明吗！”“这”了半天之后终于有人想起来了。

经有人这么一提醒，大家都认出来了，这是七年前失踪的陈太明。他竟然还没死！七年前也是一次大旱灾，在那次旱灾中失踪的人在这次旱灾中又出现了，这难道有什么关联？

“太明，这几年你去哪了？”

“太明，你是不是去韩国了？”

“太明，你现在有钱了吧？来搭救我们哇？”

怪人不声不响，也没有表情，仿佛一个在荒岛上生活了几十年丧失了语言能力的人。但又不是全无表情，他盯着几个人看，嘴巴一张一张地喷气，好像要吃掉他们。然后人们发现他的舌头已经变成了尖端分叉的样子，怪不得说不出话来。

“真可怜这孩子，准是得了什么怪病。”王家的阿婆说道，“七年前就怪可怜的，想不到现在……唉！”

061

旱魃

每个人都不会忘记七年前的大旱，七十多天没下雨，硬是把刚种下的禾苗干成了柴火，田地上绽开的裂缝能吞进孩子。就在这时，一个矿井发生了透水事故，水从旧巷道涌到了主巷道里。估计是发现渗水的矿工一时高兴挖得太急所致，但是已经无从考证，12个人都没跑出来，陈太明他爸就是其中一个。

一件坏事，对大多数人来说却是好事，水是救命的东西，能救的命远远不止12条。除了12个矿工的家属，其他人都很高兴，载歌载舞，行拳猜码，就差没上文艺队了。在要不要向上级汇报和请求大型水泵的问题上，大家的意见很一致——不要。水象征性地抽了一会儿就停住了，因为蓄水池装满了，抽到池塘里扛不住蒸发和渗透。经过全村的民主表决，一致同意停止抽水，保住这座天然水库，并且大家一致投票同意井下的人已经死了。

陈太明没有表示太多的反抗，因为他已经反抗过了，被老村长指着鼻子骂不识时务，被护矿队从矿上绑回来。他只是用塑料袋扎上一袋饼干，捆在腰上，默默地走下矿井。再也没有人看见他上来。

没想到七年后他又“复活”了，他带来的是福是祸？谁也猜不透，谁也不能和他交流。但人们已经隐隐有了一种不祥的预感。

怪人还在瞪着几个人喷气，其中就有大老张。大老张刚开始还有点发憷，这么个怪人没摸过，就像草里摸蛇，总要提防一下，当他认出怪人是陈太明，他又大起了胆子——陈太明当年是被他从矿上揍回来的，能有什么能耐？

大老张上去一把摁住怪人的肩膀吼道：“你回来干什么？你把我们的水弄哪去了？啊？！”

怪人鼓着又细又凸的眼睛，张着有些尖凸的嘴巴，把一股腐臭吹到大老张脸上。

大老张胃里泛上一股酸水，手一松，怪人就挣脱了绳子。怪人的身上滑得很，绳子本来就不构成障碍。他的上肢像面筋一样弹到前面，下肢爆发出一股惊人的力量。人群下意识地让出一条道来，怪人扑着大老张骨碌碌滚向前去。

大老张在地上嗷嗷地号叫起来。人们赶紧围上去观看，只见他被摁在地上，脖子上渗出了几道血印，张牙舞爪却控制不住怪人滑溜溜的身体。在众人注目之下大老张只能背水一战，他奋力用膝盖把怪人顶起一个空间，一拳抡过去。

这一拳正中面门，怪人四仰八叉地倒下，不动了。人们纷纷上去把大老张扶起来，夸奖他的身手。

“就是这人把水弄走的？不能吧？”村主任把发黄的手指插进头发里拱了拱。

“村长，人心难测呀。”有人说。

是啊，人心难测，何况还是个怪人。

怪人已经被铐住塞进一个米仓里。米仓是一个上端开口的大铁皮桶。村主任搬了个梯子爬到米仓上望，他的脸出现在米仓的圆顶上，充满疑惑。

好奇心很快被恐惧打败了，主任“哎呀”一声摔下来，还好被下面几个人接住了。怪人的样子还清晰地印在他眼前：米仓里湿气弥漫，那张骇人的脸上鼓着一双泛白的眼睛，像死去多日的蜥蜴的眼。

怪人已经没有了半条命，并且一天天虚弱下去。虽然有人扔了些菜叶和馒头进去，但是怪人一点也没有吃。扔进去的东西腐烂发酵，怪人的残躯也不断渗出水来，从米仓下流出来，浸入地里，浸得石板地上湿漉漉的一片，有时发着黄，有时发着绿，带着一股腐臭。村民们纷纷绕道而行，再也没有人愿意去看他一眼。

大老张破获了奇案，很是风光了一回。但是风光过后村子又陷入了愁云——两个蓄水池，一个已经干了，还有一个也所剩无几了，肯定不够全村人用的。经过村委会商量，决定在全村实行水资源统一调配，每家每户私存的水都要上缴，集中起来使用。

就在村干部领着联防队改编的纠察队挨家挨户查水的时候，大老张发了一场高烧。他恍惚中听见窗外纠察队敲锅打盆高声吆喝着走过，像一群绿林中的侠客。他感觉自己站在了一个大事件的前列，村史里必定会写上他的名字。他按捺不住刚想动弹，却痛苦地咳嗽起来，胸口像锥刺一样疼痛。

往后的几天里，火辣辣的感觉侵袭着他的周身，就像有辣椒油不断从皮肤渗出。就在他以为死亡将至的时候，疼痛忽然消失了，就像做了一场梦一样。

大老张翕动着鼻翼醒来，一股奇异的清香不知从什么地方飘来，抓挠着他的小心肝，奇痒莫名。他笨手笨脚地爬起来，顺着清香摸去。

他在厨房找到一个藏起来的瓦罐。掀开瓦罐的那一刻，他感觉要醉倒了。那是一罐水，普通的清水，此时却像鸦片的烟雾一样，撞击着瘾君子的神经。

大老张抱起瓦罐一饮而尽，连掉在地上的水滴都散发着奇香。

水！大老张抄起扁担撞门而出，加入了纠察队的行列。

纠察队有了大老张的加入，无往不利。大老张凭气味就知道，哪家私藏着水，哪家刚喝过水。到处都弥漫着香气——原来这么多门扉后面都隐藏着虚伪和自私。

他带着纠察队一扇扇地敲开，砸碎。

“敲！”他指着一扇门说，看见众人迟疑不前，他又加重了语气，“敲！”

“老许家……恐怕不会吧？”有人底气不足地说。

前几天老许家的小儿子在外面找水的时候，还一咕咚晕倒了，据说是脱水，送到卫生所吊了几瓶水。他家会藏有水？

大老张冷静地说：“是个大鸟，敲！”

砰砰砰地敲了半天，门打开一条缝。大老张嘭地一脚踹开门，跨过地上的老许向里走去。

纠察队员鱼贯跟入，但是故意走得比大老张慢半拍。大老张昂首阔步，穿过中堂，走进里间。一个肥溜滚圆的女人半裸在床上，用120分贝的声音尖叫起来——那是老许的老婆，出了名的泼妇。大老张赶走女人，掀开床板。床板下是堆放着稻草的地板。

老许的老婆扑上去一面撕扯一面喊：“鬼子！鬼子！”

纠察队员们挤在门外看热闹。老许的老婆比穿着衣服的时候更霸气，如果这次找不到水就惨了。

大老张抄开稻草，在地板上一震，一条缝隙显现出来。扳开一块挡板，下面出现了一个水池，是挖出来用砖和水泥砌成的。

撩人的香气差点叫大老张站立不稳，他赶紧挥挥手对纠察队说：“快来装！”

队员们扛着扁担和桶，一窝蜂挤进屋。

突然发出的一声拖长了的尖叫，把众人震住了。不用看就知道，声音的来源是老许的老婆。只见她不知哪里来的一股力气，肥胖的身子竟然敏捷跃起，在空中划出一道粗粗的弧线，扑通一声跃入水池中。

水花溅了众人一身，老许的老婆像一只护蛋的老母鸡，在水池里泼着水，披头散发地大叫着："来呀！来装老娘的洗澡水啊！还有你喜欢的尿臊味！"

纠察队员向后闪了一片。那空中四散的晶晶水滴，好像蒸发出了雾气，有片刻让大老张恍惚觉得她像个仙女。然而那肥硕的身躯很快把大老张拉回现实里，他脸色铁青地定了片刻，对队员说："我们走！"

走之前，他向老许的老婆扔下一句话："你不管全村人活，全村人也会记得你的！"

今天的事让大老张很窝火，损失的水让他很痛心，好像自家的尿撒到了别人菜地里一样。到了夜里，他对水的想念越来越强烈。家里的水已经被他喝了个精光，他按捺不住起身去找水。

他偷偷摸下床。老婆脸朝里熟睡着，月光照上去形成一片有实体有重量的阴影，像一座大山的轮廓。现在这个女人已经对他没有任何吸引力了。

在另一个遥远的宇宙里，是水在召唤。

大老张没有披衣服就奔了出去，在奔跑中他把汗衫也脱掉了，赤身裸体的感觉让他感到十分惬意。他感觉身体在变化，脊柱压得越来越弯，身子贴着地，要手脚并用才能奔跑。

在蓄水池边，他看见自己的影子，鳞片在月光下闪着光，眼睛已经变得细长凸出。他恍惚记得有另一个同类。他用舌头舔了舔水面，影子碎了，每一个水分子的欣悦都从舌尖直达全身，仿佛从这里通往另一个极乐世界。

他一头扎进水里，汲干了一个池子的水，又跑去汲干了另一个池子的水，却丝毫没有解决干渴。他绝望地意识到，干渴的感觉将伴随他一生。

他抬头看看远方，月色下的群山散发着幽香，幽香聚集成一条明玉色的巨龙，一会儿盘绕在山头，一会儿飞来他头上。于是他一头奔向群山，再也没有看一眼背后干涸的村子。

北京之梦

南派三叔

这是一个诡异到让人无法置信的故事，但它还是真实地发生了，我之所以要把它写下来，是因为，希望如果有一天我离开了这个世界，你们会知道我去了哪里。

接下来你会看到它的全部，无论你是否相信，我说的是真话。

这个梦没有情节，就像是一台DV摄像机，在一条很古老的走廊里推动，摄像机的镜头就是我的眼睛。

——南派三叔

北京之梦

文/南派三叔

看完这样一个故事，
也许你我都将心生同样一个疑惑：
到底是庄周梦蝶，
还是蝶梦庄周？
梦，到底是一个怎样神奇的事物？

071

北京之梦

这是一个诡异到让人无法置信的故事，但它还是真实地发生了，我之所以要把它写下来，是因为，希望如果有一天我离开了这个世界，你们会知道我去了哪里。

接下来你会看到它的全部，无论你是否相信，我说的是真话。

1/梦

我在15岁到16岁之间，反复地做过一个奇怪的梦，一个不普通的梦。这个梦没有情节，就像是一台摄像机，在一条很古老的走廊里推动——摄像机的镜头就是我的眼睛。我看到石砌的地面、古老的铜色木头廊柱和两边雕花的窗。走廊非常深，我一直走，一直走，都走不到尽头。

在开始的那段时间，几乎每天晚上我都在做这个梦，重复走着。每一次都是走着走着就醒了过来。

我以为是学习的压力太大，导致了这种臆想梦境的产生，所以没有怎么在意。这个梦也一直在重复，足有两到三个月。突然有一天晚上，梦境发生了变化。我在梦里走着走着，忽然发现，前面没路了，我到了走廊的尽头，那里有一扇门。

那是一扇木头大门，非常古老，门缝都关不紧，能看到里面漆黑一片。门上没有任何的标示，甚至没有锁。

梦就在那个地方停住了。我站在那扇门前，盯着那扇门看，然后就醒了。

醒过来之后，我回想整个过程，忽然就毛骨悚然地意识到，我的理解错了——我的梦境并不一直在重复，它是连续的！

在以往的那些梦境中，我走过的那段走廊，并不是停留在某一段。我一直在一条奇长的走廊中往前走，因为两边的物体差不多，所以我一直以为我每次都在重复，其实，我在不停前进。现在我到达了走廊的尽头，而那里有一扇奇怪的门。

不知道为什么，我觉得那道门非常诡异，透着一股让人毛骨悚然的气氛。更让人起鸡皮疙瘩的是，我想着，如果这个梦继续做下去，会发生什么——我应该会打开那道门，里面会有一些东西。

这一度让我非常害怕，甚至不敢睡觉。很奇怪的是，之后，梦境似乎又重新开始了，我又出现在走廊里。一年多的时间，我反复做这个梦，始终都是梦到这扇门的门口就宣告结束。

之后，这个梦逐渐消失了。这对于我来说，是一件十分难以解释的事情，所以我经常会向别人讲述这段经历，而我得到很多朋友的反馈，都说那是青春期对于性的幻想。

我并不明白一条奇怪幽深的石头走廊和性有什么关系，但是，这个梦在我的记忆中深深地刻了下来。当时我也并没有去认真想，这条奇怪的走廊，到底存在于哪里，是完全的梦境，还是我前世的记忆？

这个梦一如很多其他记忆被日渐淡忘，直到某一天。

2/北京

2009年，我有一个和意大利作家的研讨会。研讨会很顺利。其间，我们一起去故宫游览。

虽然来过北京很多次，但是每次都来去匆匆，去故宫还是头一次。我们跟着导游在硕大的皇家庭院中四处穿梭，走得十分疲惫。

我们在一块不知名的地方停下来休息，后面就是故宫不对外开放的区域。

那是一座偏殿，不大，能看到对面的门，导游也叫不出那是什么地方，同行的人都觉得很神秘。

我在各地看过不少宫殿，中国的古代建筑明显的区别不多，所以我并不十分感冒，只是百无聊赖地看着，想着当年，这座宫殿里发生的事情，他们在当时，是否能想到，这里会是这样的一个情形。

看着看着，我忽然发现，那偏殿对面的门后，是一条走廊。因为结构的问题，这条走廊的光线很暗，看上去幽深无比。

在那一刹那，我有了一种致命的熟悉感，随即，那个梦境中的一切，全部从我陈旧的记忆中翻滚了上来。

我不顾导游的阻拦，翻过围栏冲到了走廊里，往前跑去，惊讶地发现，这条走廊，就是我在梦境中无数次穿过的走廊。那些铜色的木廊柱，那些雕花的窗，完全一样。我不停地往前跑去，一直到最后，我看到了那一扇门。

那扇门就立在走廊的尽头。我站在门前，那种感觉熟悉得让人窒息，同时又极度令人毛骨悚然。

惊恐，又或是迷惑，几乎把我击倒，我吓坏了。我没有机会打开那道门，也不知道自己是怎么被人带出来的，也不知道最后发生了什么。

缓过来之后，我开始拼命地寻找资料，我想知道那是什么地方。最后，我终于找到了一个故宫的老向导，他告诉我，那个地方，叫作奉华殿，是以前嫔妃住的地方。他还告诉了我一个故事：故宫中的很多地方，都出现过无法解释的现象。在这个奉华殿中，据说有一个妃子，经常看到自己的房门外站着一个影子，时隐时现。她不敢打开门去看，直到有一天，她忽然在她的房间里消失了。太监们找遍了整个皇宫，都没有发现任何痕迹。

老向导告诉我，中国的皇宫，其实是一个修罗场——无数的阴谋诡计，生死栽赃。这些红墙青砖之下，不知道死了多少人，发生了多少想都无法想象的惨事，所以冤魂不断，各种传说也是层出不穷。但是，这些事情也往往是阴谋的开始，这个看到有鬼影的嫔妃，可能也是一个阴谋的牺牲品而已。

真正的鬼，大多藏在人的心中。

3/梦

我带着无比的疑问，听完这个故事，似乎感觉到了什么。我很想问，那个嫔妃，住的是哪一个房间，是不是就是走廊尽头的那一间，但是，对于具体的细节，老向导说他自己也不清楚。传说只是传说而已，是否真实存在，谁也无法肯定。

带着疑问，我离开北京，回到了杭州。对于这件事情，我百思不得其解。我真切地感觉到，这个传说可能是真的，而那个站在嫔妃门外的影子，似乎是在梦境中的我。梦中的我，以及过去的她，曾经只隔着一道承载着两个世界边界的木门。

这是如此的匪夷所思，难道现代人的梦境，可以连通过去人的现实？这好像《聊斋》中的故事，难道真的会发生在现实中吗？我问了很多人，有个朋友告诉我，你这个很像道教的故事。我们现在的现实，是否只存在于当年那个嫔妃的想象中？还是当年的现实，其实来自你的幻想？又或者，你现在的生活才是梦，你真实的现实，还站在那个嫔妃的门外？这谁也分不清楚。好比庄周梦蝶，你从梦里醒来，不知道自己是一个做着变成蝴蝶的梦的人，还是一只做着变成人的梦的蝴蝶。

我听不懂这些话，但是，事情还没有完。几天前，我又开始做那个15岁时做过的梦，这一次的梦格外清晰，我甚至感觉自己知道是在梦境中。但是这一次，梦的开始，不在那条走廊里，而是在那扇门前。

接着，我敲了敲门，然后，等着。过了很久，我听到从门后传来了脚步声。可能是因为恐惧，那个时候，我惊醒了。我再也不敢睡觉，因为我预感到，一旦我再次睡去，在那个梦境中，那道门就会完全打开，我就能看到门后的东西。

但是，我现在实在坚持不下去了，敲下这一行字，现在已经是凌晨两点，极度的疲劳和恐惧，在七天七夜的失眠之下也变得无关紧要。我知道这样的事情，不可能令别人相信，我只能独自面对。很快我就会睡去，也许我不会做那个梦，这一切只是我的妄想，谁知道呢？但是，如果再一次梦到那扇门，我会打开它，看一看门后的东西。

那会是什么？难道真的会是那个嫔妃吗？我如何向她解释，我是在梦境中和她见面？另外，让我担心的是，如果我踏入了那扇门会发生什么事情。我甚至有很强烈的感觉，我可能再也醒不过来了，我也许就会从我的梦境中走出去，走到她的现实中，然后，这里的我就可能消失了。

我写下这一切，如果我的感觉真的应验了，你们会知道我去哪儿了。我会在走廊尽头的石板下，埋下一件东西作为验证。

晚安。

4/尾声

在一间办公室里，两个调查员面对面坐着，其中一个中年调查员看着一份文件的影印本。他看完之后，叹了一口气，递给他对面的人："2009年11月21日星期四，一个畅销书作家在他封闭的卧室中消失了，消失前所有的门窗都被反锁，没有任何外力侵入的迹象。我们只在他的桌子上发现了这篇文章。你觉得这个故事可信吗？"

对面的调查员看起来更加年轻一点，他摇头道："当然是不可信的，这没有任何的科学根据。"

中年人道："量子力学是一种科学理论，如今量子力学的发展所提出的问题，已经到了让人恐惧的地步。量子微观层面的物理定律完全和宏观不同，那完全是另外一个世界。我不知道自己说得对不对，大概的意思就是，如果从我们已经观测到的量子世界现象来推测现实世界的话，我们会发现我们的现实世界根本就不存在。"

年轻人显然没有听懂，摇头，中年人继续说道："他们认为，我们的世界在我们观测之前，全部都是量子状态，我们的观测使得量子状态坍塌，因此形成了物质。换句话说，我们的意识决定了世界。一只猫，当我们看到它的时候，它是一只猫，当我们没有看到它的时候，它只是一堆量子。包括我们的身体也是。"

年轻人继续摇头，中年人对这种理论显然也并不是很了解，挠头道："或者这么说吧，假设这个世界上全部都是有智力的微粒，它们会根据你的意识，在一瞬间形成你意识里产生的一切，包括你自己本身。你活着，你看到的永远是你意识里认为肯定会有的东西。但是，如果有一天，你对这个世界根深蒂固的意识发生了变化，当你从内心认为岩石是液体，那么岩石在你的世界里，就会变成液体，只是，这种情况，别人并不能观察到。所以，这些人会被认为是精神分裂。”

“这么神奇？”

“不算神奇，当你从内心深处认为这个世界不存在，或者，认为你的梦通往了过去时，你也许真的能够走入到自己的梦里，回到过去。”

年轻人失笑：“可笑，这种可笑的科学，不过是一种理论，尚且完全没有被证实，更何况是在现实中发生。”

“这么说你是不相信喽？”中年人问道。

也许是不想在老前辈面前表现得太放肆，年轻人没有接话，但是中年调查员一直看着他，没有表示放弃的样子。年轻人似乎觉得有些好笑，最后他终于道：“那么，你相信他通过他的梦境，回到了过去？”

中年人神秘地笑了笑：“很多事情不需要相信。”

年轻人看着资料，又问道：“这里说，他最后会在走廊尽头的石板下，埋下一件东西作为证据，你们有没有去挖开那块石板看一看？下面有什么东西？”

中年人点上一支烟道：“当然看了。”

“有什么？”年轻人有些好奇。中年人沉默了，接着，他探身递给年轻的调查员一张照片。年轻人接过来一看，发现那是一块翻起的石板，下面，露出了一团褐色的东西，埋在土里，好像是什么的骸骨。

中年人道：“他把自己埋在了下面。”

那扇门就立在走廊的尽头。

我站在门前，

那种感觉熟悉得让人窒息，

同时又极度令人毛骨悚然。

关于“梦”

梦是不自知不受控制的虚拟意识，所有人都会做梦，不过有的人起床就忘，甚至在梦中就忘了自己做了梦，而有的人则能从梦中得到灵感和启发，在文学、艺术、科学等方面取得突破和成就。

连环

文/老家阁楼

当很多事情首尾相接的时候，
我们才知道，起点和终点并不重要，
我们很可能被困在一个连环里。

081

连环

1

面前这个中年男人看起来极有涵养，发型修饰得整齐讲究，我怀疑他每天都会理一次发。他对我的态度也很客气，我双手递过名片：“顾仁先生，我叫周鱼，这是我的名片，谢谢你的接待。”

他接过并没有看，随便放到办公台一边——这是我意料中的事情，我起身告辞。

“还没到一分钟，你还有30秒。”他微笑着说。

我恍然大悟，对他报以微笑说：“我是一名寿险业务员，我相信每个人都需要认识一位寿险业务员，请相信我，顾仁先生。祝你好运，希望有机会再见面，谢谢。”

我说到做到，只需要一分钟，这是我从事保险业务员两个月以来，第一次拜访客户。从同事们沮丧的诉说里，我知道陌生拜访最难的就是被允许见面，所以我一直不屑于成为一只到处乱撞的无头苍蝇。当我锁定目标后，我只提出一分钟的要求，这种要求很难被人拒绝，毕竟一分钟耽误不了多少事。况且我相信，每个人都需要认识一位寿险业务员。

走出这幢高级写字楼，我不紧不慢地转了两次公交车，去海滨别墅区作另一个陌生拜访。我知道她一定在家，并且只有一个人——那辆MINI宝马就停在门外。我按响对讲门铃，潘女士的声音传来：“你找谁？”

“你好，潘淑兰女士，我是人人保险公司业务员周鱼，能打扰你一分钟吗？”

由于我能直接叫出对方名字，并且一分钟的要求很低，她犹豫了一下便按开了铁栅门。进到客厅，里面的富丽堂皇跟我想象的差不多，潘女士看起来比她的年龄要大一些，由于在家没上妆，有些岁月的憔悴痕迹，但仍不掩其由良好家境养成的优雅气质。

“潘女士，你好，我叫周鱼，这是我的名片。”我没有找位置坐下来，因为我马上就要告辞了。

“你只是来递一张名片？”她有些惊讶地问我。

“是的。”我微笑着回答，“我相信每个人都需要认识一位寿险业务员，所以很高兴我能被你认识。谢谢你的接待，希望有机会再见面，不打扰你了，告辞。”

在潘女士吃惊和好奇的目光中，我离开了别墅。两个月来，今天才能算是我真正工作的开始，如果这周还不能成交一单保险业务，我就会失去这份工作，而如果能在这周成交一笔业务，未来半年就足够我吃香喝辣，因此，本周我必须努力工作了。

离开别墅区，我找了一座繁华闹市区的人行天桥，这里的栏杆上贴有各行各业五花八门的信息，我要找的信息在这里有无数个，选择与否只在我的一念之间，所以我并不着急，悠闲地抽着烟，慢慢从这头扫到另一头。

我曾经梦想当一名充满智慧的私家侦探，像福尔摩斯一样，抽烟斗戴礼帽穿披风。有一天，我突然发现天桥上、车站边到处贴着巴掌大的纸片广告，上面两行字：

私家侦探

电话：×××××××××××

看着这些猥琐、闪烁的广告纸片，这个职业在我心目中的形象便一落千丈，既不智慧，也不磊落，仿佛下水道中的老鼠。

我的目光落到一张纸片上，上面写着“光头神探，电话×××××× ×××××”，我喜欢这个名字，闪烁中带着一丝狡黠的幽默感，于是，我拨通了光头神探的电话：

“我是光头神探，有什么可以帮到你？”

“跟踪一个人，拍到他与情妇的照片，20张，什么价钱？”我直截了当。

“2000，先收一半。”

“好，但是我在外地，不能先付定金，但我保证看到照片后，会按这个数向你买底片。”

“不行，这是规矩，如果到时你拿了照片，不买底片呢？”

“这个容易，你只需要将照片发三张到我电子邮箱证明即可，你知道，电子格式的照片用处不大，但是你拥有底片，随时卖回给被跟踪人，也不止这个价格，况且2000元不多，你会相信我的。”

我说得非常自信，对方犹豫了一会儿，竟然答应了：“行，你把对方资料给我，还有你的电子邮箱。”我笑了，看来这位光头神探的生意不是太好，有2000元上门，值得冒点风险。

“给我你的邮箱，一小时后我将资料传给你。”

2

光头神探效率很高，三天后，他便将顾仁与情妇见面、吃饭、开房的跟踪照片各发了一张到我邮箱里。

我买了一张新电话卡，并且复印了一张公司的保险单，模仿顾仁签名让我费了些周折，我要先搜索到顾仁公司的网站，在“总经理致辞”的网页里找到顾仁的签名，反复练习了一小时。签好名后，我将保险单扫描进电脑。

我还干了一件事：将手机拆开，用针在受话器上戳了几个小洞，这样我的声音在对方听来会显得沙哑而富有磁性。当然，我还需要配上比较低沉的嗓音和语气，最好再带点儿广东式的大舌头口音。

第二天上午，我用新电话卡给潘女士打电话，由于这个通话时间会比较长，我选择了一个舒服的姿势坐下来，给杯子倒满水，摆好烟灰缸。电脑预先开启了邮件页面。

“你叫潘淑兰吗？”我的语气很不客气，这是我现在的角色需要。

“你是谁？”她一定有些愠色。

“你不需要知道我是谁，但你需要知道，这个电话能救你一命。”这种开场白太震撼，按理说会让很多人觉得你是个疯子而挂掉电话，但我相信她不会，因为之前我能直接叫出她的全名。这点很重要，显然我知道许多关于她，而她又不知道的事情。

可怜的潘淑兰女士肯定不知所措，不知道该说什么，却又不敢挂电话。

我平静而诚恳地说：“潘女士，既然我打了这个电话，你就生命无忧了，因为，准备杀你的人是我。当然，我只是个杀手，受人指使而已，并且，我也不会用刀用枪，你的死会是一个意外，比如车祸、高空掷物、溺水等。”

她回过神，突然哈哈大笑起来："你到底是谁，老张还是李二，跟我开这种玩笑，是不是又要借钱了？"

我能想象到她的轻松，但我不希望她一直轻松下去，我说："潘女士，我们根本不认识，你也没有见过我。你现在去打开电脑，我将给你看你没有见过的东西。"

过了一会儿。

"可以了，电脑开了。"

"你打开这个邮箱号×××@××××，密码是1234，进入发件箱，里面只有一个文件，点开附件，你先看看这几张照片吧。"

又过了一会儿。

"这……这是真的吗？"她的声音有些颤抖。她整天待在家里，怎么会想到自己的丈夫还有个秘密情妇呢？也许她有些感觉，却肯定没想到有一天突然被证实，这与突然被刮一耳光差不多。

"潘女士，顾仁与情妇的关系已经保持了三年，在这三年里，他在情妇身上花费了大量钱财，并且我们了解到，他已经向情妇提出了结婚的要求。"

"不可能。"潘淑兰吼了一声，"我坚决不会同意离婚的。"

"潘女士，你当然不会同意离婚，你先生顾仁也相信这一点，所以才迟迟没有向你提出离婚这事情，但我相信他与情妇都有些心急了，因为顾仁的公司出了大问题。"

"什么问题？"

"由于他的精力向情妇转移，公司的生意盯得不紧，在一个项目上栽了跟头。公司目前欠下巨款，已经资不抵债，离清盘大概只有一个月时间了。"

"活该。"我能感觉到潘淑兰在电话那头的咬牙切齿。

"不不不，你错了，潘女士。你先生顾仁是个聪明人，他不可能让自己失败。如果事业垮掉，情妇会离他而去，他会一无所有，这比要了他的命还惨，所以，他一定会想出办法来的。事实上，他已经想出了好办法。"

"什么办法？"潘淑兰的声音有些哆嗦，她可能预感到了些什么。

"你现在打开另一个文件夹，草稿箱，里面有一个文件，请你过目。"我猜想她过目的时间会长一些，就点了根烟，耐心等待。

085

连环

一根烟抽完，潘女士开口了："他给我保了300万的险？你们怎么弄到这个的？"

"潘女士，相信我们的职业水准，我们必须确保接下的生意能收到钱，所以对委托人也会作出调查。"

"难道，顾仁他……他要杀我骗保，来救他自己吗？"潘淑兰开始抽泣起来。

"很遗憾，事情就是这样，请你冷静，潘女士。我刚才说了，我拨这个电话给你，就已经表示你不会死了。"

"那……那为什么呢？"

"因为我们遇到了一个矛盾的事情，令我们很头痛，我们需要你的帮忙。"

"是什么？"

"你可能不知道，你先生的情妇其实也有丈夫，并且已经知道他妻子与你先生的事情，原因是他妻子向他提出了离婚，而这位丈夫不愿意妻子离去，这事情有些复杂，你愿意听我细说吗？"我尽可能给潘淑兰造成绅士的形象，我要树立起她对我的好感。

"你说吧。"她显得有气无力。

"是这样的，这位丈夫几年前由于工伤，半身瘫痪，当然也就性无能了。后来，他妻子成了顾仁的情妇，虽然丈夫隐隐约约知道点儿什么，但想到自己不能满足妻子，只能睁一只眼闭一只眼，而妻子也报答了他，给了他舒适的生活。但突然有一天，妻子说要离他而去，这是他受不了的。据说，他妻子向你先生顾仁要了20万补偿他，这位丈夫一怒之下，将20万给了我们，要求我们杀死顾仁，而事情的矛盾正是在这里：顾仁只给我们5万元杀你，并且我们杀了顾仁之后，也没办法再向他要杀你的钱；如果先杀你再杀顾仁，这又违反了我们的职业准则——我们不杀雇主，否则我们便无法在这个行业立足了。还有一条，在同一单生意里，连环杀人，容易暴露自己，所以，我们只能选择杀一个人。顾仁的五万元有一半需要在事成之后支付，而那位丈夫却很爽快，20万现在就在我桌子上，潘女士，你现在明白我的选择了吧？"

"王八蛋，我他妈就值五万……"潘女士估计在扯着头发。

"潘女士，现在请你退出邮箱。"我需要趁她不太理智时保证自己的安全。当显示邮箱退出后，我立即删除了邮箱上的文件，并马上修改了密码。

"你和我说这些，是不是要我出五万元来买回自己的命？你不怕我报警吗？"

“你当然不会报警，呵呵呵。”我愉快地笑了起来，“第一，潘女士，我们并不需要你付一分钱，因为你值得我们同情，盗亦有道嘛；第二，你事实上一无所有，很快你连住的地方也没有了。”

“为什么？”

“很简单，你并没有与你丈夫离婚，你是他合法的妻子，如果你丈夫在下周死亡，你只能继承到他的一大笔债务，将由你们的共同财产来赔偿，而你丈夫生前的现金财产，给予你的估计也不会很多，大部分在他情妇手里，其中20万已经通过他情妇到了情妇的丈夫手里，再转到我桌子上了。哈哈，这事情挺有趣，是不是？”

“操他妈的臭婊子……”潘女士突然来了这么一句，令我也很意外，我想她已经被彻底激怒了，很难想象她这样的贵妇能吼出这样一句话。

我必须让她冷静下来，她即将思考的问题对我很重要：“潘女士，你不必动怒，因为你是安全的。刚才我说过，你需要帮助我们，其实也是帮助你自己。”

“怎么帮？”

“为了不让事情复杂化，我们不希望你丈夫的死引来太多的警察调查，所以，请给你丈夫营造一个简单的死亡环境。那就是，请你在三天之内离开这个城市，比如去外地旅游一周，否则，你丈夫的死，会让警察在你身上找些不必要的麻烦。只是你要做好思想准备，当你回来的时候，你可能一无所有了。”

“我……”潘淑兰欲言又止，我觉得是时候给她独自思考的时间了，便说，“祝你好运。”然后挂了电话。

我换回了常用的电话卡，现在我只需要等待，耐心等待。

3

第二天早上，我起得特别早，很认真地梳理了头发，挑选了一件不常穿的白衬衣，一般情况下它是我出席婚礼之类场合才穿的。但是今天很有意义，值得穿上它来见证我寿险业务生涯的第一单生意开张。

如约来到海滨别墅区，我又见到了潘淑兰女士，她比几天前更憔悴了，眼袋虽然补了不少粉，还是能看出浮肿来。

“潘女士，昨晚接到你的电话，很高兴我们又见面了，你的资料准备好了吗？”我一边说，一边掏出各种合同文件摆到桌上。

“是给我先生投保，你知道，他是个生意人，总在天南地北跑来跑去，经常坐飞机什么的，他让我给他买一份保险。”

我如沐春风般地笑着点头表示理解：“是的，事实上我们的保险业务大多数来自这种情况——先生在外面奔波，总是想为家里人寻求保障，我们公司也正是为了这个宗旨而成立的。”

我的话消除了一些潘女士脸上的尴尬，她小心地问我：“我需要提供些我先生的什么资料吗？”

“并不需要，如果投保费由你支付，提供你的个人资料就行了。请问你是分期支付还是一次性支付，是现金支票还是银行转账……”

“一次性吧，我怕我记性不好。”

“没关系，潘女士，你并不需要一次性支付，因为即使你没有付清保费，而你先生万一出了意外，我们还是会赔偿保额的，这样你还不会损失利息。”我的善意其实是想传达一个意思，你不必露出急着买保险的意思，这样容易产生嫌疑，我相信潘女士能从我的话里体会到这点，而对于我来说，哪种支付方式都能令我得到业务奖金。

“谢谢你的提醒。”潘女士感激地看了我一眼，我不太敢接触她的眼睛，因为我有些内疚。但我相信，我的出发点和以后的结果，会是善意的，肤浅的人是看不出我的深意的。

签完合同，离开别墅后，我回头再望了一眼那扇漆黑的铁栅大门，也许以后再也见不到这位潘女士了，她婚姻的不幸虽然在被我盯上之前就造成了，但是我把这个不幸推向了极端，这点足以令我死后下地狱。为了能在地狱给自己找一些减轻罪名的借口，我下一步要向她的丈夫——顾仁先生下手了。

4

“顾仁先生吗？”

“是的，你是哪一位？”他不可能听出我的声音，我相信受话器戳的孔能令我的声音年龄大上10岁。

“你不需要知道我是谁，但你需要知道这个电话能救你一命。”我故技重施。

“呵呵，说说看，我都有什么危险。”这家伙比他老婆可老练多了，简直是临危不惧，我要提起十二分精神，即使我已经有了十二分把握。

“顾仁先生，你认为这世界上谁最希望你死掉呢？”我讥笑道。

“呵呵，你很无聊，不过看起来你认识我，那我就告诉你，我做生意和做人一样，光明磊落，从不得罪人。所以，我认为这个世界上没有人希望我死。”

“嗯，你很自信，可惜，你太不了解身边人的想法了，如果你真的光明磊落，也就没有现在这个电话了。”

“你说什么，我有什么不光明磊落的地方？”他有些发怒，这正是我所需要的。

“顾先生，你办公桌前的电脑开了吗？”

“开了，怎么？”

“那请你登录这个网址，里面有你感兴趣的东西。”

“是什么？”

“看了就知道了，非常值得一看哦。”

我让他登录了潘淑兰曾经登录过的邮箱，让他看到了那三张照片，然后，我迅速在自己这边登录，并删掉文件。

“顾先生，你已经过目了吧？”

“你很卑鄙，要勒索我吗？开个价吧。”

“好，爽快，不过，我并不想勒索你，因为我不是干这个的，君子爱财，取之有道。”我觉得自己有些得意，有点狼调戏羊的味道。

“那你想干什么？”他的语气非常阴沉，这更加证明了他并不是一个光明磊落的人。

089

连环

“你想知道是谁提供了这些图片给我吗？”

“谁？”

“猜猜？”

“浑蛋。”他又怒了，和潘淑兰一样，容易动怒，在这个角度上，他们真的不是很适合的一对。

“好吧，要有心理准备。这些图片是你妻子提供给我的，目的是让我能辨认出你的样子，不至于杀错目标。”

“你说什么？潘淑兰要你来杀我？”

“是的。”与男人说话，要干脆和恰到好处。

“为什么，仅仅是因为我的外遇？”

“具体情况我不太了解，但据我所知，还有另一个原因。”

“是什么？”

“你妻子急需一大笔钱，用途我是无法知道的，但我知道她来钱的方法。可以肯定的是，她知道你并不会给她这笔钱，她认为你的钱和你的人都会在很短时间内离开她，她感觉到自己人老珠黄。我想，这可能是她需要一大笔钱的原因，尤其得到这笔钱还可以出一口怨气。”

“她想怎么得到那笔钱？”

“你再看另一个文件，在草稿箱里。”我把潘淑兰给他买的保险单扫描件预先上传了，估摸他看完后，我立即删除了它。

“怎么样？顾先生，这件事情你应该不知道吧，300万哦，你妻子是下了血本，这个险种，保费就需要几十万啊！”

“臭婊子。”顾仁低吼了一句。我觉得男人不能骂自己老婆为婊子，这等于骂自己是龟公，这样不好。

我等了一会儿，顾仁冷静了一些，他问我：“你准备怎么杀我？”

“呵呵，我有说过要杀你吗？我刚才说的是，这个电话会救你一命。”

“明白了，你想让我出更多的钱，来救自己吧。说说看，我老婆出了多少钱买我的命？”

“错错错，如果我这样做，就是没有职业操守，以后谁还敢信任职业杀手呢？我不能害了同行，坏了口碑。”

“那你到底想干什么？”

“我想让你知道一件事情，估计你会笑出来，我们给你的命估价是10万，可是你妻子坚持认为你的命只值三万，并且只肯先付三成。我们的行规是全款付清，事后双方再不联系。”

顾仁沉默了一会儿，说：“这并不好笑，我还是不知道你想干什么，你为什么要告诉我这些，难道不怕我报警？”

“你可以报警，但你知道这没用，因为我们什么也没做，而你老婆也不会承认。并且，你也不知道我是谁，对吧？”

“你要知道，到目前为止，我并不相信你们，我不相信我老婆会因为外遇而买凶杀我，她不是一个很贪钱的女人，也不会想出预先买好保险的事，她没这么聪明。我比你们更了解我老婆，我们结婚十几年了，我也不会和她离婚的，即使我有情妇，这是很多男人都会干的事情，不至于要置我于死地。一切都是你编造的谎言，我还不知道你的目的是什么，但是我可以告诉你，你别想从我这里得到一分钱。”

“哈哈哈！”我虚张声势地大笑起来，但我细心地发现，他并没有立即挂掉电话，这说明他嘴上说的和他的真实想法不符，他有些犹豫。

“顾先生，这样吧，你没必要去揣摩我的目的，我肯定有我的目的，但现在不是告诉你的时候，你想证实我有没有说谎，两件事情就可以让你明白了。”

“哪两件事情？”

“第一，你去人人保险公司查询一下，便知道那张保单的真伪；第二件事呢，目前只有我和你妻子知道的，那就是，我和你妻子约定下周对你动手，那么，你妻子在这种敏感时期需要走开一下，她会告诉你，她想独自去旅游散心，三天后就动身，一周后回来。等你证实了这两件事情后，你可以打这个电话找我，相信到时候，你不用理会我今天的目的，也会作出明智的决定。等你的好消息。”

5

刚换完电话卡，顾仁的电话就响了。

“你好，我是人人保险周鱼，请问有什么可以帮到你？”换完卡，我也不再压低嗓子故作深沉了。

“周先生吗？我是顾仁，你曾经对我作过一分钟拜访，呵呵，虽然一分钟，但是我对你印象很深刻啊，你的形式很特别嘛。这样吧，我想拜托你一件事情。”

“哦，顾总啊，你好，请问你需要我帮你什么，我一定尽力。”

“小周啊，我曾委托我妻子向你们买了一份保险，支付账号我记不起来了。你知道，我们做生意的，开的账号太多，担心你们不能及时扣款，所以想确认一下。”

“行，顾先生，如果你有空，可以亲自到我们公司来看保单，如果抽不出时间，我也可以将保单送过去给你过目，或者传真复印件给你，你觉得哪种方式更好呢？”

“嗯，这样啊，我想，还是我亲自过去吧，反正我要出去办事，会经过你们公司。”

“行，我在公司等你，一会儿见。”

“一会儿见。”

我挂掉电话，立即奔跑下楼，打车就往公司赶。刚到公司，前台就来电说有位顾先生找我。我能理解他此时的焦急心情，于是将保单仔细夹好，再带上一份空白合同，往接待室走去。顾仁还是那么修饰整齐，衣冠楚楚。

“顾先生，你好，这是你需要的保单。”

顾仁非常认真详尽地看着，我试图去揣测此刻他的心里是否如钱塘潮涌，但是我揣测不出来，毕竟刀子不是在割我的肉。

顾仁差不多反复看了三遍，才重重放下保单，神态明显虚脱，脸色轻微苍白。我装作并没注意他的变化，很不合时宜地奉承道：“顾先生，你真是一位好丈夫，这社会像你这样的丈夫基本绝种了。”

“为什么？”他随口问，明显心不在焉。

我抽出一张宣传单给他看：“顾先生，你看，这是我们两个月前推出的爱情保单宣传品，上面写着：

真正的爱情

给自己一份保单，

受益人写上心爱的她（他），

毕竟，

意外不能避免，

爱人的伤痛却可以减免。

“顾先生，像你这样给自己买保险，让妻子受益的丈夫，自从这个爱情保单宣传推出后，你是第一位啊！虽然是委托你妻子购买，但心意却是一样的。”

顾仁推推眼镜看着我，我当然一脸的纯真和无知。他叹了口气，苦笑着问了我一句：“爱情能保险？”

“生命尚且不保险，爱情当然也不保险，所以，我们只说减免伤痛，这是爱的体现。”我非常诚恳且职业化地回答。

“既然你说不保险，那我就再保险一次吧。其实，我妻子也委托了我，不让我独享爱情保险，要我也帮她买一份保险，并且声明受益人一定写我的名字。唉，女人啊。”

我笑了，再奉上真挚的赞美：“你们真是让人羡慕的一对，这就是我们公司爱情保险推出的真谛了。同样的爱情，用同样的方式互相回报，多么完美，多么和谐。”

“是的，很完美。”顾仁若有所思道。

“那么，顾先生，你妻子要保多少额度呢？”

“这个，当然是300万。”

6

试用两个月期满，我在最后一刻奇迹般地签了两个三A级的大单，总额相当于同事们一年或者是20单的水平，这让我在本市保险业界成了传奇。由于我信奉做人必须低调的道理，在传奇开始的那天，我就决定让自己半年不再开展业务，睡睡懒觉，请个长假旅游，好好享受这笔奖金，要让所有人都认为我的传奇只是一个意外。

在我决定外出旅游的前一天，想起来还有一件事情未了，那个光头神探还眼巴巴地等着我的2000块钱呢，我可不能失信于人。

我换上了那张新卡，打开手机，果然收到几条信息，都是顾仁发过来的。前面几条都在问一个笨问题："你的目的到底何在？为什么收我老婆的钱而不杀我？"关于这个问题，我想让它在顾仁心里成为一个永远的谜。

最后有一条信息，其实也是我意料中的事情，在顾仁决定给他妻子买保险的时候，我就知道他会发这条信息，但是我相信他给妻子买保险的时候，还没有最后下定决心，他下决心是在妻子出门旅游那天，因为这条信息就是在潘淑兰旅游出门那天晚上深夜发出来的。

信息很简短：我妻子值10万吗？请速回信，10万现金等你。

我当然不会回这条短信，因为我根本就不是什么职业杀手，我只是一个寿险业务员，我的目的就是签到保单，从公司领到提成奖金。

我不知道以后还会不会用这种方式去签保单，如果我找到女朋友又能顺利结婚，我肯定会辞职另找职业，关键是，我一点儿都不想结婚，原因很简单，爱情并不保险嘛！比如，顾仁和潘淑兰的爱情就不保险，他们买的"爱情保险"其实是"婚姻保险"，因为，有了我经手签下的这两份保单，他们的婚姻一定会很保险地维系下去，在任何一方出"意外"之前，他们都不会离婚，会一直等待，一直到老。

对了，我差点儿又忘掉了那位生意不佳的光头神探，于是我用新卡发了最后一条信息，当然是给顾仁的：

"请速致电×××××××××××找光头神探，2000元买回照片底片并且销毁，然后再联络。"

最后我把这张电话卡剪成了碎片。

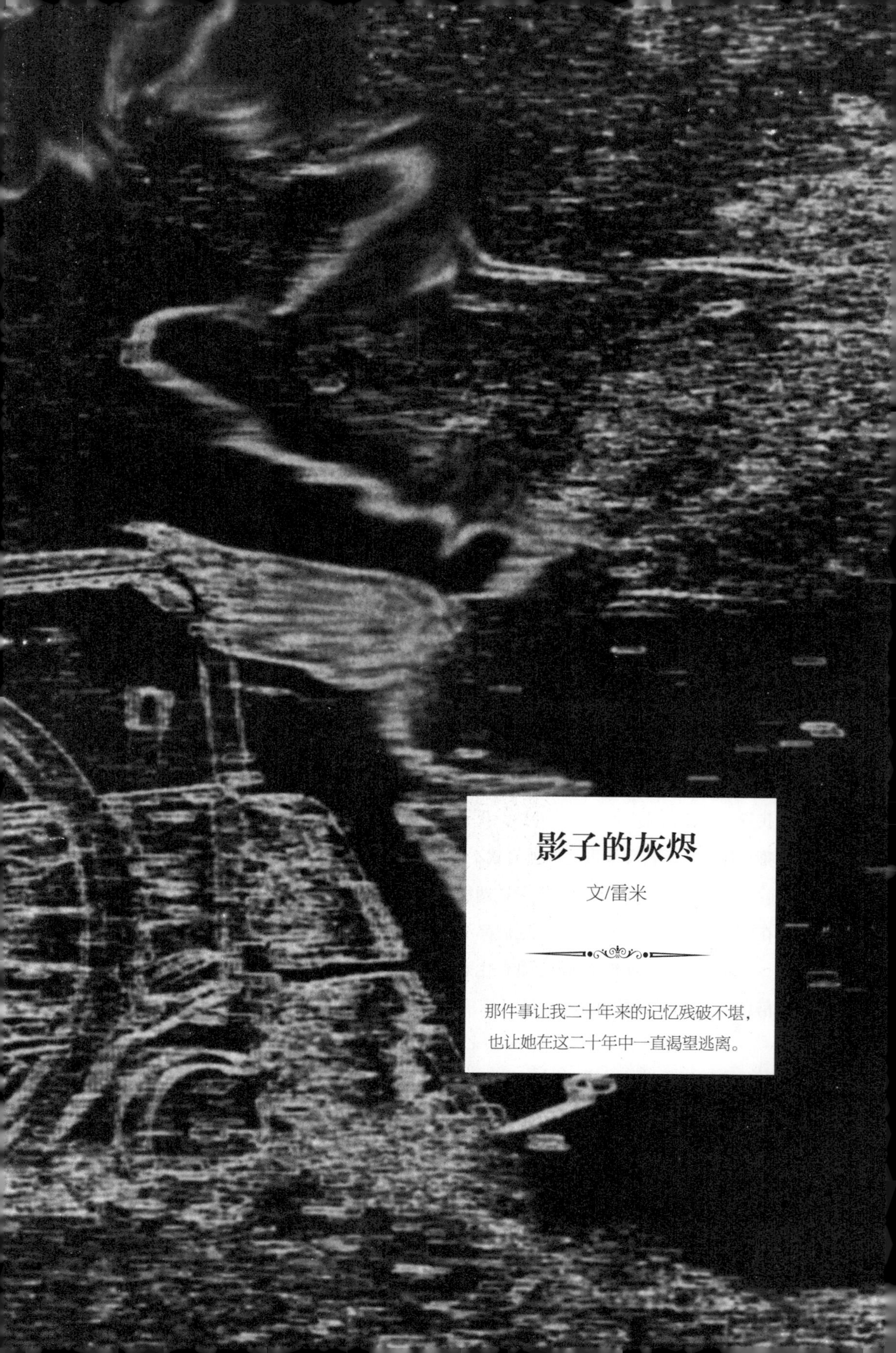

影子的灰烬

文/雷米

那件事让我二十年来的记忆残破不堪，
也让她在这二十年中一直渴望逃离。

095

影子的灰烬

我盯着那个空空的座位，轻轻地叹了一口气。

我不明白世界上为什么要有同学会这种东西，更不明白为什么要在过去的旧教室里举办。每个人都坐在曾经的座位上，争先恐后地说话。班主任坐在讲台上面，热泪盈眶地看着台下那些陌生的面孔。我相信她已经认不出我们之中的大多数，就像我已经难以在他们脸上找回20年前的神情一样。

在那些已经明显狭窄了很多的桌椅中，那个空空的座位，宛若一道无法掩盖的伤口。

我望向她，看见一双迅速移开的眼睛。在这个夜晚，我们彼此回避，又时时捕捉对方的目光。

她似乎有话对我说，而我，也是一样。

从小我就是一个沉默寡言的人，所以，在这所中学读书的时候，我并没有多少朋友，除了成宇。他说，他喜欢我的沉默。事实上，和成宇在一起的日子里，他的话也不多。当我的同学们在阳光下成群结队地呼啸而过，在街上追逐本校或者外校的漂亮女生的时候，我和成宇常常躲在我家的阁楼上，各自从那些布满灰尘的书架上抽出一本书来看。成宇看书的速度很快，或者说，他压根就没有耐心从头到尾看完一本书。所以，当阁楼里的光线越来越暗的时候，成宇的身边往往堆满了各类乱七八糟的书刊。他总是伸伸懒腰，然后对着窗外发一阵呆，随即大步走到我身边，一把夺过我正在看的那本书，说："哈，你又在看这个。"

一个15岁的男孩子用整个下午的时间阅读《刑事判例研究》，这的确是件让人感觉不可思议的事情，然而我别无选择。作为省高级法院刑事一庭的法官，父亲给我的第一本启蒙读物就是《中华人民共和国刑法》。当别的小朋友从"人口刀手"学起的时候，我就已经知道了杀人、诈骗和敲诈勒索的意思。我父亲大概是我所知道的见证过最多罪恶的人。用他自己的话来讲，被他判处死刑的人，已经超过了100个。我父亲很乐于让我知道这些，实际上，在他最终成为一个老年痴呆症患者之前，他始终认为法官是这个世界上最好的职业，直到他彻底失去理智为止。

同学会进行到一半，集体回忆已经转化成捉对"厮杀"——大家都各自寻找当年的好友热烈交谈。班干部们则围在班主任身边，迫不及待地炫耀自己这些年来的成就，以证明班主任当年的慧眼识珠。所有人皆大欢喜，我自己一个人悄悄地来到走廊里。我没有可以交换回忆的朋友，即使我现在离开，也不会有人意识到又一个座位空了。想到这里，我丝毫感觉不到悲伤，相反，还有一丝轻松。

这是一所再普通不过的中学，和那些气派非凡的重点中学不同，这20年来，管理者们似乎无心也没钱去修葺学校。我点燃一支烟，透过窗子望着楼下的操场。此时已近黄昏，那些破败的单杠和秋千上都笼罩着一层淡淡的金色。我知道那间仓库还矗立在操场的西南角，我还记得它从前的样子。因为，这20年来，我常常会梦到它。

“在想什么？”

不知何时，她来到我身边，却并不看我，而是望着窗外。

“没想什么。”突如其来的单独相处让我有些慌乱，“教室里太吵了。”

“是啊！”她看着正被夜色一点点吞没的操场，仿佛喃喃自语般说道，“什么时候回到C市的？”

“上个月。”我不知道老同学相见时应该谈些什么，尤其是面对她的时候，想了想，只能从最基本的寒暄开始。

“结婚了吧？”

她转过身来，第一次和我对视。20年的岁月似乎在苏雅的脸上留下了更多的痕迹，她看起来要比那些女同学苍老一些。也许唯一能让她们嫉妒的，就是苏雅依旧窈窕的身材。

“你看。”她笑着举起双手，细长的手指上空空荡荡。当笑容在她脸上绽放的一瞬间，我又看见了那个清秀、快乐的女孩。

我们站在窗边聊天。我知道她一直没有离开本市，大学毕业后就供职于一家出版社；她知道我在深圳闯荡几年后，依旧一事无成，最后黯然返乡照料老年痴呆的父亲。言谈中，我有些恍惚，仿佛身边的一切都褪尽颜色。上一次和苏雅这样聊天的时候，我们都只有15岁，严肃地探讨《塞下曲》的作者是李白还是杜甫。

此时，灯火通明的教室里依旧一片喧嚣。我和苏雅在一墙之隔的走廊里，彼此让对方再次熟悉自己。这样的谈话注定是短暂的，更何况，我们都心照不宣地回避那个名字。很快，我和苏雅就无话可说了。正在我绞尽脑汁寻找话题的时候，走廊的另一头传来轻轻的脚步声。

我下意识地扭头看去，一个人影在黑暗中若隐若现。他也发现了我们，脚步有所迟缓。当他的脸暴露在教室窗户里倾泻而出的灯光中时，我手里的香烟“啪嗒”一声掉在了地上。

没有嘴唇，没有鼻子，甚至缺少一侧的眼睑，脸上的皮肤宛若坑坑洼洼的橘皮。

他站在距离我们三米左右的地方，默默地看着我们。

苏雅笑笑，轻声对他说道：“不认识了吗？是江亚啊。”

他的身体略微晃晃，然后点点头。紧接着，他就转过身去，透过窗户，向人声鼎沸的教室里张望着。

苏雅看看依旧目瞪口呆的我，抱歉地笑了一下。

“你应该认不出他了。”她顿了一下，“那是我弟弟——苏凯。”

我“哦”了一声，除此之外，我不知道该说些什么。

“他是来接我回家的。”苏雅看着我的眼睛，声音越来越低，“很抱歉，我得先走了——我不想让同学们看到我弟弟的样子。”

我点点头：“再见。”

“能再次见到你，我很开心。”苏雅垂下眼睛，忽然又补充了一句，“否则，我不会来参加这个同学会的。”

说罢，她就走到窗边，挽起苏凯的胳膊。苏凯看看我，几乎难以察觉地点了点头，随即，他就和苏雅一起消失在夜色中了。

那天下午，成宇很罕见地只捧着一本书看。他安安静静地坐了几个小时，以至于我不得不抬头看看他是不是睡着了。只看了一眼封面，我就知道他手里拿的是那本《人体解剖学》。这本书我同样很熟悉，也清楚地记得“女性生殖系统”那一章的页码。我有些心虚，因为我不想让成宇发现那一页已经被摩挲得格外陈旧。成宇显然没有意识到这一点。他捧着在我看来无比刺激的《人体解剖学》，同样看得漫不经心。在长时间盯着一幅彩图后，他也会抬起头，定定地看着那些布满灰尘的书架。我知道他并不是在寻找下一本书，于是我越发喜欢成宇，因为我在看那一页的时候，也是这副样子。

当我放下手里的《刑事判例研究》第五卷，起身在书架上寻找第六卷的时候，我听见成宇轻轻地笑了一声。我循声望去，发现他并非在嘲弄我，而是半仰着头，看着阁楼上的某个角落，脸上是一副如梦似幻般的神情。我扭过头，伸手去拽那本紧紧地卡在书架里的《刑事判例研究》第六卷。

“你怎么了？”

“呵呵。”成宇保持着刚才的样子没动，“我想，我爱上她了。”

我“哦”了一声，手上突然发力，那本书连同半壁书架，轰然倒塌。

很多年后，我都清楚地记得当时成宇脸上的表情。我想，也许他在幻想那幅彩页上的器官就属于那个女孩，然而，成宇再没可能目睹那个神秘地带的真貌。想到这些的时候，我正坐在养老院里，盯着那个中年女护工浑圆的臀部，她正在骂骂咧咧地清理被我父亲拉到裤子里的粪便。我父亲毫不羞耻地暴露着下体和干瘦的双腿，同时还咧开嘴呵呵地笑着。

其实，这样的父亲更让我感到亲切。在我的印象中，“父亲”这个词，只是意味着深夜里“吱呀”的一声门响、衣柜里那些笔挺的制服以及客厅里挥之不去的淡淡烟味。他似乎一直游离于我的生活之外，固执地把自己变成那部庞大的国家机器的一部分。当已经完全“机器化”的他开始衰老、破旧，最终报废的时候，我对于父亲的概念却渐渐清晰起来。他回到了我的身边，在他创造了我35年后，重新进入了我的生活。

这是一家名叫“夕阳”的养老院，地处郊区。在这栋三层小楼里，处处弥漫着和名称一样衰老、腐朽的气息。我站在走廊里，点燃一支烟，看着斑驳的墙壁和开裂的木质门框。不时有老人在走廊里蹒跚着走过，都穿着奇怪的、类似于病号服的统一服装。他们的眼神呆滞、漠然，似乎又对我抱有莫名其妙的敌意。我知道自己在这里格格不入，甚至有些碍眼，而我也不喜欢被这种行将就木的气息包围。正当我掐灭烟头，准备离开的时候，听到有人在叫我的名字。

是苏雅，旁边是提着大包小包的苏凯。

苏雅的表情相当讶异："你怎么会在这儿？"

我朝旁边的房间努努嘴："我爸爸住在这里。"

"哦。"苏雅转过头，轻轻地对苏凯说，"你先过去吧，我去看看江亚的爸爸。"

苏凯看看我，低下头，一言不发地从我身边走了过去。

我父亲安静地躺在床上，盯着窗外出神，似乎对我们的到来毫无察觉。每当他吃饱喝足、大小便清理干净后，就是这样一副与世无争的样子。

苏雅走到床前，俯下身子，轻轻地说："江叔叔好。"

我父亲缓慢地扭过头来，涣散的眼神稍稍活泛了一些。他严肃地看着苏雅，上上下下地打量了一番，轻轻地叹了一口气。

紧接着，他模糊不清地吐出两个字，又把头扭过去，望向窗外。

"他说什么？"苏雅小心地低声问我。

"不知道。"我耸耸肩膀，"反正也无所谓。"

我指指自己的脑袋："他这里已经不清楚了。"

苏雅"哦"了一声，似乎萌生出无限感慨。

"我还记得江叔叔当年的样子，英气逼人。"

我笑笑，不置可否。我从未见过我父亲在法庭上的样子，至于他是否曾经英气逼人，更是无从考证。他在我的生活中，只是一个符号或者象征而已，而眼前的这个老头，显然比记忆中的父亲好玩得多。

想到这里，我忽然意识到一个问题。

"你为什么会在这里呢？"

据我所知，那件事发生后，苏雅的父亲就因长期酗酒而死于酒精中毒，而她的母亲，也在前不久过世——她来这里探望谁呢？

"哦，成宇的妈妈也住在这里。"苏雅看着我，欲言又止，"我和苏凯……你知道的。"

我垂下眼，点点头，却不知该如何继续说下去。

正在这时，门被推开了。

苏凯走进来，径直来到床前，先对我点点头，然后对苏雅说："她得洗澡了。"

这是20年来，我第一次听到苏凯的声音，含混、嘶哑。我知道，这来自那条破损的声带。

苏雅"嗯"了一声，然后充满歉意地冲我笑了笑，转身走出了房间。

苏凯把头转向我，我竭力让自己的目光不从那张可怕的脸上滑落，勉强和他对视着。

良久，那堆橘皮里出现几丝皱褶——我觉得他是在对我笑。

"回来多久了？"

"一个月吧。"

"怎么样？"

"还不错。"

"还走吗？"

"不。"我转身指指病床上的父亲，趁机悄悄地呼出一口气，"我得照顾我爸爸。"

这时我发现我父亲已经回过了头，正目不转睛地盯着苏凯。他的脸上不再是那副常见的痴傻表情，而是眉头紧锁，目光炯炯，鼻翼急促地翕动着，似乎看到了某种熟悉又令他恐惧的东西。

我很惊讶，旋即就明白了。

"对不起，苏凯。"我竭力横在他和我父亲之间，"我父亲他……"

话音未落，我父亲就像一只豹子似的从床上一跃而起，伸手去抓苏凯。然而这个动作他只做了一半就耗尽了全部的体力，只能颓然跌倒在床边，一只枯瘦的手还不依不饶地乱抓着。

"我知道，我知道。"苏凯倒退几步，橘皮中的皱褶更深了，"呵呵，我吓着他了，对不起。"

说罢，他冲我挥挥手，转身走出了房门。

苏凯曾经是我们那一带最英俊、最聪明的男孩子，虽然比我低两个年级，却几乎和班里的体育委员成宇一样高大强壮。只不过他常常把这些优点用于欺负他那同母异父的姐姐，所以我一直很讨厌他。奇怪的是，苏雅从不抱怨，每当她带着脸上的淤青来上学的时候，表情依旧是恬淡平和，不动声色。大人们倒是很理解这些，他们说，一个寡妇，带着两岁的女儿，能找个愿意养她们的人，已经很不错了。然而这丝毫没有减轻我对苏凯的厌恶。作为我的朋友，成宇也和我有同样的感受，甚至更为强烈。

有一次，在放学的路上，我和成宇看到苏凯挥舞着一根树枝，不断地打在背着两个书包的苏雅身上，嘴里还不停地喊着“驾……驾！”……成宇当时就火了，挽起袖子就要上去揍苏凯。可是冲到他们身前，成宇却放下拳头，低着头走了回来。我问他为什么不动手，成宇当时不肯说。过了几天，他告诉我，他看到了苏雅的眼神。那眼神，分明在说，不。

从那天开始，我相信人的眼睛是会说话的。所以，20年后，我知道苏雅一定读懂了我的目光。而我，也读懂了她的。

父亲的躁动引来了那个中年女护工。在她的一番恐吓加安抚之下，父亲总算恢复了平静。她很奇怪一贯老实、温顺的父亲为什么会突然如此暴躁。其实我也感到奇怪，在父亲漫长的执法生涯中，早已见惯了形形色色的罪恶，不至于被一张残破的脸吓成这样。他审阅过的死刑犯的刑事卷宗中，抽出任何一张现场图片，都要比那张脸可怕。

此刻，我发现我是真的不了解我父亲，正如他不了解我一样。

在他发病之前，他一直不理解我为什么没有选择学法律，然后去做一个和他一样光荣的法官。他更不理解的是，我为什么会在15岁那年坚决要求转学，甚至不惜以绝食相逼。

第二天下午，我忽然接到苏雅的电话，问我能否陪她去给她妈妈扫墓。我犹豫了一下，还是答应了她，因为我也想去那个地方。

见到苏雅的时候，我有些意外。回到C市之后，我见过苏雅两次，每次都有苏凯陪在她身边。今天去拜祭他们的妈妈，却只有苏雅一个人在等我。

苏雅今天化了淡淡的妆，眉宇间的忧戚也不见了踪影。她轻快地跳上车，拍拍我的肩膀。

“出发！”

天气阴霾，苏雅的兴致却很高，不停地和我说话。我本来认为，我应该表现得庄重肃穆，却不由自主地被她感染，情绪也渐渐高涨起来。

在我离家的这些年里，C市的变化很大。汽车穿行在那些崭新的街巷中，我丝毫感觉不到故土的味道。好在苏雅指给我那些尚存的老旧事物，让我依稀还能回忆起往昔的点点滴滴。

兴工饭店的猪肉馅饼，重庆路的冰激凌，胜利公园的旱冰场，文化广场的漫画书店……

以及在20年前就戛然而止的青春。

醒龙公墓是C市唯一的墓地。这个“唯一”的好处是，大家生前是邻居，死后仍能彼此守望。和市区相比，这里依旧是拥挤不堪的所在，只不过安静了许多。

苏雅很快就找到了她妈妈的墓碑，细心地在周围打扫起来，我要帮忙，被她无声地拒绝了。我只能无所事事地站在原地，上下打量着那个苦命的女人最后的栖息地。她的遗照大概是去世前不久照的，面容干枯憔悴，脸上的悲苦比20年前更甚。这也难怪，年轻时丧夫，人到中年又先后遭遇亲子毁容，后夫酗酒而死。恐怕她在离世的前一刻还在悲叹自己的命运多舛吧。

苏雅把墓地清扫完毕，拿出供品一一摆好，随即开始在墓碑前焚烧纸钱。她的脸上安静恬淡，看不出太多的悲伤。伴随着一沓沓纸钱化作黑灰，她也在轻声低语着什么，想来，应该是一个女儿对母亲的思念与告白。我感觉自己彻彻底底地成了一个外人，想了想，拎起带来的扫把，转身离去。

墓园并不大，加之墓碑密集，所以，在不远处，我就找到了他的。这20年来，不曾改变的，只有他。让我意外的是，墓地被打扫得很干净，远不是想象中长期无人打理的荒芜破败。我抬头看看苏雅，她依然依偎在母亲的墓碑前，望着远方出神。我低下头，长久地凝视着墓碑顶端那张几寸见方的照片。那无忌的笑脸，曾在无数个阳光炫目的午后，毫不吝啬地向我展开。此刻，却只能永远凝固在那块冰冷的石碑上。然而我很羡慕他，死于青春，总比像我这样，在记忆的旋涡中挣扎到死要好得多。

那一天，他一定很疼，一定很怕，只是我不知道，他有没有想到我。

成宇，原谅我。

身后传来轻轻的脚步声，我没有回头，只感到一个柔软的身体靠过来。

我们就这样并排站着，默默地注视着成宇的墓碑。良久，苏雅轻轻地叹了一口气。

“那时候，他可真帅。”

说罢，她就拉拉我的衣角：“该走了。”

早春的天气就像孩子的脸一样反复无常，不知不觉间，阴云遍布的天空已经放晴。在越来越亮的日光中，绿叶更绿，鲜花更红，那些拥挤的墓碑也不再显得灰头土脸。苏雅在前，我在后，穿行于越发生动的墓园中。阳光把我的身影投射到前方，覆盖在苏雅的身上。我不由自主地加快步伐，想尽可能地覆盖更多。

忽然，苏雅停下了脚步，紧接着转过身来。

“怎么？”她眼中的笑意波光粼粼，“这么多年来，你还是这样吗？”

成宇惊讶地看着倒塌的书架和散落一地的书，笑骂道：“你他妈的要造反啊！”

我没说话，站着看他手忙脚乱地修复书架，半分钟后，我蹲下身子，把书一本本捡起来。

成宇，我的朋友。我想，我知道你的秘密，而你，不知道我的。

我的座位在一扇朝南的窗户边，夏天的时候很晒，冬天的时候又要忍受从窗缝里钻进的冷风。成宇曾建议我换到后排去，可以和他偷偷地玩五子棋，我拒绝了，理由是可以在窗边看看风景。其实从那扇窗户看出去，只有光秃秃的操场和灰暗低矮的楼群，我之所以喜欢这个座位，是因为在晴天的时候，阳光可以把我的影子投射到斜前方。

那是另一个我，高大、颀长，还有面目不清的神秘感。最重要的是，“他”可以触摸到那个和我隔着一排座位、梳着马尾辫的女孩。

第一节课的时候，“他”可以和女孩头挨头，耳鬓厮磨，幸运的话，还可以轻吻女孩的脸庞；第二节课，“他”可以伏在女孩的背上稍作休息，调整坐姿，还可以勉力嗅到女孩的发香；第三节课，“他”已经远远落在后面，不过，伸出“手”去，还可以在女孩的背和辫子上轻轻抚摸；而临近中午的时候，这一天就已经结束了，“他”和我一样，软塌塌地蜷缩在角落里，矮小、沮丧、绝望。

20年前，我憎恨一切没有阳光的日子。

“其实，我都知道。”

苏雅和我坐在一家餐馆里，她喝了些酒，脸色绯红，右手托腮，目光迷离。

“别低估女人的直觉。”她呵呵地笑起来，“不用回头，我就知道你在干什么。”

我无法和她对视，即使在经历了许多人、许多事，自认为已然成熟的今天，同样如此。我只好点燃一支烟，试图让彼此显得更朦胧些。

那袅袅上升的烟雾，就好像那些无法把握的往昔。我和她，隔着20年的时光彼此凝望。没有太多的对白。我们共同拥有的回忆实在太短暂，更何况，有相当的一部分是不愿触及的。

“那时候，我不相信有人肯爱我。”苏雅转着手里的杯子，啤酒里的冰块叮当作响，“我那么灰暗，像一块抹布一样。除了小心翼翼地活着，再不能奢望别的了。”

我望向窗外，玻璃窗上倒映出一张纹路纵生的脸，我忽然不记得自己20年前的样子。而此刻，夜色正一点点吞没大地，已经没有影子陪伴我。

“我总是觉得冷，好像身体里有一块大大的冰似的。吃再多的东西，穿再多的衣服都没有用。”苏雅依旧自顾自地说下去，“直到有一天，我忽然觉得很痒、很麻，也很暖，我侧过头，发现你的影子在抚摸我……”

她无声地笑起来：“……而你的影子，飞快地逃开了——为什么当时不肯对我表白呢？”

我没有回头，也没有回答。

“从那一天起，我很期待你的影子。它让我觉得被人需要，让我觉得，有个地方可以躲藏。最重要的是，它让我觉得很温暖……”

苏雅忽然抓起我的手，轻轻地贴在自己的脸颊上。

"……就像现在这样。"

成宇变得越来越肆无忌惮。他不仅时常在课间去找苏雅说些不着边际的废话，还当着其他同学的面给苏雅拿几个苹果或者糖块什么的。苏雅很少给予回应，甚至在同学们不怀好意的哄笑中依然安之若素。至于那些小礼物，要么被苏凯享用，要么就在课桌上慢慢萎缩、融化。然而我知道该发生的一定会发生。某天中午，我看见成宇和苏雅在仓库边说话，他叉着腿，手扶着仓库的木板墙壁，脸上是我没见过的兴奋表情。苏雅则低着头，摆弄着书包带上的搭扣，偶尔抬起头，眼中是某种柔软却牵扯不断的东西。

那天，我一个人回到家。和往常一样，我爬上阁楼，翻出《刑事判例研究》第八卷来看。我清楚地记得我从第19页看起，因为当我合上这本书的时候，仍旧是第19页。当时已经临近黄昏，夕阳把我的影子投射到墙壁上。我竭力伸展手指，让它在墙上变幻出各种各样的形状。其间，有一只蟑螂从墙上爬过，我始终让那片阴影笼罩着它。它最初显得很惊慌，但是很快就发现那阴影根本就阻止不了它。最后，它从容地逃走了，消失在墙角的缝隙之前，还不忘挥舞两只触须向我示威。

影子就是影子，它什么也做不了，哪怕是消灭一只可恶的虫子。

那天黄昏，我对着夕阳第一次自慰。喷射在地板上的精液被落日的余晖染成淡淡的血色，仿佛我的身体里有一道深深的创口。

从那天起，我再没有玩过影子的游戏。

人体真是奇妙的东西，它的韧性和耐性，往往超出我们的想象。就像我父亲，人人都以为他时日无多，但是除了智力的全面退化之外，他的其他器官似乎仍在勉力运作着。有时，我甚至能听到那些齿轮和轴承在嘎吱作响，然而他依然活着，食欲旺盛，没心没肺。

我和苏雅联系得很频繁，以至于那位中年女护工都认为我们在谈恋爱。每次给我父亲擦身的时候，都要絮叨几句诸如你放心吧你儿子都要成家啦之类的废话。我父亲似懂非懂地听着，却从不看我，似乎那是一件和我完全无关的事情。

事实上，我也不知道苏雅和我究竟算是什么关系，但是，我并不排斥和她的联络，尽管每一次约会都令我的感受颇为复杂。她很喜欢听我讲15岁之后的故事，却很少提及她这些年的生活，我只知道她一直没有离开C市。我能理解她的艰辛，继父去世后，要照顾母亲和残疾的弟弟，苏雅相当于家里的顶梁柱。

“你不知道……”苏雅垂着眼睛，摩挲着缺乏保养、皱纹横生的手，“……我有多想离开这里，逃得远远的。”

这句话让我们陷入了长久的沉默，因为这里有一个绕不过去的名字——成宇。

有一段日子里，我家的阁楼上常常只有我一个人。成宇像所有恋爱中的男孩子一样，把朋友抛在了脑后。然而我并不因此感到难过。如果成宇向我炫耀他和苏雅有多么甜蜜，甚至他们亲昵的细节的话，那才会让我难过。

可是，成宇还是在一个午后来找我，并且和往常一样，一头钻进阁楼里看书。不同的是，他这次直接拿了一本《刑法》，脸上还带着时而兴奋、时而惴惴不安的表情。胡乱翻看了一会儿后，他凑到我身边，吞吞吐吐地问我，15岁的人犯罪，会不会被抓？

我垂着眼，说：“过失犯罪就没事。”

他“哦”了一声，又问：“什么是过失犯罪？”

我抬起头，看着他脸上诚恳甚至有些讨好的表情，就耐着性子解释什么是过失犯罪。说了半天，看他仍旧是一副不明就里的样子，就直截了当地说失火啦、交通肇事啦什么的。

他又“哦”了一声，想了想，接着问道：“那15岁的人犯了什么罪，会被抓？”

我有些不耐烦了，连珠炮似的说道：“杀人、放火、抢劫、强奸、爆炸……”

他却听得很用心，之后就是长久的沉默，似乎在衡量什么事情。最后，他小心翼翼地问我：“那，拐带妇女……不，少女呢？”

我手里的书“啪”的一声落在地上。

从那天起，我开始注意成宇和苏雅。他们长时间地腻在一起，连上课的时候都在偷偷地传纸条。然而他们讨论的事情肯定不是约会或者逃课那么简单，因为从他们各自的表情就可以看出，这件事经历了长期的谋划，甚至是反复的否定乃至推倒重议。我像个密探一样捕捉着他们的一举一动，为他们设想了无数种可能，然而，最终只有一个结论让我深信不疑。

私奔。这个可怕的词在我脑海中前所未有地清晰。

终于，在一天放学的路上，成宇难得地陪我一起走。那真是一段令人难忘的路——沉默、漫长。走到我家楼下的时候，成宇突然对我说："能借我点钱吗？"

我转过身，定定地看着他，问道："你要买什么？"

"你别问了。我们是好哥们儿，不是吗？"他的脸上是前所未见的狂热表情，"我一定会还你的。"

我没说话，却无关任何情绪，只是在那一刻，头脑中一片空白。

良久，我吐出两个字："好吧。"

"谢谢！"成宇的脸明亮起来，"今晚9点，我在学校的仓库等你——别告诉任何人。"

说罢，他扑过来，用力抱了我一下，转身跑开了。

接下来的事情和以前无数个夜晚一样，晚饭，写作业，然后我爬上阁楼。不过，我没有看书。我没有看任何书。我只是静静地坐在黑暗中，看着手腕上的电子表，一秒一秒地跳动。

我终究是懦弱的、无力的。我不能把握任何东西，无论是唯一的朋友，还是心仪的女孩。

8点半，我打开书架上的一个铁盒子，里面有我积攒的压岁钱。我数了数，150多块的样子。在我的脑海里，尝试着将这个数额换算成距离。能让他们走多远？500公里，或者更远？

我把那些钱揣进口袋里，起身下楼，出门。

在这个时间，路上已经没有多少行人。我独自走在冷清的街上，忽然觉得自己既可悲又伟大。我很想告诉别人，知道吗，我在送葬——葬送我的友情和爱情。

我没等到别人，却遇到了苏凯。

他左手拎着一桶汽油，右手拎着一个铁笼，里面是几只乱窜的老鼠。看他脸上那残忍的兴奋表情，我就知道他又要烧老鼠取乐了。

“喂，你看到苏雅了吗？”他大大咧咧地问我，“这么晚了还不回家，我爸要揍她！”

我没搭理他，打算绕过去。就在我们擦肩而过的时候，我突然意识到发生了什么。某种力量把我掏空，在浓黑如墨的夜色中揉搓一番后，又重新塞回我的躯体。那不是我。即使在多年之后，我依然相信，那一刻的我，不是我。

“她不会回去了。”我停下脚步，一字一顿地说，“你去学校的仓库，就明白了。”

说罢，我来不及看他脸上的错愕表情，转身向家跑去。

那一晚，我兴奋得难以入睡。我相信，我当时的表情一定像苏凯把汽油倒在老鼠身上，又点燃时的样子。不过，临近午夜的时候，我还是睡着了，并且如此香甜，以至于远方那冲天的火光和刺耳的警笛声都没能把我吵醒。

第二天，我早早就来到了学校。我迫不及待地想知道结局，想看到他们被抓回后狼狈不堪的样子。

只是，我没看到那些。我看到的是还在冒着黑烟的一片焦墟。同学告诉我，昨晚，仓库里发生了火灾，有人被烧死，有人被严重烧伤，还有一个女孩被警察带走问话。

当天，我没有上课，跑到郊区的一片树林里坐了一天一夜。次日凌晨，我回家之后，面对吓哭的母亲和暴怒的父亲，我只说了一句话：我要转学。

人们把成宇的尸体从废墟中刨出的时候，他只剩下短短的一小截，成宇的母亲是在他身下尚存的衣服碎片中认出的他。苏凯的脸部严重烧伤，面目全非。苏雅对警察说，他们在仓库里烧老鼠，不慎引发了火灾。警方将这起火灾认定为失火事故，鉴于苏雅和苏凯都不满16周岁，不予追究刑事责任。

我听到这些的时候，已经是半年以后了。只有我知道，那晚苏凯要烧的并不是老鼠，而是成宇。

我丝毫没有想给成宇报仇的想法，因为有罪的，其实是我。

一个有罪的人，是不能做法官的。

我父亲并不了解这一点，当然，他现在也不会在乎这一点。惩处罪犯，对他而言已经是很遥远的事情了。在他眼里，世界上所有的事物大概只有两种——能吃的和不能吃的。实际上，我相信在漫长的意识混沌期中，父亲曾有过短暂的清醒，尤其当他忽然安静下来，散漫的目光慢慢聚焦的时候。只是，这样的情形太少太少了。

我不知道他何时会离开我，对那一天，我既不盼望，也不排斥。只是我现在必须和他在一起，因为除此之外，我的确没什么事情可做。

苏雅还是经常致电问候，只不过，从那天的交谈以后，我再没有见过她，直到某天深夜。

那天下午父亲很不像话，连续两次便在裤子里，我不得不一趟趟地跑洗衣房。回来之后，我发现手机上有一个未接来电，是苏雅的。回拨过去，却被她挂断，过了一小时再拨，已经关机了。傍晚的时候，父亲突然心率极不稳定，我不敢离开他的身边，一直守候到夜里10点，直到他恢复正常并安然入睡。正当我打算坐在椅子上熬到天明时，苏雅来了。

她明显哭过，而且喝了酒，蓬乱的头发让我怀疑她遇到了坏人。她没有理会我的追问，站在床前，端详了沉睡的父亲一会儿，就拉着我来到走廊里。

午夜的养老院里一片寂静，只能隐约听到各个虚掩的房间里传出的微弱呼吸。清冷的月光静静地泼洒在走廊里，在它的映衬下，苏雅的眼睛闪闪发亮。她握着我的手，不说话，就那么无比热烈地看着我。良久，她凑到我的耳边，轻轻地说："和我做爱。"

我像个木偶一样被她牵着，蹑手蹑脚地穿过深夜的走廊，在剧烈的心跳中推开倒数第二间房。刚刚关好门，苏雅就缠绕上来。

我们像野兽一样在黑暗中互相啮咬、撕扯着，彼此紧紧地纠缠，又急不可待地脱掉对方的衣服。尽管如此，我还是在余光中看到另一张床上静卧的人体。想到苏雅之前的轻车熟路，我忽然明白这是谁的房间了。

“不，不要在这里。”我挣扎着起来，“我不能……”

苏雅却把我重新拉倒在她的身上，双手死死地搂住我的脖子。

“没关系……没关系，她什么都不知道。”

我的身体渐渐被她的动作点燃。在成宇妈妈的旁边，我和苏雅激烈地交合。在压抑的喘息和呻吟中，我能清楚地分辨出另一张床上的呼吸，时而悠长，时而急促。

其实，她全都知道。

凌晨时分，苏雅悄悄地走了，我回到了父亲的房间。四周寂静如常，父亲一无所知地睡着，仿佛一切都不曾发生过。我坐在黑暗里，长久地凝视着他，看他的身体在月光下轻微地起伏，听他在睡梦中发出无意识的喃喃絮语。

我还能这样看你多久，我的父亲？

当顶点来临时，苏雅仰起头，发出长长的、无声的啸叫。我精疲力竭地趴在她的身上，抚摸着那些尚未消肿的伤痕。等我从高潮的余韵中渐渐平静，汗水也慢慢冷却之后，苏雅却依旧处于失神的状态之中。良久，她低声说：

“无论如何，请带我走吧。”

时隔多年，苏雅再次成为一个渴望逃离的女人，而且，这种渴望似乎在20年中从未间断过。

其实，我又何尝不是？只不过，她想逃离的是饱受摧残的生活，而我想逃离的是噩梦般的记忆。

我们都已经被那件事粗暴地改变了，并且不可逆转。也许，带她走还有一线生机——苏雅可以要她的幸福，我可以要我的救赎。

这是一个充满诱惑的未来。现在我终于可以理解成宇脸上那狂热的表情，而更狂热的，是苏雅。

她甚至已经把未来规划得井井有条：我将父亲的房子抵押，贷到一笔钱后，和苏雅奔赴深圳。我继续做我的生意，苏雅利用在出版社工作积攒的人脉关系开一家书店。过一段时间后，再把我父亲悄悄地接走。当然，这一切必须瞒着一个人——苏凯。

111

影子的灰烬

我不反对这一点，因为我始终没有勇气面对苏凯，即使我知道苏雅身上的伤痕来自他，我还是懦弱到连丝毫报复的念头都没有。看起来，他似乎并没有向苏雅透露那个秘密：当年那场灭顶之灾的始作俑者，其实是我。

我欠他的，欠所有人的。而眼下苏雅的建议，也许可以弥补一部分。

贷款的事情很快就办好了。之后，我给了那个中年女护工一笔钱，足以让薪水微薄的她感到惊喜。我说要出门一段时间，嘱咐她好好照顾我父亲，并答应至多半年后就接走他。女护工是一个粗鲁却心地善良的人，她爽快地答应了。

那一晚，我忽然在梦中惊醒，梦的内容模糊不清，我却莫名其妙地想起了父亲那天对苏雅说的那两个字。

可惜。

私奔的日子定在一个周末，却依旧是深夜。我提出的集合地点让苏雅有些意外，但是我一再坚持，她也只能同意。

虽然是重建的仓库，可是经过20年的岁月，它还是和我记忆中的一样残破不堪。在昏暗的灯光下，身边的一切如颜色褪尽的油画一般。我慢慢地走在仓库里，手指拂过那些布满灰尘的破烂桌椅，指尖的粗糙感觉就像一把锉刀，把回忆上的硬壳层层打磨掉。

苏雅陪在我身边，却无心停留更久，不断地看着手表。忍无可忍之后，她低声问道："好了吧？可以走了吗？"

我慢慢地转过身来。也许是我眼中的泪花吓到了苏雅，她不再催促，只是定定地看着我。

我咧嘴冲她笑了一下，从她脸上的表情来看，这个笑容很可怕。

对不起，我必须从这里开始。因为，他的终点，就是我的起点。

"成宇，我来了。"我环视着破旧的仓库，那些胡乱摆放的杂物在木质墙壁上留下斑驳的影子，仿佛隐藏着无数的秘密。

我知道，他一直在这里，带着未了的心愿和至死不解的谜团。

"你干什么？"苏雅抢上一步，死死地抓住我的胳膊，眼睛却不停地向窗外张望，“你别吓我。”

我顺势把她搂在怀里，望着眼前那片虚空说道：“对不起，这么晚才来这里看你……”

突如其来的泪水让我哽咽得说不出话来，心下却一片释然。

“……我要带她走了，我会给她希望，给她幸福，给她欢乐，给她依靠——就像你20年前那样。”

怀中的苏雅突然停止了挣扎。

“你要保佑我们，我和你一直都是好朋友，不是吗？”我紧紧地搂住苏雅，“原谅我当年的自私和懦弱，我怕失去你，更怕失去苏雅。原谅我好吗？这些年来，我一直……”

“原来告密的是你。”

突然，一个残破的声音在屋角响起。

我如同遭遇雷击般愣住，直到那个身影从黑暗中慢慢地浮现出来。

我以为一切终有因果，我以为善恶报应不爽，我以为一个纠结不舍的灵魂真的可以长聚不散。

然而，那只是苏凯。

只是，难道他也不记得了吗？

怀中的苏雅尖叫一声挣脱出来，接连倒退几步，背靠在一堆旧桌椅上，颤巍巍地问道：“你怎么知道我们在这里？”

苏凯没有回答，只是一步步地逼近我。

“这么说，你们要走了？”

他的声音仿佛是两把生锈的铁锯在彼此切割，我从中嗅出危险，更有宿命。

一切时光倒转，只不过，这一次的主角是我。

“苏凯，”我慢慢移动脚步，尽量挡在苏雅身前，“对不起，我知道……”

“你为什么要背叛我？”苏凯仿佛听不懂我的话，没有眼睑覆盖的眼睛瞪得大大的，橘皮般皱褶的脸不停地抽搐着。

“无论是20年前，还是现在，我都必须向你道歉。”我仿佛面对一个难以言喻的怪物，“是我毁了你的一生，都是我的错。但是有一点你必须要了解——我爱你姐姐，我能给她你给不了的，放我们走，好吗？”

这仿佛是一句可笑的话，苏凯停下脚步，似乎充满惊讶地看着我，紧接着，哈哈大笑起来。

狭窄的仓库里，他的笑声震耳欲聋，那些从胸腔深处爆发出来的可怕声响，撞击在布满灰尘的破烂杂物上，让一切摇摇欲坠。

“爱？”苏凯的脸因那大笑而显得恐怖，更有一丝难以言表的悲苦，“你爱她？你能给她什么？能给她20年的时间吗？能给她一个陌生的身份吗？能给她一个不能相认的妈妈吗——”

突然，他狠狠地拽起脸上的一块橘皮，声音也陡然提高：“——能给她这样一张脸吗？”

我震惊得无以复加，良久，才喃喃地说道：“苏凯，你……”

“别说了，他不是苏凯。”

身后突然传来苏雅无力的声音。

“他是成宇。”

20年前。

苏凯摇晃了一下，半转过身来，似乎想知道这下重击来自谁，然而这动作只做了一半，他就“扑通”一声倒下了。

嘴角流着血的成宇瘫倒在地上，看看还在不时抽搐的苏凯，又看看举着一根桌腿、浑身颤抖不已的苏雅。

她喘着粗气，披散的头发粘在汗湿的脸上，却丝毫遮挡不住眼中凌厉的寒光。既有恐惧，又有快慰。

苏凯抽搐的频率越来越低，最后完全不动了。

成宇先回过神来，艰难地爬过去，伸手在苏凯鼻下探了探，随即就颤抖起来。

“苏凯他……”成宇转头面向苏雅，脸上已然毫无血色，“死……死了。”

苏雅仿佛没听到这句话，依旧浑身紧绷，保持着刚才的姿势，一动不动地盯着苏凯。

忽然，苏雅眼中的寒光骤然消失，取而代之的是漫无边际的绝望。手中的桌腿颓然落地，整个人也瘫软下来。

成宇急忙扑过去搀扶她，却被苏雅一把推开，再过去，眼前却是一根递过来的桌腿。

“打死我，快打死我！”苏雅的样子已近疯癫，“求求你，打死我！”

成宇吓得连连摆手：“不……不行，我怎么能……”

“打死我！不然我和我妈妈就全完了。”苏雅跪在地上，抱着成宇的腿苦苦哀求，“我杀了人，我偿命，我不能连累我妈妈……打下去……求求你！”

成宇看着那一头散乱的黑发，任由苏雅不停地摇晃着自己的身体，脸上的表情却渐渐归于平静。

良久，他伸出一只手，摸在苏雅的头上，低声问道：“你爱我吗？”

苏雅停止了动作，抬起头，迷惑不解地看着成宇，后者正用前所未见的坚定目光回望着她。这目光让她陌生，更让她心安。

苏雅点了点头。

几分钟后，成宇和苏凯已经互换了衣服。紧接着，他把一堆破旧桌椅推倒在苏凯的尸体上，颅骨破裂的声音清晰可辨。随后，他拎起苏凯带来的汽油桶，把桶里的液体统统泼洒上去。

“你要干什么？”

成宇已经从衣袋里摸到了苏凯的打火机，他转身向苏雅笑笑，淡定又温和。

“失火，是不能定我们的罪的。”

火很快就烧了起来。成宇和苏雅并排站在火堆前，默默地看着苏凯的尸体被火焰笼罩。刺鼻的焦臭味在仓库内蔓延开来。成宇转过身，定定地看着苏雅，在火光的映衬下，他的面庞棱角分明，如雕塑般完美。

“记住我的脸，记住。”说罢，他就转身向火堆扑去。

苏雅惊叫一声，伸手去抓他，却只来得及触碰到他的衣角。

一阵惨叫和翻滚后，浑身冒烟的成宇从火堆中站起身来。他的头发已经被烧光，曾经英俊的脸只剩下血肉模糊的一团。

他蹒跚着走过来，握住苏雅的手，从焦黑的肉团中挤出一个微笑。

“这样，我们就能永远在一起了。”

“……而你，现在要离开我了。”

苏凯，不，成宇站在我和苏雅面前，那只永远无法闭合的眼睛死死地盯着苏雅。

苏雅挣扎着站直身子，一把揽过我的胳膊，大声说：“对！”

成宇的身体抖了一下，似乎有些站不稳了。

“我付出的还不够多吗？这20年……”

“我也付出了20年！”苏雅已经变得歇斯底里，“20年！一个女人最好的20年！每天都要陪伴一个魔鬼的20年！每天都要对魔鬼感恩戴德的20年！每天都要忍受无休止的虐待和奸污的20年！”

成宇的身体在慢慢萎缩，整个人似乎矮了半头，语气中也带了乞求的味道。

“你到底要什么？我给你……”

“一个人！一个男人！”苏雅毫不留情地打断他，“一个可以堂堂正正地做我丈夫的男人！”

成宇不说话了，佝偻的身体却在慢慢伸直。他的脸抽搐了一下，似乎在笑。

“那好吧。”他低声说，“好吧。”

成宇的手从背后拿出来，手上拎着一个塑料桶，里面的液体泛着淡淡的红色。

“让我们永远在一起。”成宇慢慢地拧开瓶盖，梦呓般喃喃自语，“我们会永远在一起的。”

“不，别这样。”我挣脱开苏雅，上前试图抓住他，“成宇，你冷静些……”

突然，成宇挥拳打在我的脸上，这一下打得我眼冒金星，倒退了几步才站住。

回过神来时，成宇的手里多了一根桌腿，那个塑料桶已经翻倒在地上，汽油汩汩地流淌在地面上。

他一步步逼近我，扭曲的脸分外狰狞。我的心底一片寒凉，只能徒劳地摆着手。

“成宇，别……”

“这，一切，都和你，没有关系！”

一字一顿的狂吼中，他已经挥舞着桌腿，劈头盖脸地打过来。

剧痛与眩晕中，我只能听见苏雅的尖叫。随着意识渐渐失去，我最后的记忆是一片跳动的火光和两个纠缠的人影。

可是，那双拖动我的手是谁的？

我在医院里醒来的时候，已经是一天之后。

警察告诉我，那个仓库在20年后再次化作一片焦墟。消防队员在火场里发现两具烧焦的尸体。男尸紧紧地拥抱着女尸，难以分开。即使把他们挪走，地面上仍然留下两个黑色的人形，宛若化作灰烬的影子。

成宇和苏雅，真的永远在一起了。

我的父亲救了我。我没想到，在他仅存的一点理智中，仍然保留着辨别罪恶的本能。所以，他在第一眼看到成宇的时候，就意识到他是危险的。我和苏雅打算出走的那天傍晚，成宇来养老院找失踪的苏雅。在成宇妈妈含混的言辞和激烈的手势中，他猜到了我们的关系和去向。

我父亲在那天奇迹般地处于意识清醒期，他目睹了一切，并悄悄地跟在成宇的身后，直至那个仓库。

我知道这些的时候，我父亲依旧留在医院里陪着我。可惜的是，他又陷入了不可预期的混沌之中。于是，他顶着一头烧焦的头发，顽固地盘腿坐在床头柜上，目光炯炯地看着我，始终不肯下来。午后的阳光透过窗子照进病房，他的影子被投射到墙上，宛若一把巨大的镰刀，慢慢地切割我余下的时光。

漏网之鱼

文/宋譞

只要稍加注意，
你就会惊奇地发现，
总有一些同窗会在毕业后完全消失。
即便是在信息如此发达的今天，
也难寻踪迹……

1/动机

我的书桌上摆着一副相框，里面放的是我刚上初中那年和姐姐一起去郊外旅行时拍下的照片。回想当日，实在是个奇迹，不太会用相机的我竟主动提出要为姐姐拍照。姐姐欣然答应，兴冲冲地跑向远方，回首时已站在碧绿的草坪中央，我轻轻按下快门，姐姐美丽至极的身影被定格在了远方。

她的马尾随风飘扬，几缕发丝粘在额头前，笑容让人感到舒适放松。也许是因为常年练习舞蹈的缘故，在我抓拍的一刹那，姐姐采用了半跳跃的姿态。一袭长裙随着惯性飘过膝盖，露出洁白而纤细的小腿，浑身散发着令人难以置信的活力。

相片洗出来之后，只要是看过的人都异口同声地赞叹姐姐的美。而我则昂起头，握住拳头，美滋滋地向大人们炫耀起这是我的作品。可惜的是，那样完美的拍照只出现了一次，不知道是不是和运气有关，往后的旅程中再没有拍出如此惊艳的作品。因此，姐姐才将这张相片裱进了相框，放到了书桌上。

然而姐姐的遗照却并没有选用此照，父母决定将她高一时的证件照作为灵堂上呈现给众人的最后一面。这个决定令我气愤异常，不过年幼的我无法反驳父母之言，只得拉住外婆的手偷偷哭泣。

爸妈常年在外工作，将我和姐姐寄养在外婆家。因此我和姐姐的感情一直很深，她因病刚刚逝去的那段时间里，我常常忘记此事。早晨习惯于和姐姐一起出门的我，甚至在吃完早餐后还纳闷姐姐今天是怎么了，竟然还在睡懒觉。等推开她的房门，看到书桌上的相框和旁边的一炷熏香时，我才意识到姐姐已经不在了。

之后，我将那副相框拿进了自己的屋子。每天放学回家后，总是喜欢盯着她看上一会。仿佛这样做能够产生一丝精神上的寄托。可我越是想抚平心中的伤痕越是难以克制自己对姐姐的思念。

直到有一天，我在学校门口遇见了几个长得很像姐姐的女生。那是高年级的学姐，她们刚刚练完舞蹈，正叽叽喳喳地讨论着些什么。几乎每一个人都梳着马尾，身材苗条纤细。看到她们的时候我仿佛也看到了活生生的姐姐。

啊——对了！姐姐是活生生的人才对，是可以对话的，身体温暖的人才对。而不是相框里的只会露出微笑的纸片。明白了这一点的我，逐渐把对姐姐的思念移情到了和她外表相似的女生身上。这种思念逐渐转化成了一种迷恋，致使我的行为由观望而变成了跟踪。

本来的初衷只是静静地在远方看着她们。然而，没有延续采取这种方法的原因就是——如果被人察觉到总是跟在这些女生的身后，我的行为便很容易被怀疑为不太正常。毕竟哪里会有人每天都和这些女孩顺道呢。这家伙一定是在做奇怪的事情——只要是看到的人应该都会这么想吧？

该怎么办呢？

这样好了，我鼓起勇气做了一个决定，挑一个最像姐姐的人，然后把她带回家，关到姐姐的屋子里。这样一来我就有了活生生的姐姐。

随着年龄的增长，身边像姐姐的人越来越多。毕竟姐姐是在高二那年去世的。在那个年龄段，手边会有大把的女孩子供我挑选。终于，我在班里发现了一个女生。当我看到她的第一眼，竟产生了错觉，简直就像是姐姐重生在我的面前一般。

令人惋惜的是，在高中期间，仅有的一次下手机会被人破坏。由于有了被袭击的先例，之后的一段时间，这个女生身边更是层层保护。高中毕业后，她便音讯全无，彻底消失。如今已是五年过去。在我几乎要放弃此人另寻目标的时候，一则消息传来，我所在的江临市立大学附中要举行百年校庆！

不如趁这个时机在网上发帖，召集当年的同学回来聚会——主意也因此而生。

此时的我正坐在电脑桌前，心里一面不停地重复着以下三点：不能夸张，文字要平滑，看起来像是顺其自然，一面小心翼翼地检查着自己刚刚完成的这封帖子。

文章的大体内容如下：高中毕业五周年，趁百年校庆之际，特邀同学聚会。

当然，这只是文字层面上的意思而已。我的本意还是想要找出那个很像姐姐的女人。一想起她，我的呼吸变得急促起来。我心知自己对她的迷恋已经到了无法割舍的地步。不过不光是我，这个女生可是当年的班花，在意她是否会出现的人应该还会有许多吧。

一念及此，平时不爱出汗的我，竟然在这样的大冷天里冒了一头大汗。可能还是有点紧张吧，我习惯性地拿起手边的橡皮，用拇指搓起来——这是我自小就有的习惯，只要紧张就会不停地搓橡皮。

适当的舒缓情绪后，我控制鼠标点击了发送。

接下来，只要等大家观看就好。由于现在的时间是晚上八点，正值上网高峰，想必校友们很快就会看到帖子的吧？

2/韩易

服务员将饮品端上，是我与严俊河来到咖啡馆的十分钟之后。我点的是咖啡，他则是花茶，在交谈过程中，他夹了三块方糖放进茶杯。也不知是怎么回事，我莫名地觉得这个行为似乎和他娱乐记者的身份十分吻合。

俊河的招牌式坏笑和他高中时几乎毫无差别，他用勺子搅了搅茶水，笑着对我说："韩易，你小子可别想蒙我。表面上是问我去不去同学聚会。其实是想从侧面打听谭雅的消息吧。"

被他说中了心事，我愣了两秒，又故作镇定道："就算我否认，你会相信吗？"

严俊河耸耸肩，一副无可奈何的表情。

"不过说来也奇怪，按照现在如此先进的网络信息。怎么会连个人都找不到呢。"我的言外之意正是指谭雅。

"也是喔。毕业之后虽然各奔东西，有的去外地工作，有的去国外念大学，可多少也应该有点联系才对。我记得当时谭雅并没有考上自己的第一志愿，这样一来说不定是复读了。"

我立刻打消了俊河的猜想："当时我拿完录取通知书就四处打听过，复读学校里根本就没有谭雅。"

"还说不想打听谭雅的消息，原来从高中一毕业就留心追查。"

“你在胡说些什么呀。”

“脸都红了。还不承认。”

“是咖啡太烫……”虽然对俊河一直揪住我话中的把柄不放而微微动气，但我依然保持着死不承认的作风。

“好啦，饶过你。不过这种找女人的事情当然要问那些女同学。你把我约出来管什么用。”

“还不是因为你和女生们的关系最好。”我实话实说。

“哪有，哪有。”俊河故作谦虚，但从他的脸上我仍然看出了一丝自得。

我乘胜追击：“校友录和通讯群里的帖子看到了吧？上面说让大家尽自己所能找到班里的同学，在下周六校庆时到主楼前的水潭旁集合。然后还列了全班同学的名单，细数一下，似乎除了出国的几名同学外，只有谭雅没什么联络。”

严俊河皱眉道：“韩易，不是我不愿意找。谭雅的情况确实有点奇怪。就算是出国的同学，大家在网上也互有联络。除了通讯软件和电子邮件，社交网上也查不到谭雅的注册讯息。还记得前年那次聚会么，当时很多人都提起了谭雅，可没有一个同学在毕业后和她有所接触。这种情况据我推测只有三种可能。”

没等我问哪三种，他就脱口而出：“要不就是她改名了；要不就是她刻意阻断了联络信息不想和大家接触；还有就是……出，出了什么事故。”

虽说俊河的最后一句话比较委婉，但我还是僵在那里几秒，随即不情愿地提出自己的观点：“你说，会不会是因为那件事？”

“什么事？啊，你是说……”俊河提问后，显然又明白过来我所指为何。

那是在高三刚开学的某个秋日夜晚。由于还有一年就要高考，学校将晚自习的时间加长到了晚上十点。当自习结束的铃声响起后，同学们纷纷背上书包，互相结伴回家。而我算是个例——每个班都要有负责锁门和清洁卫生的同学，一般来讲担任此职务的都是生活委员。

不知是不是因为从小被不善言谈的祖父母带大，我的性格相当软弱，这体现在诸多方面，其中一点就是我丝毫不会拒绝别人的要求。

“喂，韩易，篮球比赛开始了，帮我搬一下水桶。”

“韩易，老师让我把历史作业判了，简直麻烦死了，你来帮我下好不好？”

似乎只有不停地为他人解决麻烦，才能确认我存在的价值。渐渐地，同学们连谢谢也不会跟我说，仿佛这些事情变成了理所应当的一样。毫不例外，生活委员也将锁门和打扫卫生这件麻烦差事丢给了我。

我像往常一样拿起扫帚将地面清洁干净，随即又在黑板上涂涂写写——只要教室里没人，我就喜欢在上面毫无根据的乱画。虽说作为高中生来讲有些幼稚，不过也算是一种发泄的手段。一通乱写后，黑板上出现了无数条长度、弯度不一的白线。它们交错在一起，编织成了一个奇形怪状的物体。接着，我会假装爱拿腔拿调的数学老师的口吻，冲着台下空无一人的座位喊道：“你，算一下这个物体的面积！”随即又哈哈大笑起来。

同样的事情也发生在了那个晚上，只不过，在我将黑板擦净后，却听到了奇怪的叫声。

是从哪传来的？

好像是什么人在呼救。

我所在的教室在二层，教学楼背后是自行车棚。听声音，似乎是从那个方向传来的。我立刻跑下讲台，打开窗户，向楼下望去……

想到这里，严俊河的话将我的回忆打断。

“你说的是谭雅被人袭击的事情？”

“嗯。”

“很有可能，说不定是被那个跟踪狂吓到了。毕业之后干脆就离开这个城市换了全新的生活。毕竟对方没有被抓到嘛。我记得当时调查后谭雅说，那个跟踪狂似乎跟踪她不是一两天了。当时警方都认定是校外的变态，现在想想，是校内的人也说不准呢！”

不知是不是我的错觉，我总觉得严俊河在说这句话的同时，别有深意地加重了语气。

也许对方表面上是当年的帅气男生，花花公子，其实心里还是很在乎谭雅的吧。我这样想着，随即看了看表，已经是下午一点四十了，距离上班还有二十分钟。不过不要紧，我所任职的公司就在这座写字楼的十层，工作氛围轻松，平常空闲的时候同事们也会经常跑到楼下来喝咖啡。

“昨晚看通讯群里的架势，这次班里来的人可不少。舞蹈三人组的另外两位也确认会来。”

俊河口中的舞蹈三人组是包含谭雅在内的三名女生。当年三人都是校舞蹈队队员，这两位和谭雅的关系也称得上是最为要好。其中一个还成为了严俊河大学时的女友，只不过二人只交往了半年就分开了。

我难得开了个玩笑：“你到时候可别尴尬。”

严俊河将杯中茶水一饮而尽，满不在乎地道：“切，怎么会。到时我不但不尴尬，还要再带两个现任女友来。”

“好厉害。两个也能和平共处？”

“绝对没问题。”

“可是仔细一想好像比维护世界和平还难。”

毕竟是许久没见的老同学，话题一离开谭雅，逐渐变得轻松起来。

我在接近两点时起身告辞，抢着结账时却被严俊河拦下。他说待会在附近有个影视明星专访所以还要再坐一坐。

“反正都是公费，可以报销。”严俊河手舞足蹈地说着，这也是他的特色之一，接着又微笑道，“韩易，如果我联系到谭雅或是确认她能来聚会，都会提前通知你的。”

我看着他的眼睛，那样子不像是在骗我。在道谢后，我转身向电梯走去。

3/严俊河

韩易扭头走向电梯的瞬间，我收回了脸上的笑容。

这家伙说话时的口吻依然和高中时一个腔调——卑微、犹豫。不过令我没有想到的是，他那张神经质的脸上竟然多了一丝让人微不可察却又不能完全掩盖的自信。难道说，他是抱着谭雅能在聚会上出现并倾心于他的念头来拜托我找人的？

我连忙甩甩头，将这条莫名其妙的想法驱逐出脑海。一想到这种人竟然也妄图博得谭雅的喜爱，真是让人作呕。

不过事无绝对。毕业后我怎么会想到当年没人愿意搭理的男生竟然成为了国际知名软件公司的设计师？虽说对方只是实习专员，不过据了解，光是这个职位每月的薪水就顶我风吹日晒采访三个月的工钱。

凭什么？

我的自尊心显然不允许这样的事情发生，因此才强颜欢笑地抢着要结账。至于什么待会在附近有个明星专访，其实也是莫须有的谎话。别说刚才杜撰的一线明星，就连二三线的小人物专访也轮不到我出场。我的工作只是单纯的娱乐报纸文字编辑而已，离跑外记者的距离相差的不只一点半点。

大约又过了五分钟，确认韩易不会下楼后，我叫服务员买单。

可恶！这是金水冲的吗？一杯咖啡和一杯茶就要一百多块。真是心疼，早知如此何必佯装可以报销。

我越是心疼，对韩易的厌恶就越强烈。现在已经两点多了，走回公司还要一刻钟，待会可不能被经理撞到，这个月已经迟到三次，今天下午又无故消失，再这样下去一定会被扣工资的。

出了写字楼，我点了根香烟，一边抽一边向公司所在的方位走去。

冷静下来以后，事实也逐渐清晰起来——其实归根结底，最让我讨厌韩易的原因还是因为那个吧？

自从高三的袭击事件发生以后，谭雅对韩易的态度有所改变。这让我很难接受，我迷恋的女生竟然对另外一个我瞧不上眼的家伙关护有加。究竟是怎么搞的，谭雅被袭击的那晚一定发生了什么大家都不知道的事情。

不过别的同学不清楚，别以为我没有注意。我狠狠吸了一口香烟，追忆起那晚的情景，这个情景我只对上学时关系和我最好的石袖说过。

当晚下了自习之后，我像往常一样约了其他班的女生一起回家。我家离学校很近，走路大概需要花十多分钟。之所以约女生，也是当时的习惯。更何况在路上还可以方便我动手动脚。

那时我约的女生是住在同一小区3班的某女。她的身体发育已经和成人没有两样，相貌虽然不及谭雅但也不遑多让。因此和我约会两、三次后就建立了男女朋友的关系。当晚，我并没有急着回家，而是拽着她来到学校后门外的一条小道上。

那是附中通往江临市立大学的林荫路，每隔十几米就会有供路人休息的长椅。我们抱在一起亲吻，互相抚摸，但每当我想再向前迈进一步时却都被对方拦下。我记得那晚，她又拦住我，然后信誓旦旦地问我："俊河，你是不是对每个女生都花言巧语的？"

正当这句话说完，一声惊恐的尖叫响起。

我和女友都被吓了一跳，随即条件反射般地站起来，互相望望。

"走，去看看怎么了。"我提议。随即我们向声音传来的方向走去，那应该是在附中里才对。一路上，我们遇到了几个闻声而返的同学和老师。

"哪传来的？"

"据说是二号楼后面。"

"是车棚那边。"

在议论纷纷声中，我来到了自行车棚前。只见十几个同学正围城一圈，还有三个老师正在喊着些什么。其中一位老师的怀中躺着一个女生，她的头部流血，下半身依然摊在地上。

"是谭雅！"不知是谁喊道。

"她的头被人砸破了。"

"去叫救护车。"

一位老师吼着："来不及了。直接送医院吧。"

"快找保安，是什么人干的！"

我倒抽了口凉气，无心再去管身边的女友，毕竟谭雅才是我心中真正迷恋的对象。可她却被人袭击了！是谁？我下意识地四下观望，随即又抬头向楼上望去，这个动作让我注意到了某人——在漆黑一片的二号楼上，只有四个教室还亮着灯，而我所在的班级漆黑一片。奇怪，刚跑过来的时候还亮着，难道是我眼花？不过借着三层教室的余光，我注意到本班的窗户是打开的。从那儿伸出一个脑袋，正在窥探楼下的情景。不过对方似乎注意到了我的目光，几秒钟后立刻闪身消失。

虽然时间很短，但毕竟只是二层，我还是看清了对方的脸——是韩易没错。他在干吗？是刚刚值日完毕，正准备关灯离开时听到了惨叫，这才从上面偷看吗？为了确认自己所想，第二天我曾经问过他。岂料他却矢口否认，说是值日后走到学校门口才听到惨叫，但因为本身没有爱凑热闹的习惯所以才直接回家了。

这立刻引起了我的怀疑，说不定他就是跟踪谭雅的人。那张神经兮兮的面孔背后说不定隐藏着什么不干净的动机。更何况，根据警方的调查及谭雅的反馈，嫌犯是个瘦小的人。虽说与韩易现在的身材不符，不过在当年，他可是又瘦又矮。

难道说是韩易袭击了谭雅，却没想到谭雅发出了尖叫。随即因为怕有人过来就逃回楼上，又鬼鬼祟祟地向下偷窥众人的反应？

想到此处，我已走了一半的路程，将烟屁随手丢在路边后，我决定打一个电话给同学石袖。

说起来，石袖应该是我高中时最要好的朋友之一。但大学以后因为去了外地上学，导致彼此之间见面机会减少，如今多少都有了些许陌生感。他在高中时就以胆大、聪明而出名。在学校里堪称是让老师最为头疼的家伙。

我们上一次见面还是在前年的同学聚会。当时他给我留了手机号码。如今两年过去，从网络和同学口中都鲜少传来石袖的消息，这家伙到底在干吗？他和谭雅都属于毕业后就神出鬼没的人物，说不定从他口中能套来谭雅的消息。

我拨通石袖的电话。

嘟……嘟……嘟……

没有人接，正当我要挂机的时候，通了。

“石袖，我是严俊河。”

“别一本正经地报名字，手机上会显示你的号码。”标准的石袖口吻，我甚至能想象到他一脸无奈，嫌弃我太笨的模样。

“下周六聚会你来吧？”

“什么聚会？”

“你在网上没有收到消息嘛？校庆外加班里聚会。”

“最近太忙，我好久没上网了。”

与此同时，电话里传来奇怪的响声，似乎是什么东西倒了下来。

“你在干吗？”

“拆柜子。”

“要是不方便的话，我过一会再打给你。”只有在石袖面前，我才尽可能降低自己的姿态。因为我知道以他的聪明才智很快便能分清我说的是真话还是假话。

“没事，方便得很。你接着说。”

“具体地点我会给你发短信，时间肯定是在周六。你一定要来喔，咱们好久没见，晚上得好好喝一顿。”

不知是不是因为信号问题，石袖那边沉默了好久才有了反应：“我一定会去的。”

“对了，你有谭雅的消息么？”

“谁？”

“谭——雅——”我拉长声音道。

“是高三时出事的那个？我没有。”

“啊？连你都没有。”

“喂，我为什么会有？”

“你们两个人毕业后都神出鬼没的……”

没等我说完，石袖就在电话里大嚷大叫起来：“你这是什么逻辑，猫头鹰还带猫字呢，那能算是猫科动物吗？”

“好了，我错了。对，你现在做什么工作？”

“给人修表。”

“不可能吧。”因为石袖在电话那头，所以他无法看到我难以置信的表情。这样厉害的一个家伙怎么可能只是个修表匠。

也许是注意到了我的语气，石袖很快回答：“我也不敢相信，我小时候的梦想还是当个科学家呢。研究怎么能在小便池尿尿不溅回到身上的那种。咦？有客人来了。”

“那我不打扰你了。”

“好，不啰唆了。还有别的事情没？”

“我都说了不打扰你了。”

没有再见，电话应声而断。我叹口气，如果不是了解石袖的作风，还真会把他当成个无礼之人。随即我走到公司所在的写字楼门口，谨慎地看了看四周，在确认附近没有公司同事出现的前提下，迈进了大楼。与此同时心想，待会回到工位，得先和其他同学联系一下，看有没有谭雅的消息。

4/石袖

将严俊河的来电挂断后，我松了口气。但紧接着，还没来得及擦擦额头上的汗珠？那位年约五十，已是半头花白的男士就把表递了过来。

“小伙子，帮忙拆一节表带。”

“咦？当初定制的时候没有量过手腕的粗细吗？”

“没有。因为是送给儿子的生日礼物，想给他个惊喜。前天试戴后发觉还是大了一点。”花白头发提及儿子，露出一脸温和的笑容。如果我没猜错的话，他一定很宠自己的孩子。毕竟他刚刚递给我的这块表就要数万元呢。想必是老来得子吧。

“您儿子多大？”

“十八岁。”

果然，最起码是在四十岁上下才要的孩子。我用特质的小螺丝刀拆开金属表带，趁着他说话的时候抬头打量了一下对方。虽说一头花白，但他双目炯炯有神，身姿挺拔。上身的polo衫是高档货，裤子由于柜台的原因看不太清，但皮带和夹克也都是一家价格不菲的男士品牌的限量款式。

应该是某商业集团的高层吧……

正这么想的时候，对方又发问了："咦？今天怎么人那么少。"

我微笑着回答："我们这里每天顾客都很少的。"

"我指的是店里……店员，还有上次接待我的那个经理。"

我耸耸肩，冲办公室的方向道："刚刚物流公司那边送来了新的展示柜，经理和其他人正在安装。怎么，您找经理有事？那我去喊他出来。"

"不用啦，不用啦。"

我借机转移话题道："年轻人还是用皮革的表带要好一些呢。毕竟表盘已经很亮了，用金属显得有些怪怪的。"

花白头发露出惊讶的表情："真是有趣，我儿子也是这个意思，看来还是你们年轻人了解年轻人。你猜他怎么说，他说这个表亮闪闪的，像是暴发户才会戴。"

我将表带重新固定好，擦净表身，又把卸下来的一块放进小纸盒中一并递给对方。

"搞定了。先生，您的表。"

"多少钱？"

我指了指贴在墙上的说明，道："两周内购买的产品更换电池和简单护理都不需要手工费。"

花白头发像是没有听到，还是将一张百元钞票放在我面前，"不用找了。你这个小伙子挺讨人喜欢的。算是小费吧。"

"谢谢。"我露出惊喜的表情，站起身来目送他离开。与此同时在心中对此人的评价又加了一条：看来还是在国外做生意的，竟然还有给小费的习惯。

直到花白头发的背影消失在远处后，我才喘了口气，随即又想起刚才接到的电话。对了，是严俊河打来的。告诉我下周六聚会的事情，另外还问我有没有谭雅的消息。

提起这个严俊河，我对他的印象只能算是一般。不过在上学的时候，他似乎把我当成了知心好友来对待。人和人之间的关系还真是奇妙呢。在我眼里，他只不过是个单纯的仅仅能哄骗一下女生的小白脸而已。

我走到卫生间，将刚才修表时沾到的污渍洗净。

洗手的时候，我突然想起他曾经跟我说过的那个秘密——谭雅出事的那天晚上，他和前女友在林荫路散步。然后听到谭雅尖叫，随即在折回去后发现了在教室内隐藏着的鬼鬼祟祟的韩易，所以他怀疑韩易是跟踪谭雅的变态……

这番话应该是百分之百骗人的才对。

一想到这里，我不由得露出苦笑。为什么我会如此肯定他说的是假话，这是因为那个在窗口偷偷摸摸向下窥视的人根本就不是韩易，而是我。也许严俊河是因为韩易顶替了生活委员锁门的职务，所以才下意识地认定他看到的人就是韩易。

事实上，当晚我为了偷第一次月考的卷子，在自习结束后就溜进了老师办公室。岂料在取卷时窗外突然发出惨叫，着实吓了我一跳。还心想：坏了坏了，窗外有千里眼，隔着墙还能看见我偷卷子。等仔细一琢磨又哑然失笑，估计是外面发生了什么。紧接着我听到一声闷响和一阵疾跑声。想必是两个互相追赶的人吧。

不过既然外面发生了这么大的动静，想必老师也会很快折回。为了稳妥起见，我放弃了偷卷，用配餐卡撬开办公室的门，趁机溜下楼去。然而经过班级门口时，却发现门和灯都开着。

我推开门，将灯关上，这时一阵风吹过——妈的，韩易是怎么搞的，门、窗、灯都不关。虽说我是个问题学生，不过爱护公物为学校节省资源还是懂的，于是走到窗前。此时外面已是喧闹不堪，我颇感好奇，伸出半个头向外窥视，哇——人还真不少。好像昏迷不醒的那个是我们班的谭雅！咦？好像有人注意到我了。快闪人。

想到这里，我肚中不由得暗暗好笑。因为在几天后，严俊河竟信誓旦旦地说他看到韩易在楼上鬼鬼祟祟的，这眼神，真该去医院看看了。不过还有另一种可能，也许真正的跟踪者其实是俊河，他想借我之口把责任推到韩易身上……

我拧上水龙头，直接用衣服将手抹净。再次环顾表店。

准确地说，我现在所在的这家店可不是普通的表店。而是坐落在富人小区外的品牌专营店。店里鲜有顾客光临，据我观察起码这两个月以来每周不会超过十位客人。因为这里的产品价格昂贵，每款都高达上万元，甚至数十万元。

我走到更衣间，将不合身的工服脱掉。随即找到之前已经收拾整齐的背包。要知道，这里面装着价值数百万的名表。为了确认没有疏漏，我戴上面罩，挨个打开更衣室的衣橱，只见嘴巴被胶带黏住，浑身绑满绳子的店经理和三位店员依然扭曲地躺在里面。他们见到彼此后，发出了不甘心的呜呜声，但在我看来，这和大眼瞪小眼没什么区别。

“我要走了。”我冲他们挥挥手。

离开更衣室后，我再次检查了修表室内的指纹是否擦净，并将印有伪装姓名的工牌从墙上撕下。总算大功告成了，为了抢劫这家新开的表店，我蹲了将近三个月。还好之前练习了修表。一想起刚才那个突然出现让我卸表带的顾客，我不禁为自己擦了把冷汗。

5/同学们

校庆典礼结束之后，江临市立大学附属中学02级6班的同学们齐聚在了主楼的喷水潭前。当年的班长如今已经成为了一位外表精明干练的女子，她正在组织大家合影留念。

韩易站在最后一排，但心却早已飞到了第一排的谭雅身上。他万万没有想到，谭雅真的会在聚会当日出现。他紧张得不知所措，甚至于没有勇气主动向对方开口攀谈。然而令韩易受宠若惊的是，谭雅竟在拍照结束后向他搭话，并解开了他心底的一些疑惑。

原来谭雅在高中毕业后就随父母去了别的城市。由于之前的遭遇让迷信的家人觉得此名不详，遂在当地改了名字，叫谭晶。谭雅在复读一年后，考上了北方一所大学，并于大三那年出国留学，此次还是看到了网上发布的帖子才决定回国和大家一聚。

“要是你不习惯的话，还是叫我谭雅好了。”她对韩易说，随即又小声道，“这事我还没有告诉别人。不过……那天，真的谢谢你。”

韩易很清楚她所说的那天指的是什么。那晚，他跑下讲台，打开窗户，向楼下望去——只见一个身穿帽衫的身影正压在谭雅的身上，手中举起的一块石头就要向下砸去。韩易目测二层距离地面不是很高，但还是有可能崴伤脚。眼见情况危急，也顾不了那么多了。

他翻窗跃下，落地时发出的闷响吓了疑犯一跳。对方反应也够快，也许是没有遮挡面部，竟不敢回头，拔腿就跑。韩易也不知是哪来的力气，活动下脚腕后觉得并没有受伤便又向前追去。岂料对方眨眼工夫就钻进了教学楼，韩易很快便跟丢，再次回到现场时，谭雅已被赶来的老师和同学抬走。

由于当年学校设备落后，并没有安装摄像头，因此也无法判断疑犯的面容和去向。在警方的后期调查中，韩易将自己的所见一一告之，但返校后却没有向同学大肆宣扬，一是不善言辞的性格所致，二是不想给自己带来不必要的麻烦。可谭雅却从警方口中得知是他救了自己，故而对他的态度越来越好。这也让从未被同学关注过的韩易有了一丝特别的感觉。

不过，真正的罪犯是谁呢？

这个问题困扰了韩易很久。但仔细一想，就连警方都没有找到线索，他一个非专业人士又能做些什么呢。

“喂，在想什么？”

谭雅的呼唤将韩易从回忆中拉了出来。她今天穿着一件淡蓝色的针织衫，梳着马尾，看起来既清新又富有知性美。

察觉到韩易的目光，谭雅的脸颊微微一红，继而说道：“韩易，其实从刚才聚会一开始我就有种很不好的感觉。”

“咦？怎么了？”

“一种被人监视的感觉。就像高中时那会一样，好象是再次被什、什么人跟踪了。我无法形容，总之心里很不安。”

什么！难道说当年袭击谭雅的跟踪狂就在这群人里？韩易觉得后背发凉，下意识地环顾四周的同学。

是班里的同学么？还是老师？不、不可能是老师，如果是教师的话，那天晚上自己追过去时就会认出对方来的。

其实不用谭雅提醒，他自己也觉得被人盯上了。

韩易左顾右盼，终于找到了视线的来源——是严俊河。他正恶狠狠地盯着自己。是他吗？

不、不对。不是那种眼神。

严俊河站在远处，虽说左拥右抱，但见到清新亮丽的谭雅主动和韩易攀谈，心里的妒忌之情还是表现在了脸上。他自问对谭雅是真心的，所以才紧紧盯住韩易。他在内心不断地大喊：谭雅！别被韩易的外表骗了！他是骗子！他就是那个袭击你的罪犯！

不过心中的呐喊声越大，俊河就越加动摇——他闭上眼睛，再次重温当年的场景。那张露在窗外的脸真的是韩易吗？自己真的能确定么？事情过去了这么久，会不会只是当时条件反射般的臆想？

可恶！烦躁之下他推开身边的两个女伴，睁开双眼——

咦？人呢？韩易和谭雅不见了。

“你怎么能确认不是严俊河？”谭雅走在主楼与二号楼的夹角处，随即拐到二号楼后，这里的自行车棚早就不见，改建成了简易的库房。

韩易有些不好意思地搔了搔头发，冲手机里道：“不是那种眼神，那是嫉妒……”

谭雅扑哧一笑，捂住手机轻声道：“好啦，你不是说走到偏僻点的地方说不定能把凶手引出来么。你现在看得到我吗？”

韩易藏在楼层夹角处的缝隙里，说道：“可以看得到。不过我这个方法实在是够笨的，还是算了吧。”

“别，既然来了，我也想试试。实在不行的话就当是玩侦探游戏了。”

“你这就叫童心未泯吧。”

“哼，主意明明是你想出来的。”

“别回头，有人过来了！继续假装打电话。”韩易一面说一面紧张起来，从他这个角度只能看到对方的背影，是个中等身材的男人。他正向谭雅一步步走去。

是谁?

谭雅紧张得说不出话来。

韩易将手机挂断，从夹角处探出头来，蹑手蹑脚地准备靠近那个男人。他可不能让人伤害到谭雅。

不过单看背影似乎很熟悉。

刚才拍照时见过这件衣服。

究竟是谁?

正当他在脑海中梳理人名时，不知从哪冲出了五六名陌生男子。众人一拥而上将那个接近谭雅的男子按倒在地。

“你们疯了！干吗？”男人的吼叫声唤醒了韩易脑中的名字。他从夹角处走出，望着那张惊慌失措的脸：“石袖？”

怎么会是他!

谭雅被这群陌生人的粗鲁行径吓得面色苍白。后退两步，靠在墙边。吵闹声惊动了主楼前的老师和同学。大家纷纷跑上前来。

一辆警车呼啸而至，那几个陌生人亮出身份，是警察。

同学间响起了议论声。

“石袖怎么了？”

“发生什么事了。”

韩易的心中更是惊惧万分，由于藏在夹角处的行为诡异，他也被警察勒令参与调查。他甚至没来得及和谭雅说话就被带上了警车。为何学校里会出现那么多的警察?难道说谭雅这次回来就是想抓住上次没有抓到的凶手，所以才提前向警方打了招呼。怪不得石袖在接近谭雅的一瞬间就被按倒。一定是这样的没错。既然是这样，待会到了公安局，向警察解释清楚就好。不过谭雅是怎么确认当年的凶手一定会出现呢?

在另外一辆警车上，石袖正大声喊着冤枉：“我只是想过去吓唬一下老同学，你们抓我干吗？”

刑警质问道：“上周五下午两点你在哪？”

石袖愣住了，挣脱手铐的双手无力地垂下。原来是因为这个呀——当时的他正在表店里抢劫。

与此同时，同学们围在谭雅身边左一句右一句的安抚起来。

“好了。大家别吵了。”班长甩了甩干练的短发，扶起谭雅，“我去倒点热水给她压压惊，谁扶她到教室里休息一下。”

立刻有两、三个老同学应声而去。其中的一个嘴角微微上扬，用右臂拖住谭雅，左手则缩在袖子里，轻搓着一块橡皮。

终结 文/黄师傅

门徒 文/景翔

时空海 文/雷小雷

魔石 文/雷小雷

科幻篇

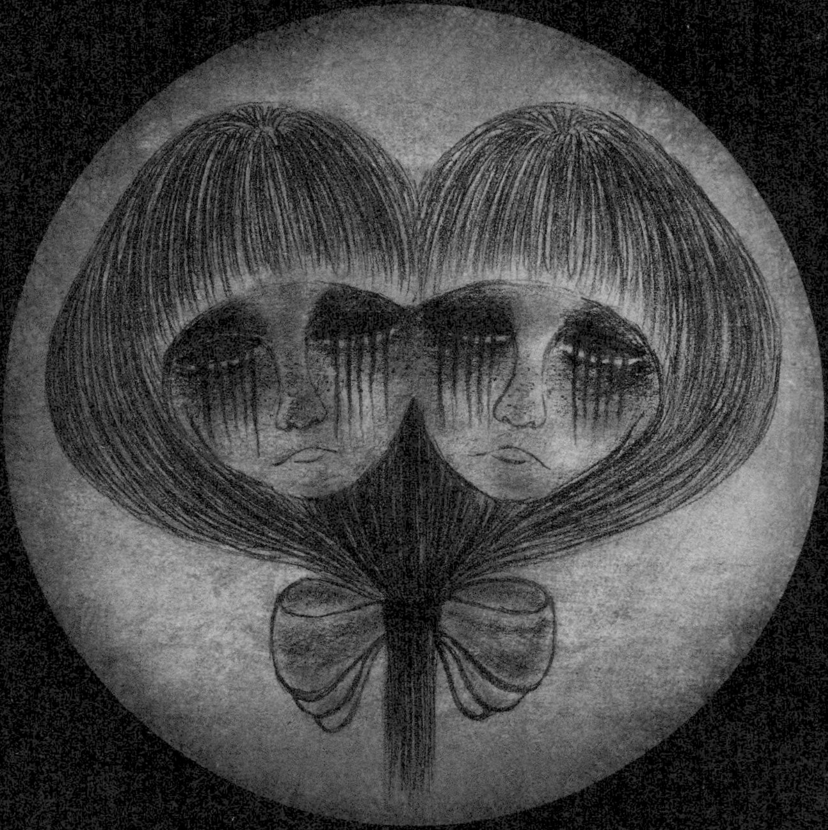

终结

文/黄师傅

公司有个奇怪的漂亮女同事晓萱，
我偷偷关注她已经将近一年了。
可是，你想象不到晓萱，
背后的故事是多么的诡异离奇……

139

终结

1

公司有个奇怪的女同事，我偷偷关注她已经将近一年了。

晓萱是个非常漂亮又非常孤僻的姑娘。去年秋天晓萱来到公司，是个标准的好员工，来得非常早，走得非常晚。只是她太孤僻了，脸上从来都是冷冰冰的，每天埋头忙自己的工作，没有相处得比较好的同事，吃饭、上下班也从来都是一个人。如果能不说话，她就绝不说话；如果能避免跟别人接触，她就肯定躲得远远的。

这并不算太奇怪，每个公司我们都能看到类似的人。可是你见过自始至终都穿丝绸长衣，在每天把自己裹得严严实实的漂亮女同事吗？丝绸长袖，丝绸长裤，丝绸手套，每天如此。办公室人多起来的时候，她就再戴上丝绸口罩、大框眼镜，直到下班人基本都走光了，她才摘下口罩和眼镜。这时，我才能完整地看到晓萱的脸。

可是夏天慢慢到了，她每天仍然这样，就显得太怪异了。

还有一个怪异之处，晓萱来公司不久我就发现了——她经常看上去很累，异乎寻常的累。我无数次看到她拖着疲惫不堪的身子下班。

这就更让人奇怪了。晓萱的工作并不重，就算每天早来晚走，又能累到哪儿去呢？尤其怪异的是，即使再累，晓萱脸上也不表露出来，仍然是一副冰冷的样子。

你觉得这已经很奇怪了吗？那是你没细致观察她，我还发现她一个秘密——作为一个大龄单身男青年，让我不关注漂亮女同事，那是不可能的。

其实晓萱五官非常漂亮精致，美中不足的是肤色稍微有点黑，当然，这一小小的缺点不能阻挡我对她的关注。我发现她的那个秘密是很偶然的一个机会。那天，我碰到晓萱从洗手间出来，却发现晓萱双手莹白如玉，与脸部肤色截然不同，我顿生疑惑。晓萱看到我，神色不动，眼中却闪过一丝慌乱，立马掏出手套戴上。

为什么两处肤色差别那么大？

有时我想，莫非她是间谍，戴的是人皮面具，来掩饰本来面目？可是间谍打扮得这么夸张，还当什么间谍？我甚至充满恶意地想，她是被人施展了邪恶的换头术，有人在借用她的身躯。可是真有换头术吗？打死我也不信。

总之，这是一个充满谜团的女人。

2

其实我跟踪过她好几次，理由同上。我承认这很不道德，也透露出我心里的肮脏污秽，可我发誓，我只是远远跟过她几次，绝没有做更进一步的不法事情。

有很多事情，我会忍不住去想，但我绝不会去做。有些人可能会笑话我虚伪，可我觉得这是我做人的原则。

3

今天已经快要盛夏了。近一年来，我第一次看到晓萱心情很好，虽然今天她仍然不怎么说话，仍然全身裹得严实，但我还是能看出来她神采飞扬。

今天她下班很早。我好奇得很，远远跟在她身后，很想知道她为什么那么高兴。

我以为自己经过时间和实践检验的“跟踪术”还不错，但是没多远，晓萱竟然停了下来，回身朝我走来。我顿时尴尬不已，毕竟我很在乎保持一个正人君子的形象。

晓萱笑着对我说：“我今天很高兴，想去我家坐坐吗？今天我已经办好了离职，算是我在公司的最后一天。”

我吃了一惊，晓萱要离开公司？她那么高兴，原来是因为离职？

原本我并不敢答应，孤男寡女，又是晚上，我会觉得很不自在。可是晓萱今天已经离职，今后可能再没有机会见到她了，我这样为自己开脱，于是答应下来。

被女同事晚上约到家里，我心底还有一丝艳遇的渴望。

4

晓萱的家摆设同样奇怪——简洁无比，不，是简洁得太过分了，一尘不染。

回到家后，晓萱没有去换衣服，只是摘下了手套、眼镜和口罩，然后端来了两杯水，递给了我一杯。于是我们就在椅子上相对坐着，我一时也不知道应该说些什么，只是盯着她那双莹白的手，气氛一下子变得有些沉闷。

还是晓萱打破了这份尴尬：

“其实我知道你跟踪了我好几回，但是我不会生气。我也知道你一直都觉得好奇，好奇我为什么每天都是那种打扮。今天我其实可以以本来面目示人的，可是我已经习惯全身包裹成这样了，甚至觉得这才是我的本来面目。

“你知道，我没有朋友，也不能把我的事说给父母听，如果你有兴趣，我可以告诉你我的故事。这是我五年来第一次讲我的事情，你可能会觉得难以置信，但我希望你能相信我，我说的都是真的。”

我发现不对是在五年前的夏天，那年我刚刚20岁，开朗活泼，有个帅气体贴的男友，又舍得给我花钱，我想幸福也不过如此吧。

可是，我不知道为什么老天会这样对我。

开始，我慢慢觉得每天从外面回来身上都很脏。有时候和男朋友一起出去玩，回来后我身上也会比他更脏。于是我勤洗手洗脸，工作日每天早晚各洗一次澡，周末一天洗五六次澡。可是没用，我身上越来越脏，似乎外出一趟，所有的灰尘都被我带回家来，甚至待在家里也躲不过去。

我以为是身上静电太多，所以灰尘都跑到我身上来。我也试过很多办法，香皂，沐浴露，我听说哪种去污力强我就去买，后来我甚至用过洗洁精，可是都没有用，每天灰尘还是会跑到我身上来。

你想过每天早晨起床床单上会有一个黑糊糊的人形印吗？你想过男朋友看我的眼神越来越厌恶，明明想躲着我，却还假装关心我吗？以前上街我是焦点，现在仍然是焦点，只是两种焦点已经完全不同了，如同天堂掉入地狱。

我穿丝绸衣服就是从那时候开始的。我偶然间发现，凡是暴露在外面的皮肤都会变得很脏，而丝绸衣服包裹住的地方则什么事情都没有，其他材料的衣服都不行。于是，酷暑下我就这样天天穿着丝绸长衣服，成为众人眼中的怪物。我还知道男朋友希望我主动开口说分手，这样他就可以避免抛弃女友的恶名。可是我不想开口说分手，那时候我很害怕，又很无助，我还是抱有一丝幻想，希望男朋友能够在我身边关心我安慰我，等我身体康复。可是，男朋友等不及了，他主动开口了。我不怪他，我在他眼中没有了美貌，他离开我也很正常。现在这个年代，有几个讲感情的？

每天被人指指点点，我实在受不了了，只好辞职，待到秋天天凉才找了另一家公司上班。我成了一个古怪而孤僻的女人，没有朋友，没有关系好的同事，每天自己一个人。你这一年看到我的样子，其实已经相距四年之久了。

这种煎熬的日子我忍了将近一年。第二年初夏的一天，突然，我发现自己不再招灰尘了，那些灰尘放过了我。我那天高兴坏了，宛如新生，哭得惊天动地——你不要觉得奇怪，要是你一年都生活在灰尘的包围中，你也会崩溃的。

我很舒服地过了一天一夜，一年来，我从来没有睡过那么舒服的觉。

第二天一早，我起床洗脸刷牙，想着一会儿要穿得漂漂亮亮地去公司请假，然后出去好好逛逛街，最好能碰到前男友。想着他看到我时目瞪口呆后悔莫及的样子，我还忍不住笑了起来。

5

这确实是个很奇怪的故事，很突兀地就开始了，就像一条被砍掉头的蛇，我是直接从断处看到那条蛇的。

晓萱身上为什么会发生这样的怪事？我想不明白。可是我知道事情不会那么简单，否则晓萱就不会是现在这个样子了。

143

终结

“接下来又发生了一些事情，是吗，晓萱？”我问道。

“你猜得没错。老天没那么容易放过我。就在我洗完脸准备擦脸的时候，我发现手上和脸上都很不对劲。”

洗完脸，脸上手上当然会有水，可是，这水不一样——它们是一大堆糊在我的手上脸上，嗯，就像戴了一副胶水手套和胶水面具。

我吓坏了，以为自来水出了问题，赶紧拿毛巾来擦。很快，我就知道，不是水，是我的问题。出门后，我很明显地感觉到水汽朝我裸露的皮肤扑过来，持续不断地扑过来。我成了一块儿海绵，或者说人形吸水器。

我简直要疯掉了。我这才明白，过去一整年身上的灰尘其实是我的身体吸附过来的，去年我是一台吸尘器，今年我又变成了吸水器。老天一年只给了我一天的假期——这是我后来总结的规律。

呵呵，他还真是宽容，没让我一年365天都活在噩梦中。第二天早晨，我的噩梦将重新开始。

现在我明白晓萱为什么今天那么高兴了。原来，今天就是她的“元旦假期”。

我是一个男人，胆子也不算小，可是听了晓萱的故事，我确实有点发抖了。这种病会不会传染？尤其讲故事的晓萱现在就活生生地坐在我面前。

我相信晓萱说的是真的，这样离奇的事情如果发生在一个正常的普通人身上，我当然不会信，可是我已经关注了晓萱近一年，亲眼看到她近一年来的怪异之处，反倒觉得晓萱讲的故事真实得不能再真实了。

我这才知道，胆子大是没有用的，总有一些事情是你打从心底害怕的。这不是看到血淋淋场面的那种害怕，而是对未知事物深层的恐惧。你看不到它，但你知道它就在那儿，却不知道它什么时候找上你。

“然后呢，晓萱？我知道这一年你肯定是不好过的。”我有点心疼这个女孩儿了。也许因为自己是一个大龄未婚男青年，中间经历了多次失恋和背叛的打击，事业又不算成功，潜意识里希望能找个同病相怜的女孩儿吧。面对一个条件太好的女孩儿，我反倒会自卑起来。

“很多女孩都嚷着要给皮肤补充水分，可是你知道补充水分过多会是什么样子吗？算了，你不会想知道的。”晓萱回答道。

沉默了一会儿，晓萱继续说道：“你知道现在空气污染厉害，空气中的水汽也是肮脏无比，里面什么都有，夏天水汽尤其重。我真怕自己就此变成一个怪物，只好又辞了职，等到秋天天气干燥的时候重新找一份工作。

“为了对付空气中的水汽，你知道我把家里怎么处理的吗？我用干燥剂铺满了地面，房间里简直能把人吸成人干，才能勉强睡个安稳觉。你觉得世界上还有比我更惨的人吗？”

我想说什么话来安慰晓萱，却想不出该怎么说，只好沉默以对。

6

第三年，又是同一天，我又换了一种吸附能力。这次是人的想法。

你也觉得奇怪是吧，当时我也是这样想的。我本来以为自己会在第三年吸附其他什么东西，结果却是人的想法。想法或者思想又不是实体，怎么会被我吸附过来？

开始的时候我觉得这一年能过得轻松一点，但是我错了，没有实体，不代表它对人的折磨就降低了。

我想你没有试过连续一个月失眠的味道，虽然我已经把身体遮得很严实，每天还是吸附到大量的想法。这里面有公司闹矛盾想着如何挖墙脚的；有羡慕嫉妒别人漂亮的；有想着如何拆对方台、把对方踩下去的；有为同事挨批幸灾乐祸的；有为了买房子每天愁肠百结的；有想着一会儿怎么去泡前台小MM开房的；还有想着老板怎么不摔断腿只为了周末不用加班的；还有想着下班后是买两个鸡蛋煮着吃还是三个鸡蛋炒着吃的。总之，你能想到的、想不到的都在我的脑子里，每天轰隆隆如同火车过山洞，一直响到天亮。

“一直响到天亮？”我很不明白，“这怎么可能？你应该是一个人住的，晚上怎么会吸附到别人的想法？”

“确实如此，你忘记做梦也是人的想法了。而且离奇的是，可能因为夜深人静，或者是我的吸附能力增强了，我能吸附到上下左右邻居的梦。这样一来，别人晚上可能只做一个梦，可是我要做十个八个，而且这些梦是扭曲纠结在一起的。坐在车里从很陡的山坡直往下冲的梦、工作做不完老板在一边骂滚蛋的梦、与人吵架打架怎么也跑不动的梦、在路上不停捡钱的梦——还都是一块两块，从来没有超过十块的。梦见自己会飞，只是飞不高，堪堪离开地面……总之，光怪陆离，千奇百怪。

“我看到了另一个世界，可是这个世界扭曲得太厉害了，令我痛苦万分。我甚至想，我过这一年是否相当于别人过十年，我会未老先衰吗？”

“你就这样苦撑了一年？”我感觉自己的心抽搐得很疼，为这个可怜的姑娘。

“没有。”晓萱回答的语气却很轻松，虽然她的面部表情仍然是冷冰的。这让我也松了口气。

晓萱继续说道：“很快我就离开了公司。呵呵，你想不到吧，我利用自己的能力获知了公司的一些商业秘密，算是赚了点钱。有了那笔钱，我马上就辞职了，一刻也没耽误，找了个山清水秀的地方隐居起来。如果多坚持一些日子，我有可能把十年的生活费都赚出来，可是我实在一天也不想在公司多待了。当时我想的是，拿了钱给父母留一些，再买上一份大额保险，等剩下的钱花完了就自杀去。这样的日子，活着未必比死更幸福。

“这是我五年间唯一过得幸福的一段日子，我明白了‘他人就是地狱’这句话的真正含义，代价是我无法言表的痛苦经历。可是，真到了钱花完代价那一天，我又舍不得死了。我这才发现，死是一件多么困难的事情，于是我继续苟延残喘地活着。”

7

“你有没有去医院看过？”她的故事太过离奇，我只顾听了，现在才猛然间想起这个问题，“现在医疗条件那么好，也许可以有治疗的办法。”

晓萱叹了口气，回答道：“我去过，而且去过很多家医院。可是那些医院的医生从来没见过我这样的病人，全身各个方面都检查了，都查不出问题在哪儿，只好说这是一种疑难杂症。有的医生说我是精神方面的问题，让我去看心理医生，或者去精神科看一下。”

“会不会是遗传方面的？”我知道这句话不太好说出口，可为了找到病因，也只好说出来了。

还好晓萱没有生气，很平静地回答我说：“这个我也想过。可是我不敢把这件事情告诉爸妈，更不敢让他们到我这儿来，我怎么能让父母看到我现在这副样子呢。我怕他们担心我，所以每次给他们打电话，都说自己现在很好，领导对我也很照顾。年底的时候就跟他们说，因为工作太忙，所以不能回家，或者说今年要到男朋友家过年。父母几次要来看我，我都找借口给挡回去了。我总想，也许明天身体就突然好了，然后我就可以回家看他们了。可是现在看来，这个希望越来越渺茫了。

“不好意思，我有点跑题了。这些话我连父母都没法说，压在心底实在太久了。”

“没关系，我也是‘北漂’族，很理解你的想法。”我这样安慰她。

“遗传这方面，20岁之前我的生活正常无比，父亲虽然之前生病很久，但那不是遗传方面的病。有两次我打电话装作不经意问起，父母家族方面也没有遗传方面的问题。可为什么我会出现这个问题？我百思不得其解，最后只能将其归之于命运。”

医院的医生束手无策，我就自己想办法。琢磨了很久，我认为这跟物理可能有关，为此很是看过一些物理学的知识。有一次，我突发奇想：之所以能吸附东西，想必是我体内藏有一些神秘的物质，只要能把这种物质引到体外，问题就迎刃而解了。于是，那天晚上我想办法找了一块很大的磁铁，睡觉的时候就放在身边——我知道在我体内的肯定不是磁性的东西，可是别的办法又不管用，只好死马当作活马医。

第二天一早，我一觉醒来，第一个动作便是去摸那块儿磁铁，却摸了个空——磁铁不见了，踪影全无。我找遍床上、床底、衣柜、门口，连被子、枕头都一点点细细捏过，就是找不到那么大一块磁铁。

到了中午，我开始察觉身体不对劲了，我的衣服上竟然出现了一些细碎的铁屑，也不知道是从哪里来的，还有一些小沙粒，扫也扫不下去。我第一反应就是我的“怪病”，可是不应该啊，我身上穿的是丝绸衣服，怎么会有铁屑和沙粒吸在上面？

猛然间，我想到了昨晚那块磁铁。我只能这样想，那块磁铁昨晚被我吸到体内了，现在它开始从里面吸外面的铁物质了。

我心知不妙，一摸脸，果然，脸上裸露的地方也已经出现丝丝铁屑。我立马跑去请假，只说家里有急事，需要请几天假。

我是用手捂着脸坐车回家的，路上看到有铁制的东西就赶紧躲着走。

到家的时候，我脸上摸上去已经很扎手，我不敢去照镜子，怕看到脸上是厚厚一层铁屑的样子。你小时候玩过用磁铁在沙子里滚来滚去吗？我小时候看到过小男孩儿玩这个。如果你玩过，你就知道那时我的脸是什么样子了。

四天后，终于没有铁屑被吸过来了。我已经不想知道那块磁铁在我身体里发生了什么，也不想知道为什么现在不吸铁屑了，我只是很高兴，终于可以恢复"正常"了。

从那以后，我只是偶尔想想也许有什么办法可以去除体内的"怪物"，却再也没有尝试过。那块磁铁已经把我折腾怕了，我不知道如果再尝试，身体会作出什么反应。

没有希望也就没有失望，会减少很多痛苦。这一点，我已经深有体会。

8

上面一段话让我的脸一阵阵抽搐，感觉脸上和头皮发痒，直想伸手抓两把，好不容易才忍住了。

"第四年发生了什么事情？有没有比前几年好一些，晓萱？"实话说，晓萱刚才讲的磁铁把我恶心坏了。小时候，我就经常拿磁铁在沙地里滚来滚去，看那些碎铁屑和沙粒粘在磁铁上密密麻麻黑乎乎的一层，所以我刚才脑海里真的出现了晓萱脸上都是铁屑的样子。我感觉心里膈应得很，就像五脏六腑都翻转过来纠缠在一起那般难受。

我承认，我刚刚兴起的想把晓萱揽在怀里加以安慰的念头已经消退了。我为自己的懦弱感到些许羞愧，可是马上又对自己说，这样的反应也是人之常情。

晓萱平静了一下，缓缓说道："老天可能觉得我前一年有了一段平静的日子，又或者是惩罚我试图去用磁铁打破魔咒，于是加倍来收利息了。这利息一直收了两年，直到昨天才结束。

“你知道吗，其实第四年最初的阶段有点搞笑。那时候我还不知道自己第四年的能力，也在忐忑着呢。后来发现越来越多的同事喜欢到我这里来，跟我聊天，聊工作，虽然我每次都是冷冰冰的，仍然不怎么说话，可还是有越来越多的同事跑到我这里来。你能猜出这是为什么吗？”

我摇了摇头，表示猜不出来。

“第四年，我开始吸附周围人的负面情绪。”晓萱给出了答案。

“负面情绪？”我惊讶道。晓萱的吸附能力越来越奇特了。在晓萱身上，看来任何事情都有可能发生。

“是的，负面情绪。也不知道是哪个同事第一个发现的，待在我旁边的时候，如果有不开心或者烦心的事情，一会儿就会好很多。慢慢这事儿传遍公司，于是他们一窝蜂地来找我。其实我心里明镜一般，同事找我聊天聊工作往往不着四六，随口乱说，有一搭没一搭的，只是随便找个借口待在我旁边，让自己的负面情绪都转移到我这里来。公司甚至想调我去做行政，专门负责开解同事，让他们每天都精神亢奋地战斗在工作中。我觉得，到年底我肯定会是公司本年度优秀员工。

“可是他们没有人问过我的感受，他们的负面情绪都被我给吸了过来，我又能甩给谁？难道我只是他们的垃圾桶不成？后来我实在忍不住的时候发了几次脾气，他们才离我远了一些，不再来靠近我了。像上面我说过的那句话，我的生活又恢复了‘正常’。

“我无数次想到自杀，只是想着忍过这一年就好了，我才坚持了下来。其实，希望才是人们坚持的动力，你看那些逆境中的人，如果看到希望，哪怕再小的希望，都不会崩溃。我的希望就是到了明年，我可以有一天轻松的生活，可以放下一年的负累，像正常人一般生活——然后开始下一年的煎熬，哪怕我知道这种煎熬十有八九会比今年更令人难以忍受。”

我点点头，表示同意。其实我自己的生活又何尝不是这样，也是在为了一点微弱的希望继续挣扎着、坚持着。

你知道吗，前几年我经常一个人笑，一直笑到哭，哭够了再笑，像我小姨。

149

终结

这件事情我埋藏在心底很久了，连男朋友都没告诉过。小时候我的家境并不好，父亲久病，家里全靠母亲一个人苦苦支撑，那份艰辛不是你能想象的。13岁那年，一天晚上，住得很远的小姨突然来到我家，一见我妈的面就哭起来。原来小姨家养鸡场的两万只鸡眼看就要卖给外贸公司了，却得了一场鸡瘟，几乎死了个精光。小姨知道我家帮不上她，可她还是来找我妈，只为了能有人知道她的委屈。

后来小姨和妈妈不哭了，小姨讲了一个笑话。这个笑话你可能会觉得有点粗俗，但我从来没觉得，每次想起都觉得心酸。这个笑话是这样的：从前有一个穷汉，已经穷得叮当响，连衣服都没有，只好光着身子。这一天，穷汉在路边看到一块儿瓦片，就捡起来绑在身上遮羞。可是，刚走了没两步，穷汉就被石头绊了一跤，瓦片摔了个粉碎，穷汉又成了一个光身子。

当时，小姨和妈妈大笑，这样说道：老天爷竟然连一块儿瓦片也不给穷汉留！

这句话我记得很深，如果不是碰到这样的事情，可能我永远也不明白那句话包含了多少辛酸。当你苦到一定程度的时候，你一定会笑出来的。

然后再过一段时间，你会开始变得麻木，觉得这一切都是理所当然，命中注定。你甚至会有灵魂出窍的体验，看着自己每天忍受痛苦，就如同看着别人。只有这样，你才能给自己一个理由活下去。

9

第五年，我不知道你猜到没有，没错，我吸附的是疲累。

你能想象我这一年来有多累吗?

有了第四年的经验，我找了我们这家只有几十人的公司，刻意离同事远远的。

可是，即使这样，这一年我也几乎坚持不下来了。太累了，每个人都有压力，每个人都在为挣钱拼命，代价就是每天不停地劳累。如果我是在一家几百人的大公司上班，我真不知道自己能坚持几天。

每天上班时间一到，我就察觉到一股疲累在公司内弥漫升腾，有时甚至没到上班时间，就能感觉到这股气息。到了半下午，这股气息达到顶点，这也是我最难熬的时刻，所以我每天这时候都趴在桌子上一动不动。其实我是动也动不了，吸进体内的疲累让我浑身肌肉骨头发酸，乃至剧痛。那会儿我就想，如果我是一条无脊椎的虫子，就可以少受一半的折磨了。领导和同事问起，我只好说自己身体不好，每天都得趴会儿。身体不好，呵呵，他们哪里知道我身体是如何不好、如何糟糕?

所以，我每天早来晚走，既是不想让太多人看到我的怪异装扮，也是怕路上人太多，吸附到太多的疲累，否则我还没到公司说不定就累得站不起来了。

说件有意思的事情吧，这一年来，我坐的347路车上已经出现女鬼的传说。他们说每天晚上10点，都会看到一个黑衣女人坐上347路末班车，等她在北京射击场站下车后，车上就空荡荡，一个人也没有了。

这个“女鬼”就是我。

10

我感觉有些累了。从进晓萱家门坐下，我就开始听她讲，总算听完了。我忽然想到，如果晓萱的能力就停止在第五年，有钱人娶了晓萱，倒真是一个不错的选择。你想，每天回到家，晓萱可以为他吸附掉白天的劳累，这可比洗桑拿要管用多了。

或者一些公司老总会请晓萱做秘书，每天上班带着她，从此每天都是精力充沛，生龙活虎，晓萱简直就是宝贝啊。

可惜的是，晓萱的吸附能力一年一换，谁也不知道她下一年会换成什么。

“晓萱，你想过自己的将来没有？”我问道。

“想过的，只是我也不知道会有什么样的将来。五年时间，我觉得自己简直像过了50年，500年，连想法都变得苍老了。更严重的是，这五年来，我感觉自己的怪异能力正在逐年升级，越来越难以忍受。

“我不知道明天我会换成吸附什么，可是我能猜到绝不会是什么好东西。我有时候想，老天为什么给予我的都是一些令人痛苦的东西，为什么不让我吸附钱，或者让我吸附钻石？哪怕一年吸附疲累，一年吸附钱，轮换也行啊。”

确实如此，老天赋予了晓萱这种怪异的能力，却不知道为什么都是负面的东西。

“有一段时间，我整天胡思乱想，想着明年后年会是什么样子，10年20年后又会是什么样子。想到最后，我甚至给自己安排了两个终极命运结局：如果我能活到30岁，也许哪天一觉醒来，我会发现自己被深埋地下——我的吸附能力已经强到能够吸附地球，可是地球面积和质量都太大了，所以我反而会被地球吸进去，就像当时我拿磁铁去吸我的身体，反倒把磁铁给吸进身体了。从此我就人间蒸发了，整个地球成为我一个人的大坟墓，不会有人看到我死后身上例如满是吸附的垃圾，或者吸附太多的热变成人干。许多年后，人们也许可以挖出我的化石。

“如果我能活到40岁，也许我会成为世界的终结者。我知道宇宙是大爆炸产生的，也听说过宇宙膨胀到极点就会慢慢收缩。所以，在我40岁的时候，我也许已经能够吸附宇宙所有的物质，等到一切都压缩到极致的时候，大爆炸再次发生，新的宇宙诞生。呵呵，我成为了创世神，一个可怜的、不能决定自己命运的创世神。”

我听到这里，为她的一系列遭遇感到震惊，真不知道这个可怜的姑娘还会遭受怎样悲惨的命运，又会被折磨到什么时么时候。

11

等等！

我忽然发现一个问题：晓萱过了五年这样的生活，就算是今年只有25岁，又怎么可能保持住美丽？

还有，晓萱在讲述的过程中，有时激动得声音都有点变调了，可是她的神态仍然是冷冰冰的，丝毫看不出激动。她说话的时候我只顾去听，没有想那么多，但第一个疑问产生后，其他的疑问就自然而然出现了。

还有很久之前就藏在心头的那个疑问：晓萱那双修长白嫩的手，与她脸和脖子的肤色差别那么大，这又是怎么回事？

“晓萱，我能最后问你一个问题吗？如果你不想回答，就当我没问好了，千万别生气……呃，为什么你现在看起来仍然那么漂亮，一点儿都看不出这五年的痕迹？”

“呵呵，被你注意到了。”晓萱轻笑着，面无表情地说，“其实我上面说的话里有一段是假的，不过你应该听不出来的。”

“还记得我跟你说第一年的这一天我很高兴吗？那天我确实很高兴，也打算高高兴兴地逛街买衣服，但是我没想过要碰到前男友。不是我觉得他负心薄幸，而是我当时并没有完全恢复，碰到前男友，他同样不会要我的。”

“哦？你没有完全恢复？”我问道。

“是啊，整整一年的时间，我都在吸附着灰尘，哪怕我用洗洁精来洗，第二天也免不了重复这个过程。那会儿我还不知道是自己吸附了灰尘，一整年的重复，怎么可能不留下印记？”晓萱回答道。

“记得第二年我说的吸附水汽吗？各种各样的水汽在我的身体上也留下了印记。有些水汽肮脏无比，还含有有害物质，它们和第一年残留的灰尘结合在一起，于是第二年开始我的脸就结了一个薄薄的硬壳。别人总看我神情冰冷，以为我性情高傲，还给我起过外号，其实他们哪里知道，我是根本做不出别的表情。”

“我不知道如果强行打碎这个硬壳会发生什么，也许我的整个脸都会血肉模糊。我不敢去冒那个险。”晓萱接着说道。

“于是你就戴着这副面具一直过了四年？”

“其实这样也好。我发现在苦难中待久了的人很擅长苦中作乐，我后来想这样也很好啊，省得被人看出我的痛苦，还会发现我在慢慢变老。可惜这个薄薄的硬壳脸不能替我挡住吸附，那些被吸附的物质还是从我的脸不停进入我的身体，我只能继续戴着大框眼镜和口罩。你看到的只是它们在我脸上留下的印记，第三年、第四年和第五年在我身体内留下的印记，绝不比这个硬壳脸小，我的身体里已经是千疮百孔。我看不到，可是感觉得到。”

晓萱说出了最后一句话：“连这个秘密也说了出来，我心里放松了很多。哪怕明天又要开始新一轮的煎熬，也总还有一天的轻松不是？你也该走了，只当从来没遇到过我。”

12

确实，我该离开了。我偷偷关注了她一年，但那也只是关注罢了，不可能留下来跟她一起渡过那可能没有尽头的难关，她的经历过于骇人，我没那份勇气。

我站起身来，准备离开。晓萱也站起身，送我到门口。

准备开门前，我想了想，还是回头，对她说：“保重。”毕竟关注了她一年，我还是希望她明天能够好起来，快乐地生活。

等我去够门把手的时候，却拉了一个空。

13

怎么会这样？

我一愣神，这才发现自己的身体竟然是向后倾斜的，这种情况下，我要是能够得着门把手，反倒是怪事了。

本能反应，我向后猛退了一步，这才稳住身形。这时，我的身体已经挨到了晓萱的两只手。

为什么我会突然向后倾斜？我心里猛地一跳，一种可怕的预感在心里升起。我使劲回过头来，看向晓萱。

但是晓萱并没有看向我，她看的是自己的双手，脸上是一副惶恐又绝望的表情，喃喃道：“为什么会这样？不是还有一晚上时间吗，怎么会提前？”

我目瞪口呆地看着晓萱的双手，她的双手已经浸入我的身体。没错，是浸入，就像烧红的针扎进蜡烛。

我感觉到身体正在流失，晓萱的两只手就像两块竹炭，正在疯狂地吸收着我的身体，仿佛没有尽头。很奇怪，我没有感到疼痛，可是恐惧和绝望却比疼痛更让我疯狂。我使劲抖动身体，猛烈向外挣扎，在地上连连跳着，我向晓萱大声喊着："快把手拿开！"却挣不脱晓萱那双手。

我看到晓萱也在惶恐地使劲甩着手，想从我身体里抽出来，可是同样不行。一股非常强的吸力把我和晓萱的手粘在了一起，而且吸力还在迅速增强。

我猛然明白了，晓萱新的一年开始了，要命的是，这次一天没过完，新的吸附能力已经开始启动。更要命的是，这次吸附的，是人，而我恰恰就出现在晓萱的面前，成为晓萱新年的第一个祭品！

身体流失的速度更快了，我已经说不出话来。晓萱也说不出话来，只是痛苦绝望地看着我。她比我更清楚发生了什么事。

我说不出话来，是因为挣脱无望，而晓萱说不出话来，是因为五年来唯一的规律被打破。五年来，晓萱能够坚持下去，就是因为找到这个规律，才让自己觉得对人生有了一丝可以掌控的希望。但是现在，连这个规律也打破了，晓萱面临的，又将是完全不可捉摸的人生。这次，还会不会有每年一换的规律？会不会每年有一天的"元旦假期"？我想晓萱同样不知道。

突然，我感到脸上一小片地方发痒，紧接着，我看到几条鲜红的极细的丝状物正从我的脸上向晓萱的脸上飘去，就像细雨降到了干涸已久的田地里，立马就消失不见了。更为恐怖的是，细丝正在飞速生长，越来越多，很快，晓萱的脸上如同长出了一片很漂亮的暗红色头发，在我们两人中间飘荡飞舞着，场面诡异至极。

我感到脸上开始干枯了，皮肤慢慢紧裹在脸颊上，飞舞的血丝中，我猛然看到晓萱的脖子有点异样，一个小小的包慢慢鼓了起来，然后，小包的表面开始变得凹凸不平。随着我的血肉不断流失，小包的样子越来越清晰了。就在我感觉骨头开始酥软，再也坚持不下去的时候，我终于看清了那个小包的样子。

那是我的脸和晓萱的脸的结合……

门徒

文/景翔

切除器官，留下病灶——
当他面对这样的一份近乎荒唐的手术方案，
而他的主人又是同为医学翘楚的昔日好友，
该作何选择？
而这样的方案背后究竟隐藏着怎样的秘密？

1

周世锦嘴里细细嚼着菜，手中的筷子却像生了根。

只是接了个电话，回来就失了魂似的，这副表情妻子梁衡只在许多年前见过一次，那时，周世锦正和几个强手竞争周城第一人民医院“头把刀”的位置。

“老周，菜不合胃口就算了，别勉强。”结婚16年，梁衡了解丈夫的一切习惯，知道怎样获得答案。

“不是菜不好吃，”嘴上这么说，周世锦却索性放下了筷子，十指交错，“是于扬。”

“于扬？他又来找你论战了？”

周世锦脸上浮出不快的表情，看得出，他和于扬上次“论战”很不愉快。

于扬是他大学最要好的朋友，两人一时并称瑜亮。当时正流行古龙的小说，他俩有个诨号叫“绝代双骄”。提起他们，学院教授无不赞赏有加。

毕业后，两人去了不同的城市，还保持着紧密联系。周世锦还以为，他们的友谊会一直保持下去。直到一次学术会议的举行……

那时二人都已在癌症学领域建树颇丰，周世锦本想在会议之后和这位老同学好好联络下感情，谁知会中，于扬却当着两百多人的面，打断了周世锦的发言，还放话让他“重新认识癌症”。

“你根本不知道癌症是什么，它是一种身体的自我调节！”周世锦还记得于扬的表情，他在其中读出了嘲讽。

周世锦立马有理有据地反驳。没有人比他更清楚了，癌症是正常细胞的变异，是夺取营养、自我壮大的毒瘤！说它是身体的自我调节，简直荒谬无比！

一次友好的学术交流会议，成了两人论战的舞台。会后，于扬还给周世锦打了电话，邀他当面再谈，但周世锦拒绝了。于扬会上的发言好比当面让一位文豪重新回去学小学语文！难道于扬不知道他在国内外权威医学杂志上发表过数十篇影响深远的论文，是蜚声全国的癌症学专家？

会后，周世锦没有片刻耽搁，立马回到周城，二人阔别后的第一次重逢竟是如此收场。后来，除了过节客套而冷漠的寒暄，两人再无任何交集……

“老周，你怎么不说话了？于扬找你有什么事情？”梁衡将周世锦从回忆中拉出来。

“于扬要转来周城第一医院。能医不自医，听说他现在的情况不太好。”面对敏感话题，周世锦也小心地措辞。

“什么病？”

周世锦沉默了一会儿：“癌症。”

梁衡长时间地看着周世锦。丈夫年过不惑，温文尔雅，很少如此严肃。“不管怎么说，最后他还是信你。”她柔声说，既是肯定，又是鼓励。

“谢谢，”周世锦握了一下妻子的手，故作轻松地说，“我得去找点资料补补课，这位老同学可不好糊弄啊。”

2

于扬很快转到了周城。

周世锦记忆中的于扬，瘦削又精神奕奕，一双眼睛极有神采。

眼前的人与于扬没有一点相似，他消瘦、干枯，唯一让周世锦熟悉的是那双眼睛，飞扬而灵动，仿佛在提醒旁人——它的主人还是个活物。

“老于，来了就好。”周世锦事先准备了许多话，到头来只说了最平常的一句。他心中产生了一种感觉：在死亡阴影笼罩之下，以前的芥蒂变得不重要了。

“老周，最后还是来麻烦你了，”于扬的声音沙哑艰涩，他患的是肺癌，“我给你介绍下，他是徐平，我的徒弟，我想让他跟你学学。”

周世锦这才注意到紧靠着担架的年轻人。他穿着白大褂，紧抿嘴唇，眼神有些闪烁，不像于扬一般引人注目。刚开始，他还以为徐平是医院新来的毕业生，又好像看到学生时代的自己。他有些困惑，自己和于扬分属不同学派，持不同意见，如此安排，未免给人以偷师之嫌。

不过，还有一种可能：于扬想借此宣告二人的彻底和解。到底是哪一种，现在还揣测不出来。他握了握徐平的手，触到了对方手上的老茧——不管成就如何，至少这位年轻人足够勤奋。

“老于你的眼光还是那么准，他的确是个好苗子。”客套几句，周世锦将话题转到于扬的病情上，“我收到吴城医院寄来的病历了，也准备了几套手术方案，你就放心吧。”

于扬同是癌症学专家，周世锦也省下医生对病人式的安慰，他直截了当地阐述了几个手术方案，于扬都一一摇头。

“老于，这你让我怎么办？”

于扬费力地从被单下抽出一沓资料，交给周世锦。周世锦扫了一眼，眉头就紧皱起来。他再也压不住略显粗重的嗓音：“你在开玩笑？”

“拿我的命开玩笑？”于扬剧烈咳嗽起来，“老周，相信我，这个手术只有你能做，也只有你敢做！”

“可你的手术方案，也实在太……不可思议了！”周世锦生生把“荒谬”二字吞了回去。

“想想我们的先驱——哈维医生第一次进行人体解剖的时候，在当时的人看来，不是也很不合常规？”

“这不一样！老于，我不是在跟你争论，更不是在跟你怄气。既然你信得过我周世锦，我就要对你负责！”

“患病的是我的身体，对它，我比你更了解。为什么你就不能听我一次？”

问得好，于扬！周世锦又想起那次不快的学术会议。为什么你就不能听我一次，哪怕已经转院来周城，你还是要跟我对着干？在他心中，却涌起了另一个念头——

于扬，你是要用自己的病体，与我一决高下？所以你还带来了徒弟？

你的方案不过是一派胡言，可我的方案是从成百上千次手术中总结出来的。这次我不会输给你，我会做一个让学界注目的手术，让他们看到我的成就！

“那好，我会郑重研究，根据你的意见，拿出一个万无一失的方案。”周世锦郑重地收好于扬的方案，在他心里，却早已打定了主意。

3

“又不动筷子？于扬那边出了什么岔子？”梁衡早早吃完了，周世锦的碗里却没划拉几下。

“吃饭时间，不讨论这个。”

“没事，我已经吃完了。你的饭菜我继续热在锅里，想吃就吃。来，跟我说说于扬的事儿。”梁衡向前倾了倾身子。

“你等等。”周世锦拿出于扬的手术方案，递给梁衡。梁衡虽不是科班出身，不过耳濡目染，医学素养比普通人强得多。

“这是于扬写的？”看完方案后，梁衡一脸惊愕，“手术一共要进行两次，第一次切除左肺，第二次切除右肺，留下病灶……这是救人，还是杀人？”

所谓病灶，就是发生病变的部位。具体到于扬身上，就是已经检查出癌细胞的肺脏。

“连你都看出问题了，”周世锦呼了一口闷气，“都说好坏不分的处理方式是把孩子跟洗澡水一起倒掉，于扬的建议是倒掉孩子，留下洗澡水。别说是癌症学专家，就连他带来的那个学生也不会设计如此荒谬的手术方案。”

“他带了学生，还执意要做？那你怎么答复他？”

“我知道于扬的性子，只要他认定的事情，天王老子都奈何不了。我琢磨着，这件事情不能明了说，只能先斩后奏。按照我的方案给老于做手术，等老于好了，我再回头向他解释。”

“有把握？”

“没完全的把握，”周世锦食指关节磕了磕于扬的手术方案，“不过至少比它强。”

停了半晌，他说：“真不知道老于是怎么想的，真想把他脑袋敲开，看看里面长了什么。”

4

“肺癌中期，不过淋巴系统还没发现转移的癌细胞。老于，再晚一点就麻烦了。”

为了保险起见，周世锦又安排于扬做了一次全面的身体检查。

也算是不幸中的万幸，于扬的情况介于临界点，如果及时摘除病灶，不复发的情况下，他还可以活五年、十年，甚至更久。

听完陈述，于扬的表情没什么变化，倒是徐平松了口气。

徐平不会不了解于扬的情况，但听了我的判断才能定下心来。还是有些信心不足，没有他的师父老辣，周世锦心想。

“接下来，我们小组要根据具体情况修订手术方案。不过，手术成不成功，一半看我，一半可要看你，你就放下学术，好好休息几天吧。”

“没事，我看看这个。”于扬扬了扬手中的书。

“印度神话？老于啊，你什么时候喜欢这种神神鬼鬼的书了？”

“别戴有色眼镜看人啊。其实挺有意思的，上古巫医不分，在他们的哲学思想里其实也包含了医学的原理。知道印度的湿婆神吗？他既司创造，也司毁灭。我以前不理解，两种对立的情况如何会共存，可是后来才发现，它们只是同一个东西的不同状态……”

周世锦若有所思地点点头。对立与共存？他和于扬的争论是不是也像这样，因为是好友，所以才对彼此的言语格外在意。也因为有对立，他对于扬才会格外负责。

因为于扬一番话，心结好像解开了不少。二人说说笑笑，转眼已是黄昏。周世锦指指手表，示意该回家了。

临出门前，于扬叫住了他：“老周，你有没有想过，我从吴城过来，是为了什么？”

“啥也别说了，我知道，你信我。”

“那你能不能信我一次？”

周世锦并不善于说谎，他抿起嘴唇，严肃地点了点头。

“信我一次吧，一次就好。要是没成功——我不是怀疑你，我是说如果我挺不下去了，你别把我整个拉去火葬场。把我的肺部切下来，给其他人研究，算是我为医学做的最后一点贡献。”

于扬目光炯炯，凝视了他好久。一瞬间，周世锦觉得，他的眼神似乎不属于一个病人。那是一种纯净而富有希望的眼神，像单纯的孩子一样。与于扬的眼神比起来，他的隐瞒显得污秽不堪。

“还有一件事儿。”

“我知道，于飞。”周世锦知道，于扬没有结婚，父母也早就过世了，唯一的亲人是痴呆的哥哥于飞，“退一万步讲，还有我们这些老同学呢。”

晚霞烧得正烈，病房中一片金黄。上次一起沉浸在霞光中，他们还是医学院的学生，坐在学校的人工湖边，端着饭盒畅谈理想。此刻，周世锦在心中默念，“别怪我，老于，我是为你好。”

他无法说服于扬，只能选择说服自己。

5

周世锦已不记得多少次站在手术台上了，他的病人中有政要、显贵、名人，早在医学院的时候，教授就多次对他的镇定表示赞赏，可站在于扬面前，他好像回到了青涩的校园时代，第一次拿起手术刀的时候。不管多么才华横溢，那都是他生命中最紧张的一刻。

打开于扬的胸腔，他发现情况比自己想象的更加严重。在于扬的双肺之间，多了一块暗红的东西。

为什么漏掉了这块，没有检查出来？周世锦满脑疑惑，手上的动作却没有停滞。他小心地避开其他组织和血管，准备将它整个剥离下来。

“周大夫，您是在……”手术刀即将碰到肿瘤，徐平却突然发难。

所有人都停止了动作，看周世锦会作出什么回应。

“我在切除肿瘤，这是挽救老于的最好方案。”周世锦尽力控制情绪，这是一场生死攸关的手术，容不得半点闪失。他眉头微皱，口吻充满权威，希望借此将徐平的质疑压下去。

“可是于老师的意思是……”

“你看过老于的方案？”周世锦决定花一分钟摆平争执。

“是……”

“那你有没有看过我的方案？以你的医学素养，如果两份方案摆在眼前，你会选哪个？”周世锦的声音沉稳又不容置疑。

“可是……”

回避式语句，他到底是个嫩苗子。“听我说，我们的出发点一致，都是想挽救病人的生命。争论两套方案里哪套更好，只会耽误时间，何况老于的身体状况超出了手术预计。老于让我教把手，这就是我给你上的第一课：总有意料之外，只能随机应变。”

“可……”

“没有什么可是！一起完成手术，或者去等候，你选一个吧！”周世锦偏过头，让助手擦干额上的细汗。他的威严终于让徐平住嘴。争执平息，手术才能继续。

细心剥离异常的组织，周世锦判断：虽然和一般的癌瘤不太一样，但它就是祸害于扬的祸首。它像一颗暗红色的丑陋果实，夺取了滋养其他器官的营养。它能骗过医学仪器，却骗不过专家的眼睛。

处理完毕后，周世锦又仔细地切除了其他的病变部分，清洗，缝合……他像一台精密无比的机器，准确地做完每个动作。多亏了术前充足的准备，不然只凭借一套方案，难以应付手术中的突发状况。

长达六小时的手术抽干了周世锦的最后一丝精力。手术很成功，从院方领导到助理，无不对周世锦精湛的手术技艺表示钦佩，就连徐平，望向他的神情也多了一丝崇敬。

唯独周世锦觉得有什么不对——

于扬的手术虽然复杂耗时，但在难度上并不算太高，就算是吴城医院，能完成这样手术的大夫也不在少数，于扬完全可以在吴城就医，还能减少路途颠簸之苦。

他越来越捉摸不透，这位老同学究竟在盘算什么？

6

20天后，周世锦对于扬进行了复查。做完CT扫描后，阴霾重新回到了周世锦的脸上。CT影像上显示着于扬的双肺之间又多了一小块东西。虽然看起来与肺脏无异，但周世锦的心像石头一样沉下去。

在人体脏器中，肺脏的再生功能不算强，摘除一块少一块。肺脏不可能再生，那只可能是癌细胞！出现这种情况，可能是没有完全摘除病灶。

周世锦的脑中像过电影一样，反复回放着当天手术的场景。是遗漏了什么？不可能，所有的突发情况都在他拟下的几个手术方案中考虑周全了。是自己太过自信，以至于草率了事？更不可能，那天他甚至有些紧张。难道自己的潜意识里希望于扬死去？太可怕了，他不敢去想。

如果第一次手术没有成功，只有以第二次手术来补救，这点于扬的方案中倒是考虑到了。周世锦很快拟定了第二次手术的方案，这次，他要彻底清除于扬体内的癌组织。

10天后，周世锦的手术小组再次打开了于扬的胸腔。残缺的双肺之间，那一小块丑恶的组织，像一张染血的面孔，对他展露恶魔般的微笑。

带着憎恶，周世锦小心地摘下它，按照于扬的意见，术后会将它做成标本研究。

他觉得，这是他做的最艰难也最完美的手术，仅此一次，别无其他。

7

重症监护病房的落地窗前，周世锦缓缓将窗帘拉开。

窗外，绛红的晚霞低垂，病房中的事物宛若油画。

于扬安静地躺在病床上，没有粗粗细细缠绕的管子，也不会再经受病痛折磨的煎熬，他看起来格外宁静。

可他再也无法回应周世锦了。

他死了。

医学界失去了一位人才。

不，也许是两位。周世锦的视线停在微微颤动的双手上。

没错，这次手术比任何一次都要完美，拥有的却只是个完美的表象。手术的目的是治病救人，病人于扬却没有挺过去。也许是两次手术间隔太短，也许是于扬的身体太过虚弱……可即使有100个理由，也改变不了事实。

是啊，他周世锦是个尽职的医生，从业许多年，目睹无数黑幕，还保持着一份理想与操守。它们是甲胄与刀剑，支持他一路披荆斩棘。在于扬死后，他却觉得信心动摇了——

我还是那个单纯而热忱的医者吗？我还有那份勇气与决心吗？

你还是死了，死在我的手术刀之下。我可以面对领导的指责、学界的质疑，我甚至能对你拍着胸脯说无愧于心……

可我该怎样面对自己呢……

心烦意乱之时，徐平闯了进来。

“我要带师父回吴城，明天就走。”

周世锦木然点头。

徐平突然冲过来，揪住周世锦的衣领。

“你没有按师父的方案去做，师父是你害死的！”

“老于的方案能说服你？”周世锦没有推开徐平。

徐平嘴上还在支持于扬，眼神却躲躲闪闪。是的，他也不相信。周世锦心中没有愤怒，有的只是怜悯。有时候，情感会超越理智，让人失去判断力。这不是坏事，至少在这位未来的医生心中，始终会保持一份良知。

他拍了拍徐平的肩膀，“现在说什么都晚了，给我一点时间，让我和老同学道个别。”

空荡的病房里，又只剩下他和于扬。

近在咫尺，天人永隔。

手机铃声响起。

“周世锦先生？”对面说话的语调一点都不客气。

165

门徒

“你是？”

“吴城海皇制药，请问于先生是不是今天过世了？”

不可能！于扬才过世一天，尚未发送讣告，具体情况只有院方清楚，可他们是如何得知的？周世锦咽下震惊：“你们是从哪里收到的消息？”

“在去周城之前，于扬先生已和我们约定，他在世之时，每天都会定时给我们发三条消息。可是，昨天和今天我们都没有收到短信。”

原来是于扬的安排。“请问有何贵干？”

“于先生生前在我处购买了一批药材，当时没有付全款，现在我们催您还款。”

“对不起，我和贵公司没有任何交易往来……”

“可于先生的担保人写的是您的名字。”

周世锦总算明白了，于扬生前买了一批药材，根据对方的言辞，这批药材价值不菲。他还伪造了自己的签名，把自己变成了担保人……

于扬为什么要这样做？也许对方能提供什么信息。

“这样吧，请贵公司先发个传真过来，让我看看药品清单。其他事宜，请联系我的律师。”

也许是对方急于收款，传真很快发了过来。于扬的药单有长长一串，最为昂贵的是一种叫Dust的药物。周世锦对药学也很了解，可对该药品的名字却十分陌生。可能是于扬委托开发的实验药物吧。

下一种药物却让周世锦变了脸色——甲状腺激素，它能促进某些方面的新陈代谢。

对癌症病人来说，代谢快并不是好事，代谢速度越快，癌细胞扩散的速度也越快。所以老年癌症患者，拖了十几年的也不在少数，而青壮年一旦发病，就难以控制。

周世锦拉开于扬病房的抽屉，找到了几瓶撕掉标签的药。他闻了闻，脸色更加难看了。

除了一种他认不出的药物，其他的都是促进新陈代谢的。所以，于扬的癌瘤才会在一个月不到的时间里再度复发！难道他不清楚，加快新陈代谢对他来说意味着自杀吗？

除非他一心想死。

于扬的死讯，会是一枚炸弹。

一个癌症学专家死于另一个癌症学专家的手术台上，而两人偏偏还有过学术争论。无论如何，周世锦都要接受学术界的指指点点。

一位有影响力的专家死在周城第一医院，院方也会对他质疑。

还有那张金额不菲的药单……

老于，这就是你的目的吗？周世锦颓然苦笑。

8

周世锦快疯了。

学界、媒体、领导……压力像海啸雪崩，一个星期里，他承担的压力比上半辈子加起来还多。

手机铃声再度响起，来电是个陌生的号码，区号属于吴城。

“说过多少次了，签名是伪造的，有事找律师！”不论是谁，面对一天几十上百个电话都难以保持风度。一定是那家狗屁制药厂打来的，周世锦已屏蔽了不知道多少个号码，可那边还是像闻到血的苍蝇一样挥之不去。

“对不起，请问是周世锦先生吗？”手机里传来的女声礼貌又冰冷，不是他听腻了的海皇制药厂工作人员。

“你好，我就是。”周世锦按捺下情绪。

“周先生，敝处是吴城泰达保险公司，我们有件非常重要的事情要通知您……”

“你是不是打错电话了，我没有在吴城投过保险。”

“抱歉，可能我没有说清楚。投保的不是您，是一位叫于扬的先生，他的受益人一栏里填写的是您的名字。”

前面是催款单，现在是保险，接下来还有什么东西？

“周先生，您还在吗？如果方便的话，麻烦您近日来一趟吴城。”

“为什么要去一趟吴城？”

“实在不好意思，但敝公司十分重视于扬先生的保险业务，请您务必抽出时间……”

对方报出了一个足以让普通人昏厥的数额，就连周世锦听了也不免瞠目。这笔保险赔偿金不仅能完全填补海皇制药的欠缺，还足够让一个普通家庭一辈子衣食无忧……于扬，你在做什么？

周世锦心中有太多疑问，只能一点点解决：“等等，我想问一下，老于的投保时间是哪年？”

听筒里传来翻阅资料的沙沙声，“从三年前，于先生就开始投保。”

三年前？正是那次学术会议后不久！难道在那时，于扬就已经打定了主意？

先是未卜先知般投了巨额保险，三年后，因为癌症转院到周城就医，死在顶尖专家的手术台上……

不仅让保险公司找不到拒赔的理由，让生活不能自理的兄弟下辈子过得很好，还可以让学术对手声名扫地，一箭三雕，完美无缺。

可是，如果他如此盘算，为何又偏偏让我周世锦来做受益人？这笔钱超过我将来几十年的收入，也足够弥补我的名声损失。他就不怕我独吞？

一个心思缜密到极点的人，绝对不会犯下如此明显的错误。周世锦决定去一趟吴城，不光是为了保险，他想挖掘出于扬隐藏的全部秘密。

9

保险公司只是例行公事，虽然拿到一笔丰厚的赔偿金，周世锦却没有得到其他有用的信息。

他连吃饭都省了，赶往下一个地点：于扬的寓所。

于扬住在一栋位于河畔的高层建筑顶楼，想必可将吴城胜景收于眼底。

周世锦敲了敲防盗门，不一会儿，门上的小窗摇下来了。门里的女人50上下，脸上写满狐疑。

“您是？”

“您好，请问这是于扬家吗？我是于扬的同学，刚从周城来……”

还没等他说完，小窗啪地合上了。

“周大夫，请你回去吧。徐平把事情都告诉我了，这儿不欢迎你。”

隔着门，周世锦听到女人小声的哭泣。

于扬两兄弟都没结婚，女人在于家做了多年保姆，和两兄弟的感情都很深厚。

从猫眼中，她看到周世锦低头走进安全通道。

她花了一点时间稳定情绪，然后提上准备好的饭盒，出门了。

黑暗的安全通道中，周世锦目送于家保姆走进电梯。他又回到于家门口，打开消防柜门，在消防栓后摸索起来。

大学时于扬就有一把备用钥匙，总是藏在消防柜里。他的习惯没变，周世锦很快找到那把钥匙。

打开门，简约时尚的北欧风格装修映入眼帘。

于扬就喜欢简单直接的东西，他有什么无法和自己明说的东西，非要选择兜一个大圈子？

也许，在他的居所能找到答案。

周世锦推开一间卧室的门。相比客厅，这里杂乱了很多，书柜上摆满了医学书籍。一定是于扬的居室，他生前翻看的资料还摊在桌上，好像还在等着主人下班后回来翻看。

除了书以外，就是药品。他认出了促进新陈代谢的激素类药物，还有两种虽不认识，却和他在于扬病房抽屉里找到的一样：Dust。不知在于扬的字典里，它又有什么含义？

桌上还有个湿婆小雕像镇纸。周世锦想起于扬说的话：毁灭与创造同在。可于扬死了……他的毁灭又孕育着什么创造？

他把小雕像移开，镇纸下面是翻开的病历复印件。周世锦草草读了一遍，病历上描述的应该是于扬的病情：肺癌，中期。

合上病历，他下意识地扫了一眼封皮上的名字，眉毛立刻挑了起来。

于飞！

难道说，于飞也得了癌症？

周世锦坐下来，仔细地看了遍病历，于飞的病情与于扬十分类似，但他比于扬早一年发病。

原来是这样……

于飞和于扬是同卵双胞胎，他们在遗传学上十分相似，国内外有不少同卵双胞胎相继在几小时内去世的报道。而癌症很大程度上决定于遗传，因此两兄弟先后患上肺癌，也就不奇怪了。

仅仅是这样吗？

周世锦伸了伸腿，他踢到了什么东西。

桌子下面，还有一个未封口的邮包。

邮包上写着周世锦的地址。

周世锦看过邮包里的东西后，心情已不能仅用“惊愕”来形容。

10

邮包里装的是于扬的研究资料和私人日记。从日记中，周世锦第一次真正了解了老同学。

在别人看来，我从医学院毕业后，就已经青云直上了。可在我心里，却有一个不为人知的故事。

很多年前，一对双胞胎孩子病了。当时，家里已负担不起两个孩子的医疗费。有一个孩子幸运地住进了医院，很快就康复了。另一个孩子却发了几夜的高烧，虽然侥幸活下来，智力却永远停在了当年。

幸运的孩子在懂事后，就下定决心做一名医生。从某种意义上说，他是由另一个孩子的毁灭所“创造”的。这种成就如此痛苦，他根本无法从中得到任何快乐。而现在，他终于有一个机会，利用自己的谢幕，给另一个人拉开序幕……

那个孩子就是我。现在，我要不惜一切代价，让哥哥活下来。

所以，于扬才会吃促进新陈代谢的药物，让自己比于飞先发病，还投了巨额保金，不仅能保证兄弟下半辈子的生活，也足够垫付医疗费用。

周世锦欣赏于扬为手足之情而作出的牺牲与努力，但这努力与牺牲或许是无望的，就像不停推着石头，却又始终不能将之推上山顶的西西弗斯。要和癌症对抗，于扬走到了哪一步？

等等！

翻开于飞的病历，周世锦发现，于飞服用的都是常见抗癌药物，在他的药单里，没有于扬吃的两种药物：Dust和另一种撕掉标签的药物。

于扬让于飞接受医院的常规治疗，而自己不仅服用了实验药物，还拿出了手术方案……

他在做一个医学实验，而实验的对象正是他本人！

每个人的思维都存在盲点，周世锦也一样。在现有的医疗条件下，周世锦近乎完美的医疗方式也不能挽救于扬的生命，所以从反向推断，于扬的方案有可能是正确的！

切除脏器，留下癌组织……周世锦心中一片冰凉。事到如今，他不是不愿相信于扬，只是这违背了癌症学的常识。如果于扬的假设才是真理，那么癌症学的基础都将会被颠覆，那个假设将会成为一个崭新的学科。

周世锦回想起，还有一条被忽略的线索——

“如果我挺不下去了，你就把我的病灶切下来，给其他人研究，算是我为医学做的最后一点贡献。”

11

马不停蹄地赶回周城，周世锦连家都没回，他直奔实验室，研究于扬留下的癌瘤标本。

171

门徒

已是深夜，周世锦却毫无睡意。他沉稳而迅速地做完准备工作，切片、染色、制成玻片，每一个动作都一丝不苟。

他忐忑不安地坐在显微镜前，手上的玻片只有三毫米厚，四克重，却可能是于扬用整个生命诠释的密码。

支气管、肺泡、动脉、静脉，一应俱全……周世锦简直不敢相信自己的眼睛。如果是别人递给他这块玻片，他一定会判断出夹在两块薄玻璃之间的是一块正常肺部组织切片，可这块组织是他亲手从于扬胸腔中取出的。

癌细胞也是细胞，但它是一种失序恶性组织，呈现的应该是无序和混乱，那为什么于扬癌瘤的组织切片，会和正常器官一样？

周世锦已无法掩盖自己的震惊。

他摘除的不是癌瘤，而是于扬身体里的正常组织。虽然它位于两肺之间，挤压到于扬的胸腔器官，看起来像一块肿瘤，但它具有肺脏的所有功能！难怪连机器也难以分辨，因为它就是另一个肺脏！

所以，于扬才会提出如此难以理解的方案：第一次手术，摘除左肺，在胸腔中为这第三块“肺脏”腾出空间，同时以右肺维持人的生命体征。等它生长到下一个阶段，可以完全替代双肺功能时，进行第二次手术，摘除残余的肺脏……

靠在椅背上的周世锦，犹如脱力一般。

如果真是如此，我就是凶手。我看似在用手术救人，实际上却害死了于扬！

于扬啊于扬，你是怎么做到的？

这个问题，只有于扬能解答。

离开于家之时，周世锦没有忘记带上本应寄到他手上的邮包。那箱资料就在手边。

除了文字资料，里面还有DV录像带。

于扬的影像投射在大屏幕上，音容宛在，影像不息。周世锦仿佛在和这位老同学、老对手、老伙伴隔着阴阳对话——

“老周，任何一个医学从业者看到我的手术方案，都会无法理解。如果能够穿越时空，将它拿给五年前的我，我也会斥之为一派胡言。一切都要从上次的学术会议说起，你一定还记得我的问题：癌症究竟是什么？当时你说，癌症是人类健康的杀手。

可是为什么往往癌症都是从衰老或者病变的器官上发展而来的？在我们的知识体系中，它是一种恶性病变，可是就像我之前所说的，毁灭孕育于创造之中——”

周世锦依然不解，“按照你的说法，癌症难道是一种自疗反应？”

“是的，我们的器官会衰老，会失去功能，这时候我们的身体会发出警示，并且开始自我修复。但这种修复是失控的，好比将病毒安装到正常的电脑系统中。失控的结果是这些细胞疯狂地掠夺养分，却又无法生成正常的组织，最后将整个人体摧毁，这就是我们所说的癌症。”

“这就是你的理论，我听懂了。下一步是让这些无序的细胞回归秩序……你怎样才能做到？”

“我的答案是创造——回到母体里，所有器官产生的初始时刻。不是让人回炉重造，而是利用现在的基因技术进行导向，模拟在子宫中器官第一次发育的场景，很快你就能看到孕育在毁灭中的创造——‘癌细胞’像胎儿般贪婪地吸收人体的营养，本身开始发展壮大。然而，因为基因药物的导向作用，它会向着我们预期的方向发展。这就是我委托海皇制药开发的药物，我叫它‘达斯特’，写成英文就是Dust——尘埃。‘尘归尘，土归土’，让‘癌细胞’与恶性组织分道扬镳，很贴切吧？”

“所以在你的胸腔之中，第三个肺正在酝酿。而在其他医者看来，这东西只是一块经过伪装的癌组织，是欲除之而后快的病灶。你让我分别用两次手术清除病变的肺部，给新的器官腾出生长空间……”周世锦若有所思。

“嗯，接下来，还有最难的一步，缝合神经和血管。这是个极为精细的活儿，一般人做不了，我想了想，自己好像也没这本事！”屏幕上的于扬，笑得很灿烂。

“看来我这‘一把破刀’还有点用处。”周世锦笑了，笑容是发自内心的，可为什么觉得无比落寞？

“所以，至少我的理论是可行的，我也证明给你看了。不知道你信不信，反正我是信的。”

“不，现在我是真的服了。老于，为什么你一开始不告诉我呢？”

“如果那时候告诉你，你还是会看成是梦话吧？我们都是一类人，坚持自己的信仰，毫不动摇。请你原谅，我想过很多方式，最终才觉得，唯有亲眼所见的事实才是说服你的唯一方式。”

周世锦垂下眼帘。他已接受于扬的理论，可是代价呢？一位杰出的医生，一位良师益友……

“别失望，老周，没有毁灭，就没有创造。但我还有一件事情要托付你，没有完全验证过的理论始终是设想，还有最后一步……”

“我知道，你的哥哥，于飞……”

不知过了多久，周世锦发现自己坐在一片黑暗之中。银幕早已熄灭，于扬的投影也消失无踪。

他的心平静如夜晚的湖面。没有开灯，缓步走到窗前，透过窗外如墨的夜色，周世锦仿佛看到了最美的霞光。

一年后的一次学术会议。

“现在有请周世锦教授发言。”

礼节性的掌声之中，周世锦走上主席台。他手中是厚厚一沓的发言稿，封面上，印着学生时代和于扬的合照。

“不好意思，请多给我一张椅子。”

在众人的惊愕之中，周世锦搬来了另一张椅子，他将一本书放在椅面上。那是于扬生前在病房中翻阅的那本神话。

周世锦望了一眼观众席，轮椅上坐着的人痴痴笑着，五官与于扬酷似，轮椅背后，是紧抿嘴唇的妻子梁衡和徐平。

轻轻点头致意后，周世锦摊开发言稿，准备迎接即将到来的风暴——风暴一般的质疑，或者风暴一般的掌声。

低沉的男声在礼堂回荡，听来仿若有另一个人相和。

时空海

文/雷小雷

一贫如洗的穷学生，
一连串离奇的灾难，
一个出乎意料的天外之天，
而这一切究竟有没有真正的答案？

1

周袁发财了。

7月4日中午下课后，学生科通知周袁去取汇款单。很快，系里便传遍了：这个整天吃馒头咸菜的穷人，收到了家里汇来的两万块钱。

连着两天，周袁在食堂的小餐厅请了四回客，每次都花三四百块钱。要知道，在这之前，300块钱足够他一个月的生活费用了。

周袁是个低调的人。一向贫穷的家里突然寄来这么多钱，而且汇款单的附言里还写着：儿子，寄去两万块钱先花着，没了再要。他想，难道父母中彩票了？他们都是老实人，应该也做不出什么杀人抢劫的事来，唯一让他担心的，是他们受了什么人的骗。那个小山村只有村委有电话，他虽然很想弄清楚事情的真相，但他没有打电话，以免这事传得更加沸沸扬扬。过几天就放暑假了，他一定要赶回去看看。

做实验的时候，司教授问他："听说你最近发财了？"

周袁不好意思地挠挠头说："家里寄来汇款单，学生科的同学传的吧，都知道了……让我请客，不好拒绝……"

司教授笑眯眯地看着他说："没关系，这是好事啊，至少，你可以有钱继续上学。别忘了，考我的研究生哦。"

司教授很满意这个弟子。在天体物理学这个领域，周袁有着惊人的天赋。比如他曾经提出："有没有天外之天的存在？是否所有生物都依赖水、氧气等条件而存在？在浩瀚的银河系，甚至银河系之外的博大宇宙，有没有这样的星球——没有水、没有氧气，而生物是依靠其他物质生存的呢？地球上的石头、土壤，也是否可以认为是一种生命形式呢？"

司教授惊讶于他的想象力。天外之天这个概念，他还是第一次听说，而且是出自一个大二学生之口。想象力是笔宝贵的财富，特别是对于天体物理学而言。人类对于天体的研究，半是天造，半是人造，思想是行动的先导，只有想到了，才有可能去研究和探索，否则一切无从谈起。

周袁家确实发财了。

7月2日，周袁的父亲揣着手走进市里最大的王记珠宝店。店员有些轻蔑地对他说："这里没厕所。"他说："我不上厕所，我要见老板。"他固执地坐在大厅里，谁赶也不走，所有来买珠宝的人都会看一看这个衣衫褴褛的人。老板终于出现了，他把这个山民带到内室里，直截了当地问他有什么事。

周树才从贴身的衣兜里掏出一个布包，一层又一层。然后，他把一颗拳头大的珍珠放在老板面前问："你们要这个吗？"

室内拉着窗帘，光线较为昏暗。这颗珍珠圆润光滑，周身散发着柔和的亮光，竟是一颗罕见的夜明珠！

老板睁大眼睛张着嘴巴，下巴差点掉下来。凭他多年从事珠宝行业的经验来看，这是一颗价值连城的古代夜明珠。他颤抖着用手抚摸这颗珠，一股沁凉瞬间传至掌心。奇迹啊！有生之年竟然能见到这样的宝物，而且竟是一个山民送来的。

他问："卖多少？"

周树才犹豫着伸出一巴掌。

"五百万？"老板想探探这个老农的底，看他对价格了解多少。

没想到，这回轮到山农张口结舌了。他说："五……五百万？"

紧接着，他马上说："行！卖给你。"

老板欣喜若狂，他捧着夜明珠，又仔细地看了半天。这颗巨大的古代夜明珠，市面上根本找不到，如果真要拿出去卖，二十几亿是不成问题的。五百万买来，这辈子、下辈子、下下辈子，都够花了。他问山民："这个，哪儿来的，还有吗？"

"还有一颗小一点的……"

"我要，我全要了！"

2

周袁没往村里打电话，村里却打电话找他了。村长说："你父母突然死了，快回来吧。"

周袁一下呆了，全身像淋了一盆冰水，从外凉到里。

7月7日，他坐了最早的一班飞机，到达市里后又租了一辆出租车，跑了三个多小时，又走了四十多分钟的山路，终于赶回了家。

这个小山村只有三十来户人家，在山上分散居住，最近的邻居离他家也有半里地。他的父母死亡时间是两天前，昨天最近的这个邻居到他家借筛子，发现周树才夫妇死在堂屋里。

现场周围已经戒严，警察做了一些前期工作。夏天尸体易腐烂，就从山外运来冰块，将尸体低温冷藏了起来。

周袁看着父母躺在冰块里。他们死状怪异，周身发青，眼球暴凸，血管粗大并高高隆起，看起来像一条条大型蚯蚓在身上爬行，极为恶心。

周袁登时双目赤红，眼泪便流了出来。

市警察局刑警大队大队长秦汉说："不是他杀，不是自杀，不是抢劫——在死者枕头底下发现了一颗疑似夜明珠的珍珠，在床底下发现了四百九十八万元现金。像是得了某种病，而法医鉴定认为，如果是病的话，闻所未闻，见所未见。"

警员朱彪将装着珍珠的包给周袁看。

朱彪说："这是你家的东西吗？"

周袁拿起来仔细看了看，这好像是电视上见过的夜明珠，只不过他手中这个个头还要大一点。虽是在白天，但珠子在室内还是闪着温润的光泽。他摇摇头："7月4日，我收到了家里寄的两万元汇款单。在这之前，我家是没有一分积蓄的。"

"哦？"秦汉说，"这倒是个线索。"

朱彪又拿出一只塑料袋，里面装着一张纸条，上面写着：别动珍珠。

朱彪问："认识这上面的字迹吗？"

周袁只看了一眼，便十分肯定地说："是我父亲写的。"

奇怪，他写这几个字，是想提示什么呢？警告别人不要拿他的东西，还是另有寓意？难道，是在提示他珍珠危险，不要去拿？难道，父母的死亡与珍珠有关？

秦汉的手机响了，接完电话，他表情凝重地对朱彪说："你守在这儿，任何人不得接近此处。我要回市里一趟，王记珠宝店的老板死了，死状与这里的一样！"

周袁说："请允许我和你一起去。"

秦汉说："你还是留在这里，况且你去了也帮不上什么忙。"

周袁坚持地说："或许，我能帮上忙呢。"

秦汉努了努嘴："走吧。"

王老板死在办公室里，死亡时间为当天上午，店员向他汇报工作时发现他怪异地在座椅上死了。眼球凸出，青筋暴起，死状和周树才夫妇一模一样。在他的办公室里，找到一颗硕大的夜明珠。

经过对店员的询问，最近一周，王老板接触的人当中，比较奇怪的是一个山农。店员描述了他的样貌，周袁确认，来这里的山农，就是他的父亲。

周袁对于事情的脉络已经基本清晰。父亲不知从哪里找到了珍珠，卖了一颗给王记珠宝店，卖得五百万，给自己汇了两万。本不相干的父母和王老板都死于同一种病，他们之间只有一个联系——夜明珠。

想到这里，他的呼吸突然急促起来，他想起司教授曾经提到的一个词——宇宙超辐射！

他近乎吼叫地对拿着夜明珠研究的秦汉说："放下！赶紧放下！"

他摸起王老板办公桌上的电话机："喂，司教授吗？我需要你的帮助。"

听完周袁的描述，教授说："不要住在家里，离事发点至少一公里以外，不要裸露皮肤，尽量穿长袖衣服。"

司教授说完最后一句话，周袁的心彻底沉了下去。

他说："切记，千万不要赤手拿那颗珍珠。"

3

司教授在山下雇了两个脚夫，又找了一个向导，在离周袁家一公里以外的地方搭好帐篷，又穿好防护服，这才拿着仪器往事发地走去。

在离周袁家500米的地方，辐射探测仪表上的指针突然剧烈地波动起来，紧接着咔咔两声，表弦竟然断了。他迅速退回营地，大声喊："周袁，周袁……"

有人应着，过了两分钟，周袁跑到司教授跟前。

教授又套上一层防护服，并且塞给周袁两套。

周袁放下防护服，神色惨淡地说："我已经拿过夜明珠了……"

司教授深深地看了他一眼，他强迫自己不去想周袁或许已经受到伤害这件事，期望他的判断是错误的。他重新拿了两个探测仪，和周袁一起走到刚才的地方，两个仪表的表针在经过剧烈波动后，表弦又断了。

周袁倒吸了一口凉气。

司教授问："还有谁待在这个区域超过一个小时？"

"我，刑警大队大队长秦汉，还有一名警员朱彪。"

秦汉和朱彪正在屋里讨论案情，商量着要增派更多人手过来，看见周袁和衣着怪异的司教授，便停止了谈话。

司教授把两个损坏的仪表放在他们面前，用不容置疑的口气说道："从现在起，除了咱们四个人，其他未经我邀请的人一律不得进入此现场一公里以内。"

秦汉和朱彪的脸色非常不配合，很明显的意思是"这谁啊"。周袁作了简单的介绍："这是我的大学导师，天体物理系的司教授。三个辐射测试仪都在此处五百米以内失灵报废，我们怀疑这里有可致人死亡的强烈辐射。简而言之，我的父母和王老板都可能是因辐射过量而死。"

不等秦汉和朱彪说话，司教授便接着说道："这是一种在地球上还没有发现过的超强辐射，我们在研究领域将它暂且命名为宇宙超辐射。你们看到的那两颗珍珠，极有可能来自外星球。”

“什么？”朱彪奇道，“怎么与外星球扯上关系了呢？外星人到地球扶贫济困，给山民送宝物来了？”

秦汉呵呵地干笑了几声。

“在科学上，只有未知，没有不可能。”司教授严肃地说，“如果在一百年前，有人对你说他坐在一个方匣子面前，就能够与远在大洋彼岸的亲朋好友见面聊天，他还能拿着一个巴掌大的东西，在北京与南京的妻子说话，而这一切都是通过在地球上方运行的某个发射器来完成的，你会不会认为那个人是在说天方夜谭？”

秦汉和朱彪都不说话了。

司教授说：“现在我们分头找找，不要放过任何一个地方，看看除了珍珠以外还有什么特别的东西。”

四个人找了一个多小时，一无所获。周袁到水缸舀水准备烧些水给大家喝。他脑子里想着事情，拿瓢漫不经心地舀了一下，却什么也没舀着。他仔细地往缸里一看，里面竟是一片澄澈湛蓝。他把瓢扔下去，瓢无声无息地坠入里面，不见了踪影。

他惊讶地大声喊道：“教授，教授，快来看，这里竟然有片海！”

四个人合力把缸挪开，地面上赫然出现一个与之重合的圆形湛蓝洞口，里面波光粼粼，有鱼在游来游去，只不过多是灰色、白色和黑色的。教授用绳子绑着一个手电筒放到里面一米深的位置，却看不见手电筒的情况。他又将绳子往上提了提，使手电筒的尾部露在外面，这么近的距离，还是看不到手电筒的头部。教授把手放在里面，却没有在水里的感觉。这里面的一切，仿佛是个映像，或是海市蜃楼。

“时……时空海！上帝呀！它竟然真的存在！”教授失声喊道。

4

司教授说：“时空瞬间转移是我近年来研究的一个领域。简单地说，被转移的时空真实存在于宇宙中的某处空间，但由于时间轴的排列顺序出现失误，而错误地出现在别的时间和空间里。我们眼前的这个时空海，或许距离我们有几万甚至几亿、几十亿光年。”

秦汉和朱彪都瞪大了眼睛，表示不可思议。周袁沉思着，他相信自己的老师，也相信自己的眼睛和判断。就像是宇宙中的黑洞，谁也没亲眼见过，谁也没亲自掉进去又出来过。对于黑洞的研究，以目前的科学发展水平，只是基于理论。时空海，他还是第一次听说，而眼前的情景，用教授的观点来解释，也是非常合理的。

恰在这时，砰的一声，从洞里冒出一个东西落到地面上，竟是一颗硕大饱满的珍珠！

周袁盯着珍珠，面色灰白。

这不世的“奇财”，人人都想拥有它，做梦都想它从天而降。然而，它却是杀人不见血的利刃，是青面獠牙的魔鬼，转瞬间让人命丧黄泉、死不瞑目。

教授更加肯定地说道：“你们看这珍珠，我们假设它生活在另一个时空的海洋里。或许在那个时空，它只是一粒微尘，但一旦溢出时空，进入另一个时空里，便或许会放大或缩小，或者以别的形态出现。手电筒之所以能看见露在外面的尾部，看不见进入时空海的前部，就是因为前半部进入时空海，便进入了几亿光年以前或者以后，我们自然是看不到的。可是，为什么刚才的海水只是一个映像，而珍珠却又真实存在呢？难道……”

“虚虚实实，虚实结合，整体中的部分、部分中的部分发生时空转移？如果真是这样，那简直是大自然的奇迹！这是科学史上的重大发现！”教授激动地说，“我将向学校，同时向国家有关部委提出申请，请他们派出专家组来专门研究这个课题。”

周袁等越听越糊涂。教授兴奋地说道：“通俗点说，如果真的像我想的那样，那么这个时空海是整片海洋中的一个片断转移过来的。而在这个片断当中，又有部分是真实转移过来的，还有部分只是转移了映像。所以虚虚实实，虚中有实，实中有虚。”

周袁没有追问下去，他已经明白了教授的意思。而秦汉和朱彪从一开始就没听懂，所以干脆也没有再问。

秦汉问道："我们该怎么做，要不要向上面汇报？"

教授犹豫着说："按理说，也应该吧……不过，还是暂时封闭消息吧。毕竟，这里能冒出夜明珠，而且都是极为罕见的，人为财死，鸟为食亡，难免引起贪财之人的窥视，会给我们的研究工作带来麻烦。另外还有一个重要原因——这里非常危险！"

教授的神色凝重起来，他忧虑地看着周袁等三人："你们三个，是否都赤手拿过珍珠？"

三个人都点了点头。

教授说："这里的超辐射，是由时空海的珍珠引起的。它的辐射半径只有五百米，可见它的强辐射是近距离的，而且可能距离越近越强，肌肤接触的危险就更大了。"

朱彪一脸恐惧地撸着袖子看胳膊，突然，他惊叫一声，话音里已经带了哭腔："你们看，我这是怎么了……"

他胳膊上的大动脉呈现墨绿色，已经微微有些突出。

周袁只觉全身一阵刺痒，他和秦汉不约而同地也挽起袖子看，他们的胳膊上，也出现了相同的情况。

三人赶紧又看了看身上其他地方，大动脉都呈墨绿色微微突出着。

一阵绝望的情绪瞬间袭击了周袁。难道，这科学上的重大发现，非要在短短几天里将他全家灭亡吗？

朱彪一屁股坐在地上，咧着嘴哭了起来。"我还没找媳妇呢，就这么死了……死得还这样难看，我还不如周树才呢，人家还给家里留了五百万啊……"

秦汉踢了朱彪一脚："你他娘的还像个爷们儿吗！这还没死呢。"

他问司教授："我们发现得早，有什么办法治疗吗？"

司教授说："我们假设周袁的父亲是在7月2日去卖珍珠的当天发现并且接触了珍珠，7月6日死亡，中间只有四天的时间；而王老板是7月2日接触的珍珠，7月7日死亡，中间有五天的时间。人命关天，我们以最短的时间来计算。秦队和朱彪在7月6日过来，周袁在7月7日也就是第二天过来，今天是7月8日，也就是说，时间已经过去了三天。如果治疗的话，只能进京或者出国找最好的医院治疗，而且极有可能无法治疗。一天的时间，等我们赶到医院，时间也晚了。”

秦汉说：“那岂不是要白白等死？这么说我们只有一天的活头了？”

朱彪干脆不管秦汉说他爷们儿不爷们儿，放开嗓子哭了起来。周袁也禁不住双目含泪，默默地走到院里拿起铁锹，一锹锹挖了起来。他想，反正自己也要死了，在死之前好好安葬父母，再顺便给自己掘个坑，可以长伴在双亲左右。

司教授三人走到他身旁。朱彪也拿了一把铁锹，边哭边挖：“爸，妈，不孝的儿子走在你们前面，也不敢劳动你们为我挖坟了，我先自己挖好了吧……”

司教授一把握住周袁的锹杆，他像下了决心似的说：“或许，还有一个办法！”

5

司教授说：“办法，目前还只停留在理论阶段。你们身体的变化，是由于接触到外时空的超辐射媒介而引起的。事物都是相生相克的，中国有句俗话：蛇行百步之内必有解毒良药。所以，如果进入这种超辐射媒介所在的时空，可能会有克制和消除这种辐射的物质存在。”

“你是说，让我们进入时空海？”

教授点点头：“科学上认为，被瞬移的异时空本身有强大的吸力和电磁辐射，就像时空黑洞，任何物质进入后，都将会被不可知的巨大的引力差、高速运动和超强辐射撕碎、分解。奇怪的是，眼前这个时空海，没有强大的吸力，而且也不像珍珠一样有巨大的辐射，说明洞里面的特殊物质，能够克制和平衡它的吸力和辐射。所以你们有一线希望在洞里被治愈，幸运的话，只要进入十几米。一旦发现身体上的症状消失，就赶紧出来。如果症状并未消失，那么你们可以选择进入一个完全未知的世界，不过，结果谁也无法预测。”

周袁等三人都愿意试试，毕竟这是唯一的生存机会。

教授随身带来了五盘各一千米长的软索，又从周袁家里找到了三百米的麻绳，组合起来后，弄成了两条绳索，一条两千米的，一条一千三百米的。穿好潜水服，周袁将那条一千三百米的绳子套在了自己身上，秦汉要争，周袁说："你认为到了下面，还差这七百米吗？"

三条绳子通过一个投绳器下放，当腿部没入时空海的那一刹那，周袁想起《盗墓笔记》里最悬疑的一句话：没有时间了。

三个人的手紧紧拉在一起，周袁能感觉到手中传递过来的颤抖。相比之下，他显得从容多了。

这里的引力比地球上小得多，下降很缓慢，绳子的作用不是很大。下降大约二三十米后，周袁甚至看见了他扔下来的水瓢。

三个人谁也不说话，继续下降着。他们都明白，这次真的是破釜沉舟，如果症状不消失，上去的话必定是个死，下去或许还有一线生机。

时空海里的生物种类很多，但颜色却不鲜艳。教授的"虚中有实，实中有虚"的论断得到了验证。有的地方看着是海水，落入的时候却干干净净，有的地方以为不是海水，落入的时候却溅了一身水花。

朱彪的小孩心性被激起来，看见有鱼游过，伸手便去抓，还真的逮了一两尾鱼。秦汉警告他说："小心这鱼像珍珠一样有辐射。"朱彪满不在乎地说："如果这里面有良药，辐射了也不要紧；如果没得救，再辐射点怕什么。"

周袁破天荒地笑了笑："心态很不错啊。"

朱彪说："已经被置之死地，至于后生，顺其自然吧。"

周袁的绳子突然绷住了，这说明，此时他们已经到达洞内一千三百米的深度。

身上的血管还是突出着。

周袁没有犹豫，他将安全扣打开，说了一句："先行一步了。"

他的身体以稍快的速度下沉了。

秦汉也打开了安全扣，跟着周袁沉了下去。朱彪喊着："哎，你们等等我啊！"

三个人在里面不知下沉了多长时间。在期待、焦灼的状态下，对时间的把握已经不准了。或许是十几分钟、一小时、两小时，反正周袁觉得这段时间挺漫长的。受了朱彪的感染，周袁和秦汉也捉了几尾鱼，还顺便捉住了一颗漂浮在海中的珍珠。秦汉说："珍珠不都长在蚌中的吗，这里怎么都是漂着的？"朱彪道："这两天见的奇怪事还少吗？见怪不怪了。"

之前见他哭哭啼啼，还以为他是不成熟的大孩子，现在看来，简单的人有简单的处事法则，不管是大悲还是大喜，总能迅速适应。

周袁的脚触到了水，又进入实体海了，他打开氧气瓶。为了节省使用，进入映像海的时候，他们都快速关掉了氧气瓶。好在一路上实体海并不多，氧气还没有用完。

不过这次的实体海倒有点大了，泡在里面，下沉的速度也慢了下来。他们不敢采用潜水的姿势，怕一旦进入映像海，或者到达底部，会使下沉速度过快或者直接撞到岩石上。

周袁突然感觉一股急流在头顶涌动，转眼间一个巨大的漩涡出现在上方，而秦汉和朱彪正经过那里。周袁喊了声："小心。"

朱彪惊恐地"啊"了一声，身子已被卷了进去，秦汉眼疾手快，一把将朱彪的手抓住，两人在周袁的上方像走马灯似的旋转起来。

周袁拼命往上游去，氧气快速消耗，吐出了大量气泡。他抓住秦汉的一只脚，然后用力下潜。漩涡的力量更大了，带着三人旋转。此时朱彪已全身没入漩涡，秦汉相当于倒悬着，而周袁还在漩涡的外面，抱着秦汉的脚不放。

眼见三人都要被吸进去，秦汉使劲蹬腿，示意周袁放手，周袁坚决地摇了摇头。秦汉突然抬起另一只脚，冲着周袁的脑袋狠狠地踢了过去。

周袁迅速落了下去，他看见漩涡像一只怪兽巨大的嘴巴，瞬间将秦汉也吞噬了进去。他肝胆俱裂，倒抽了好几口气，同时绝望地发现，氧气用光了……

6

再醒来时，周袁发现自己躺在"地面"上。他只能这样形容，因为经历了长时间的漂浮和下沉，终于有了着陆的感觉。

难道这里是地狱？他似乎昏迷了很长时间，缺氧后，正常状态下他应该已经死亡。周袁摘下氧气瓶，脱下潜水服。这是一片映像海，里面甚至有颈长像蟒身体像兽的怪物，似乎是远古海洋生物幻龙。他心里暗暗惊惧，还好是映像海，如果是实体海，那么此刻即使是在地狱也不得安生，要葬身在怪物的腹中了。

耳中传来极轻微的声音："滴滴滴，嗒嗒嗒，滴滴滴，滴……"

周袁隐隐觉着这节奏似曾相识，一时却怎么也想不起来。

他循着声音走去，走了很久，声音还是那样微弱，但格外清晰。路上有许多小块的实体海，有的里面躺着硕大的蚌。周袁摸出一只，掏出匕首撬开蚌壳，挖出里面的嫩肉便吃了起来。饥肠辘辘下，蚌肉真是鲜美无比，他一连吃了四五只，又发现眼前的一泡实体海里，竟然坐着一个小娃娃！

他伸手将娃娃抱出来，它立刻蜷成了一个肉团。这是一种类似人形的海洋生物！难道是海中的"人参果"？那东西异香扑鼻，周袁想反正不是真的娃娃，况且现在也不是人形了，眼一闭，张口便吞了下去。果然比蚌肉更加鲜美，隐约还有一种果香。

又走了几百米，再也没发现这种娃娃肉。这肉很是充饥，吃了之后立刻精神饱满，而且大脑也开始高速运转起来。

现在看来，自己没在地狱，而是在时空海的海底了。周袁解释自己失掉氧气后还能存活的原因——是秦汉的那一脚，使他快速下沉，到了映像海里，迅速补充了氧气。

一个漩涡引起了周袁的注意。这个漩涡和秦汉、朱彪陷身的大漩涡有些相似，里面滴溜溜地打着转，非常急，旋儿一圈一圈，里面黑糊糊的看不见底。

周袁停住脚步蹲下来仔细观察。他把随身携带的一包已泡软的饼干投到漩涡里面去，饼干打了个转，眨眼间不见了踪影。

周袁全身打了个激灵。

他站起身来向周围看去，在这片区域内，有七八个这样的小漩涡。这些，莫非都是通向异时空的法门？而每一个漩涡的另一端，是同一个时空，还是无数个时空？如果每个漩涡都通向一个时空，那么在人类之外，究竟存在着多少个时空？

周袁想起了以前自己提出的"天外之天"的概念。宇宙之大，浩渺无垠。人类在这宇宙中，当真如微尘一般。想到这里，他心底为秦汉和朱彪失踪的感伤便淡了很多。或许，此时此刻，他们两人和他一样，正漫步在异时空，经历着某些奇遇。这在人类短暂的生命中，又何尝不是一种“幸运”！

周袁小心地看着脚下，循着声音继续向前走去。一块巨大的礁石上面长满了水草。周袁看着礁石想：如果陆地发生瞬间转移，则很容易被人发现——比如突然间，活生生的一座山不见了，或者一块土地不见了，那儿必然有一个大坑。而海水则不然，少一瓢，自然会补充进一瓢，像这样，即使少一块像山一样的礁石，也丝毫看不出有什么缺失。这难道也是时空海发生和存在的条件之一吗？大自然的造物和种种奇特的现象，真非人力所能及。

礁石的所在是一大片映像海。这里的景象炫目瑰丽，周袁仿佛置身于一座华丽的水晶宫中。长这么大，在家时和父母面朝黄土背朝天，在校时多是待在教室和实验室，如果不是机缘巧合进入这异时空，或许他这辈子甚至下辈子也见不到这种景象。

走出这片映像海，周袁还沉浸于强烈的震撼当中。但接下来看到的一幕，让他噔噔噔接连后退了好几步，然后一屁股坐了下来——他看见了比鬼还可怕的事情，他的对面，竟然有一群人！

这是无法令人相信的一幕——在这异时空的海底，看到其他的生物，甚至看到外星人都不会令周袁如此惊讶，因为在这里，出现地球上的人类才是最不正常的事情。

难道这些人和自己一样，是从地面上不小心，或是刻意进了某个时空海后，到了这里？

有十多个人，其中一个老者坐在礁石上，他低着头，手里拿着一个圆形的东西。那个东西一闪一闪地亮着红灯，而亮灯的节奏和周袁耳中“滴滴滴，嗒嗒嗒，滴滴滴……”的声音节奏完全一致。

天哪，周袁猛地想起来，这个三短三长三短的信号，是求救信号！

周袁兴奋地喊道：“大叔，大叔……”同时迈开步子，跑了过去。

奇怪的是，那老者依然低着头。离得这么近，也像是没听到周袁的喊叫。

其他人也是，对周袁的喊话置若罔闻。他们有的倚在岩石上，有的躺在地上，还有一对似乎是情侣，女的趴在男的膝盖上，安静地闭着眼睛，像是睡着了。

周袁心里疑惑着，脚步却没停下，很快便来到了这群人中间。

“大叔。”周袁首先来到了老者身边，他轻轻地拍拍老人，老人的身子一歪，竟然倒了下去！

周袁大骇。倒下的老人还保持着原来的姿势，手里拿着信号发射器，发出“滴滴滴，嗒嗒嗒，滴滴滴……”的声音。

莫非，老人已经死了？

周袁强压下心中的震惊，又去拍了拍其他几个人，全部毫无反应。试一试鼻息才知道，这些，竟是一群尸体！

所有人的脸上，都带着一种无奈，甚至接近于绝望的表情。

周袁只觉腿软无力，一屁股坐在了地上。

可以确定的是，这群人和他一样，都是从地球上通过某个通道进入这时空海里。他们在这里待了多久？十天，一个月，还是几个月，甚至几年？他们一直发送着求救信号，等了很长时间却没有任何获救的希望，直至绝望而死。他们又是怎么拿到信号发射器的？这里的一切似乎都不可捉摸，周袁似乎看到了自己的未来——或许在这周围转了很多圈后，他也会找到一个地方坐下来，静静等待救援，然后，在希望与失望的情绪交织中，慢慢走向死亡……

不，只要有一线希望，就绝不能放弃！既然有通向异时空的旋涡通道，那会不会有通向地球的？

周袁踉跄着站起身来，将歪倒的老者身体扶正，让他倚在一块岩石上，继续发送求救信号——或许，终有一天会有人发现他们，而且有能力送他们回到地球。

周袁开始在海底漫无目的地行走。不时有奇特瑰丽的景象在他眼前展现，但已丝毫引不起他的兴趣。他注意观察每一个旋涡，希望能寻找出它们之间的不同之处，以此来判断它通向何处——虽然，这几乎是件不可能的事情。

但除此之外，他想不出任何别的办法。

一直走到脚酸腿软，腹中也饥渴难耐。之前所食的鲜美的蚌，竟一只也不见了，而此时再想原路返回已无可能，他自己早就转迷糊了。周袁突然惊恐地想到，难道那些人，是被活活饿死的？

就在他心灰意冷之际，前面的一片海里，竟然出现了两个人影！

周袁使劲揉了揉眼睛，确定这不是幻觉。那两个人正在四处走动，似乎在寻找着什么。

周袁的心脏剧烈地跳动起来，他认出两人正是之前在大旋涡中失踪的伙伴！他朝着他们的身影大声喊道："秦汉，朱彪……"

两人毫无反应。

怎么回事？两人的身影确实是在移动，肯定不是像上一批人一样，已经死了。那么，他们难道是在——映像海？

周袁心下一沉，如果是这样，他们相距十万八千里也说不定。

不过也顾不了那么多，他急急地向两人走去，丝毫没注意到脚下一个旋涡正在涌动。他几乎来不及作任何反应，身体已被一股巨大的力量控制，在高速的旋转中，周袁再次失去了意识。

7

出现在周袁家的时空海消失了，与之有联系的珍珠也消失得无影无踪。

早起出海的渔民在沙滩上发现躺着一个人，经送到医院并报警后确认，正是随着时空海消失的三个人当中的周袁。

搜救人员在周袁的家中又等待和寻找了一个星期，始终没见秦汉和朱彪两人的踪影。包括教授在内的国内顶尖天体科学家组成的研究小组都在猜测，他们两个究竟出现了什么状况。是因为辐射病情发作死亡，还是在时空海内遇到了其他无法预料的事故？为什么周袁会在海滩上出现呢？这一切的谜团，只能等待周袁的解释。

而周袁一直在昏迷中，没有任何意识。他被迅速送往首都权威脑科医院，医生确诊他因缺氧已经脑死亡——实质上已经宣布了他的死亡。

让人惊奇的是，医学专家和科学专家联合会诊发现，周袁的脑缺氧时间是在进入时空海后六小时，而他在海滩被发现的时间则为两天后。那么这之后的时间，在缺氧状态下，他应该直接死亡，而不是呈现脑死亡的状态——他的心脏至今还在跳动。

教授的时空海论断在科学界引起了轩然大波。在周袁三人进入时空海的时候，教授用数码相机拍摄了大量的照片，从不同角度将与地面平行的时空海拍了下来。这些珍贵的资料，以绝密的形式，迅速被送往国家有关部门。

接着，在2011年6月1日，英国《自然·光子学》刊登了量子态隐性传输的概念："在经典状态下，一个个独立的光子各自携带信息，通过发送和接收装置进行信息传递。但是在量子状态下，两个纠缠的光子互为一组，互相关联，并且可以在一个地方神秘消失，不需要任何载体的携带，又在另一个地方瞬间神秘出现。这也就是通常所说的时空瞬间转移。"如果这项成果能够成功转化，那就意味着理论上以后远程传递再也不会有时间延迟，甚至意念控制也有了可能性。

这项成果的发布，使教授关于时空海的论断更具科学性。遗憾的是，周袁携带的数码摄像机在播放时，画面一片黑暗，没有任何内容。因此，千载难逢的时空海，内部空间是什么情况成了一个谜。

周袁被送到了国家天体事物研究所。科学家们利用最先进的科学技术，触发周袁大脑中的记忆连接，使大脑各部分按照一定模式重新组合形成记忆，通过提取记忆数据，在电脑上还原记忆的事件图片。

所有在场的国宝级的科学家都大吃一惊：在记忆图片排列到第六小时，一直是黑暗状态的图片里出现一个巨大的旋涡，有两个模糊的人影，一个在旋涡里，一个随着大量气泡在下面。

这个时间，正是周袁脑死亡的时间！而模糊的人影，经过电脑数据分析，一个是秦汉，一个是周袁。朱彪呢？从秦汉的姿势来看，明显是去拉什么东西，难道朱彪已经被卷入了旋涡？

按照这个推论，在时空海中出现了旋涡，将朱彪卷了进去，而秦汉为了救他也进入了旋涡。他们两个难道通过时空海的旋涡，进入了异时空？这似乎可以解释为什么只有周袁一人回到了地面。那么秦汉和朱彪的死亡定论下得还为时过早，如果真的存在时空瞬间转移，那么或许在某时某刻，他们还能回到地球上来。

后面只有一个记忆图片有内容——只是科学家们还未寻找出这张图片的价值。图片似乎与时空海无关，那是一群人。难道这张记忆图片，是他脑死亡后的记忆组合——比如将以前看到想到的记忆到这里了？

在提取周袁记忆的过程中，还发现了一组超强的电波，始终在萦绕。

当天晚上，司教授拖着疲惫的身体回到家中，打开电视。建党九十周年，正在播出一些红色教育片：我地下特工深入敌后开展工作。看着特工人员对着老式电台熟练地发送电报，教授的脑袋突然轰地一下，他竟然忘了最重要的线索。他连忙拿起纸笔，将周袁脑电波里分析出的声音记录下来并和摩斯密码本对照，赫然发现，那些嘀嘀声竟然在传递这样一个信息：SOS，我们来自地球……

教授想起第二张记忆图片中的人，突然产生了令自己都难以置信的想法。他用颤抖的手给实验室拨打了电话。

半小时后，实验室传来消息，图片中的这些人，在2010年12月份于某海域神秘失踪……

图片和信号，究竟是周袁以前的记忆组合，还是他在时空海中确实看到和听到的？教授点燃一支烟，陷入了深深的思索。

魔石

文/雷小雷

一次闻所未闻的奇遇，
并非否极泰来、久贫乍富，
浸淫其中，方知前路难卜。

1

县委欧阳书记的母亲出了车祸，医生宣告已无回天之力，让家属准备后事。欧阳书记悲痛欲绝，一连几天都红着眼睛。

肖阳就在这时来到了医院，他单独找到欧阳书记说："让我试试吧，我有办法！"

书记盯着肖阳，试图从他的眼睛里看出一丝戏谑或者玩笑的意味，但是没有，他只看到了认真和坚持。

"你只是县委办的一个秘书，你懂医术吗？我请了国内顶尖的外科专家，他们说已经尽力了。"

"有百分之一的希望，就要尽百分之百的努力，不是吗？"

这个平时老实巴交、在走廊遇见都要连忙低下头躲到一边去的青年，此时却用这样坚定、自信的口气和他说话，让欧阳书记备感诧异。欧阳书记有些动摇了，难道，他有什么妙法偏方？医生已经无计可施了，或许，可以让他试试。

"肖阳，你有什么办法？"

"书记，如果您相信我，并且让我试一试，那么请答应我三个条件：一、这件事情要秘密进行，除了我们两人，其他任何人不能知道；二、我独自对老人进行救治，连您也不能在场；三、从现在起三天内，我会将老人送到您家，到时老人如果没有苏醒，肖阳甘愿受任何处分。"

2

一个月前。

"你在这里做了一年还是两年？十年，三岁的孩子也能学会什么路子了吧！这种低级错误你该犯吗？这次组织调整，你自己心里有数吧。"

县委办公室主任李和平几乎是在咆哮，愤怒使他几乎丧失了理智。

肖阳低下头站在那里，恐惧加上委屈让他差点流下眼泪。

今天，市委巡视组来县里视察年度工作情况。视察工作是表面，更深一层的意思，是考察宁阳县领导班子成员，为换届工作作准备。全县上下对此高度重视，接待工作做得无微不至，充分考虑到了每一个细节，宾馆、用车、会议室、汇报材料……哪一点想不到就要出岔子。作为一个在县委办公室工作十年的老秘书，肖阳以为自己已经想得很完美了，想不到一个意外的会议却把整个计划都打乱了。

市委拟召开电视电话会议，来宁阳县的巡视组组长是市委周副书记，被要求在宁阳县收看会议。

会议通知下到肖阳这里，肖阳在文件办理单上熟练地写下：下午3：00，在1404会议室召开电视电话会议，请市委周书记、县六大班子领导成员及县直各部门单位主要负责人参加。

然后，肖阳把材料报到李和平那里，李和平正和最近联系上的大学女同学在MSN上热聊，扫了一眼文件办理单，便把会议室改成了1606，又说："1404，多不吉利的号，一切要做到完美！完美，懂吗？"

肖阳默默地把材料拿出来，赶快让秘书科把通知下达到各部门。谁知，下午开会的时候才发现，1606会议室的电话线不通，会议内容不能同步到其他省市。

与会人员只好又挪到1404会议室，等正式收看时，时间已延后了15分钟。时间观念非常强的周书记明显不高兴，整个会议期间都十分严肃。县委书记和县长坐立不安，额头上一直冒着冷汗。

厄运如影随形，接下来的工作汇报会上，周书记对其中的一个经济数据提出了质疑，而这个数据，之前县长审稿的时候，已经提出修改了，肖阳不知是忙还是怎么的，竟然忘了改！虽然县长连解释带证明，但周书记还是把材料交给秘书，让回市里以后再核查一下有关的数据。

这真是致命的失误！

在此之前，李和平一直对肖阳欣赏有加，下次的干部调整，基本已经内定了肖阳。但这事一出，提拔的事几乎成为泡影，就算李和平同意，书记和县长那里也过不了关。

李和平把肖阳臭骂一顿，他丝毫不提自己改动会议室的事，把所有过错都推到了肖阳身上。肖阳低头听着，不作任何辩解，经验告诉他，这个时候的任何辩解都是火上浇油。

3

暮色降临，华灯初上。

肖阳倚在天台的栏杆上，望着楼下出神。这栋19层楼设计呈“V”形，肖阳站的地方，正处在“V”字的底部，是一个拐角。楼底本来是一处水池，后来有风水先生说是迎面破财之水，便又在水池边上种了一圈雪松。从外面看，几乎看不到里面还有个水池，肖阳有时候很想躲到那水池里——里面应该没水了吧，躺下好好睡一觉，没人找得到。

“肖阳，怎么还在这里？”

李和平摇摇晃晃地走上来，一看就是喝多了。酒气顺着风吹进肖阳的鼻孔，肖阳厌恶地转过头，又不敢表现得太明显，假装去看对面楼上的霓虹灯。

“想不开？年轻人，下次还有机会嘛。你要想到，这次闯的祸，给县里的工作造成了多大的被动，给书记和县长下一步的工作安排，也有可能带来非常大的影响。”

肖阳很想说：会议室是你改的。他张了张嘴，最终什么也没说出来。他知道，李和平肯定已经在书记和县长面前，把责任全部推给他了，和他在这里争辩又有什么意义。

李和平拍拍肖阳的肩膀。肖阳不露声色地往旁边挪了挪。“咔嗒”，轻微的一声，栏杆的一个金属扣竟然开了，不知是疏于维护，还是谁故意打开的。

李和平走到肖阳之前站的地方，两手扶在栏杆上，眺望着远处的灯光。

肖阳看着他，这几年，他跟着李和平鞍前马后，端茶倒水，没日没夜，只要李和平一个电话，自己总是以最快的速度到达他跟前，比伺候父母还用心，为的就是他能在关键时刻拉自己一把。现在，这个希望就要落空了。兔子急了还咬人呢！肖阳恨恨地想。

李和平扶住栏杆的身体突然有点摇晃。

“肖阳，扶我一把。”

李和平有高血压的毛病，平时很少喝酒，但陪市委领导这样重大的场合，又不可避免地喝多了。这时血压上来，他只感到一阵头晕。

命运就在那一刻阴错阳差。

肖阳鬼使神差地躲开了！

李和平想离栏杆远一点，似乎晕得厉害，他使劲抓着栏杆想稳定一下，但栏杆魔鬼般地打开了，肖阳眼看着李和平从楼顶摔了下去。

肖阳等待那惊人的落地时“砰”的一声，但什么也没发生，一百多斤的人从19楼的楼顶掉下去，竟像一片羽毛飘落一样，无声无息。或许，是楼层太高了，听不见，肖阳想。

他无力地蹲下来，恐惧袭遍了全身。肖阳只感到喉头发紧，牙齿不自觉地发出“咯咯”的声音。他有些后悔刚才的举动。为什么不去扶他一把？这样，间接地，等于杀死了他。

可是，为什么要后悔，这不正是他心底所期待的吗？他没了希望，便再也不想看见李和平那张保养得极好的肥嘟嘟的脸。

肖阳强迫自己镇定下来。他使劲掐着大腿，疼痛使他慌乱的头脑清醒了些。十多分钟后，他站起身来，脱下外衣把栏杆上、地面上的痕迹擦干净，然后，乘电梯下楼，装作散步的样子，走到那排雪松处，拨开密密厚厚的叶子往里一看，干涸的水池里，李和平像一摊肉泥，彻彻底底地死掉了。

4

第二天早晨，肖阳像往常一样来到办公室。同事们都在埋头工作，一切如此平静，仿佛什么事情都没发生。

他们肯定还没发现。肖阳想。

“肖秘，李主任找。”

肖阳的屁股像被开水烫了似的跳了起来。整个办公室只有李和平姓李，难道是有人故意开他的玩笑？

“肖秘，快点，李主任脸色可不好，你小心点。”

小王在门口又催了他一遍。

李和平刚从书记办公室里出来，脸色铁青。他绷着脸对肖阳说：“你立刻写一份书面检讨材料，要全面、深刻，认真剖析，深入检讨，下午交给我。”

肖阳直愣愣地看着他，脑子里“嗡”的一声，冷汗瞬间淌满了全身。他扶住面前的办公桌，才没使自己瘫倒在地。

幻觉？不，绝对不是。

那么昨天是幻觉？不，这绝不可能，他亲眼看见他摔死在楼下。

难道有鬼？

他激灵灵打了个寒战。不可能，大白天的，而且离得这么近，他不由得伸出手去捏了李和平的胳膊一把，是真的！

李和平一下子甩开了，诧异地说：“你干什么！”

看着肖阳呆愣愣的样子，他有些担心，又换了种口气说：“小肖啊，年轻人遇些挫折是不可避免的，心态要放平，啊。你回去吧。”

肖阳没了魂似的回到座位上。整整一天，他不是在座位上发呆，就是在楼上游荡。李和平下午没有向他要检讨，同事们见了他也都绕着走。

“这次他有麻烦了吧。”

“老板可能找他谈了，看他失魂落魄的。”

“也是的，这么大的活动，怎么能出岔子呢，还好我们没参与。”

……

肖阳仿佛没听到这些议论。难道当时没有摔死？那么至少也该有伤啊！难道摔死的是别人？自己伤心之际错把别人当成李和平了？

肖阳忽地一下站起来，又坐下去。

不，不，再等等，等到天黑。万一死的真是别人，那尸体肯定还在那里，他不能贸然去看，那等于是自己暴露自己。

他在无比的煎熬中度过了整整一天，李和平竟没有找他麻烦，昨晚的事仿佛没有发生一样。

夜幕再次降临，同事们都已经下班回去了。肖阳在办公室里磨蹭到11点多，悄悄溜到雪松树下。拨开枝叶往里一看，他立刻呆住了，里面什么也没有，哪怕是一滴血。

5

肖阳不知怎么回的家，他迷迷糊糊地在床上躺下。

到底是哪里出了问题？能肯定的是，这不是自己的幻觉。找到答案的最快途径，便是亲自试验一回。但肖阳没这个勇气，万一跳下去一命呜呼……

一个个想法和可能在他的脑子里腾挪翻滚，直到天亮时，肖阳终于想到了一个好办法。

他的精神比昨天好了些，认真准备了一份检讨送到李和平办公桌上。他看着李和平，一晚上的煎熬让他艰难地接受了这个事实——他确实死而复生了。

但李和平似乎已经忘了这件事，随便看了一眼就放下了。他微笑地看着肖阳，用平缓温和的语气说：“调整好心态，积极争取，年轻人的前途是不可限量的。”

肖阳对他的话没怎么放在心上，这些年来，他已经学会了如何分辨领导的话哪句是真，哪句是假。

他的心思全部放在了等待上——夜幕的降临。他将通过一个试验，找到李和平死而复生的原因。

夜色终于笼罩了大地，尽管有闪烁的霓虹和错落有致的灯光照亮着世界，但总有一些地方是光明所不能到达的。

肖阳站在夜色中，望着楼底那处黑暗的角落，将手中的蛇皮袋子打开，从里面抱出了一只小狗，这是他中午在市场买的。他看到小狗圆溜溜的眼睛瞪着他，心里慌得像长了一把草。他闭上眼睛，把手放开，小狗都没来得及叫，便落了下去。

他乘电梯快速赶到楼下，看看四处无人，便拨开雪松的叶子钻了进去。

干水池呈长方形，底部是一整块带着绿纹的大理石，此时上面满是斑斑点点的鲜血，小狗被摔得血肉模糊。

肖阳使劲压制住胃里泛上的恶心，找了处稍远的位置坐好，然后便两眼一眨不眨地盯着小狗——它的死状是和李和平一模一样的，难道，它也能复活？

肖阳特意看了看表，晚上11点08分。

11点半……11点50……12点……

等到12点08分，就在肖阳的眼皮快要打起架来的时候，奇迹出现了，但眼前的情景却让肖阳忍不住“哇哇”吐了起来。

已经结了冰的血突然像有了生命，开始缓慢流动，然后汇成一股，流进了小狗的体内。摔烂的小狗摇晃着站了起来，那只被甩出去的眼球，骨碌碌滚到它身旁，然后几乎跳跃着回到了它原来的位置。

五分钟后，小狗活蹦乱跳地冲着肖阳叫了一声，然后，“吧唧吧唧”把肖阳吐出的秽物吃了个一干二净。

6

这太匪夷所思了。

肖阳认真地、一寸一寸地抚摸池底的那块石头。看起来，这就是一块普通的大理石，有着绿色的纹理，被用在这里之前，应该经过打磨，所以摸上去还算光滑。

他应该感谢这块石头，否则，那天冲动之下所做的事情，或许足够让他被开除，甚至被起诉。

这是一块让人起死回生的石头啊!

肖阳的心里澎湃起来。震撼、激动、慌乱……各种情绪像巨浪，一波一波冲击得他有些眩晕。他一直在这里坐到凌晨，才恋恋不舍地回到家里，简单收拾了一下，到单位上班去了。

与前几天的状态不同，肖阳今天表面一脸平静，内心却像煮沸了的开水。同事们都在忙着自己的事情，没空搭理他，领导也没安排他什么工作，他正好享受这份清静，好好思考一下如何利用那块神奇的石头。它不但能够起死回生，而且似乎还能消除人们在那段时间的记忆——比如李和平，重生后像是完全忘记了肖阳没去扶他使他坠下楼的事情。

他到书店购买了大量的医学书、玄学书，并且大张旗鼓地宣称自己要致力于治病救人、普度众生了。有几个平时处得还不错的同事私底下劝他，看开些，别走极端，提拔的事情也许还有转机。他不置可否，依然我行我素。

肖阳相信，这块魔石，将要彻底改变他的命运了，他只需等待一个合适的时机。

7

现在，这个时机，欧阳书记给他了!

趁着夜色，肖阳开车把老人拉到家里。她的身上还插着几根管子，车祸导致她右半个脑袋三处骨折，颅内淤血。

她气若游丝，命悬一线，医生说她的生命马上就要走到尽头。欧阳书记在病房里转了几十圈，最终红着眼圈对等待在那里的肖阳说：“拜托你了。”

肖阳知道这四个字的分量，如果成功了，他就是欧阳书记的恩人；如果失败了，就等于摆了欧阳书记一道，那他的下场……

不，除了成功，绝对没有第二种可能。

凌晨3点，肖阳拔掉了老人身上所有的管子，没过几分钟，她就停止了呼吸。

肖阳的手止不住地颤抖，他把老人抱到车上，开到离单位一里左右的地方就熄灭了车灯。车子鱼一样在夜色中又滑行了500米。他把车藏好，然后抱着老人，不，确切地说是老人的尸体踏上了那块魔石。

他的心脏“咚咚”跳着，对于死亡的恐惧、鬼魂的想象加上即将发生的事情的神奇，让他的精神差点崩溃。他一遍遍给自己打气：“撑住，坚持住，命运就会因此改变。”

一小时后，老人冰凉的身体有了温度和鼻息，只是还没有苏醒。肖阳长出了一口气，这个赌，他打赢了！

来这里之前，肖阳做了充分的准备工作。他给老人服用了适量的安眠药，防止她醒来时发现自己身在何处。然后，在她受伤的部位，都绑上了绷带。他必须让她相信，自己还没有完全康复，需要休养一段时间。

三天后的晚上，当肖阳把活生生的老人送回欧阳书记家里时，他感到了有生以来无比的尊荣和满足。欧阳书记拉着他的手，当场热泪纵横——这个从农村走出来的领导，一直对母亲怀有深厚的感情，母亲一生没享什么福，如果骤然离世，他的后半生将会一直生活在不安和歉意之中。现在，肖阳又给了他重新弥补和尽孝的机会，而且，这个事情看起来如此不可思议——医生都束手无策的事，他竟然只用了三天！

看起来，老人只需要静养几个月就能恢复健康了。

对于用了什么方法，肖阳三缄其口，只说是祖上留下来的偏方。欧阳书记赞不绝口：“了不得啊，民间有奇方啊！想不到县委办藏龙卧虎，你还有这等本事，身怀绝技又谦虚谨慎，不可多得啊！”

送肖阳出门时，欧阳书记又意味深长地说了一句：“你在县委办干了有十年了吧！”

8

魔石是他生命中的一个际遇，肖阳想，虽然对它的到来毫无准备，甚至让他猝不及防，但他预料自己的生活将发生重大改变，就像饥饿的人吃上了满汉全席，贫穷的人投中了六合彩，谁知道他们的生活会发生怎样的变化呢？

别人的不知道，但对他的影响是好的。

肖阳回家后认真琢磨了书记最后那句意味深长的话，凭着十年的工作与人际关系经验，他觉得，这次提拔有希望了。

在单位里，他时常陷入深深的思索中——这块魔石，还能不能治疗其他的疾病？比如目前医学技术无法攻克的癌症、艾滋病等，目前救治的这两例，都是外伤；能不能让久死的人复生？目前救治的都是刚刚死亡就已经待在或是放在魔石上了。

这些问题，让他时而迷茫，时而兴奋，整个人表现出一种不正常的精神状态。

同事们都觉得他有了精神分裂症的迹象。分管领导委婉地找他谈话来试探他，但谈话时他又表现得异常正常，头脑清晰，思路敏捷，所以只得让他继续工作，先观察一段时间。

主任李和平甚至有些内疚，是不是自己批评得太严厉了？毕竟这是棵不错的干部苗子。虽然犯了一点错，但也不至于会影响下次的提拔，上次说的话只是一时气极，难道他还当真了？如果他继续这种状态，那可就真没希望了。

让人没想到的是，这种情况，让肖阳的工作氛围一下和谐起来——一直对他吆三喝四的分管领导，最近对他关怀备至；把他当最大竞争对手的楚科长，最近总是说他好话；原来经常加班，现在随时清闲……

肖阳突然意识到，大家似乎都认为这次提拔他提前弃权了。没有竞争和利益的社会，就像个世外桃源，他是因祸得福了。

就像一场赌局，肖阳提前知道了答案，冷眼旁观着其他参与赌局的人表演。当所有人以为他在座位上痴得可怜的时候，其实他心里的优越感已经凌驾了一切——早晚有一天，我会让你们大吃一惊。

在这段时间里，肖阳又悄悄做了几项试验，用生病的猫、僵死的猫……他不虐猫，如果猫通过魔石获得新生，他便兴奋地看着它们走。通过试验，他发现魔石并不是万能的，它只对一些外伤有作用，而且起死回生也仅限于死后一小时内，超过一小时，便什么作用也没有了。

轰轰烈烈的干部提拔开始了，每个人都像被注射了兴奋剂，议论的、猜测的、拉票的、送礼的……只有肖阳依然淡定地沉浸在他自己的世界里，谁跟他说“哥们儿，投我一票啊”，他便愉快地答一声“哎”。

经过一轮轮的推荐、选举、开会讨论，等到一楼的大厅里张贴出干部提拔公示，所有人都呆了，在榜上的第一位赫然写着肖阳的名字——拟任县卫生局第一副局长、县人民医院副院长（主持工作）。

8

肖阳应付着一拨又一拨贺喜的人群。按理说，县委办的科长提拔到卫生局干副局长，只是个一般性的调动，但人民医院主持工作的副院长就不同了，这相当于“一把手”，是多少人可望而不可及的职位。

肖阳的心里却没有过多的喜悦——这种结果早在他的意料之中。而这个职位，反而给他增添了苦恼。卫生局在外面办公，离魔石就远了，现在他每天都要不露声色地借着喝水的机会踱到窗边看看那块石头，否则的话，一天便安定不下来。

魔石必须弄到家里才放心！

可是，这么大一块石头，虽然平时没人关注它，但要悄无声息地把它弄走，却不是件容易事。

肖阳在寻找机会。

这天上午，外面突然传来一个女人撕心裂肺的哭喊声：“让我死，让我死，我不活了……”

他推开窗子，发现楼底下已经围了一些人，一个妇女坐在墙边上，边拍着大腿边哭。

“院长，出事了。”医院办公室黄主任敲门进来说，“一个10岁的孩子出车祸送来后医治无效死亡了。下面是他的母亲，非说是医院给治死的，赖在那里不肯走。”

“哦？马上派人去做工作，先让她回病房或者回家，疏散围观的人。”

黄主任领命出去后，肖阳在办公室里踱着步子。要不要救？这个男孩是出车祸死的，魔石可以救他。可是，这个孩子如果不像书记的母亲伤在头部，突然之间伤全好了，会不会引起别人的怀疑和关注？那魔石的秘密就保不住了。况且，出车祸的人多了，医院里每天都有几个，死的也有，要不救都不救。好“石”要用在好地方！或许，应该等他把魔石搬回家，再考虑救更多的人。

想到这里，他关上了窗户，外面凌厉的哭声搅得他头昏。

“院长，不好了，”黄主任冲了进来，脸色发白，“那个女人，她撞墙自杀了！”

“什么？我去看看。”肖阳抓起手机就往外走，突然又停住了脚步，“不，你们马上组织抢救，实在救不过来，我去向县委、县政府解释。”

好“石”要用在好地方。肖阳喃喃地说。

10

那个妇女最终被救了过来，但孩子是永远地走了。有一阵子，肖阳老梦见一个男孩问他为什么不救他，肖阳挥着手臂激动地说，那么多死的和要死的人，我救得过来吗，救得过来吗？魔石是我的，我说救谁就救谁，说救谁就救谁……

也许鬼魂也怕恶，那男孩就不再在梦里出现了。

肖阳开始静下心来琢磨魔石的事。

这期间，已经升任市政府副市长的欧阳书记，又介绍了几个客人过来，有政界的，有商界的，都是有头有脸的人物。来的人，莫不夸赞肖院长医术超群、妙手回春。虽然肖阳再三推让，但他们还是付了丰厚的酬金。一直过着紧巴日子的肖阳，到现在才慢慢体会到有钱的好处，那挥洒自如的感觉，真是太美妙了，这才叫人生啊！

而这一切都是魔石带来的。它在外面简直成了肖阳的一块心病。万一，万一有人再发现它的好处呢？

欧阳书记的母亲虽然恢复了健康，但肖阳还是经常去看她。救命之恩让整家人对肖阳都充满了感激，日子久了，如果肖阳不去，老人也会让儿子主动打电话让肖阳来家聚一聚。

“市长，有件事想跟您汇报一下。”吃完了饭，肖阳跟着欧阳副市长来到书房，他小心翼翼地开口了。

“小肖啊，有什么事你说吧。”

“是这样的，虽然我靠祖上留下来的秘方救了几个人，但我大学专业学的是建筑，您看，城建局的杜局长不是刚退了吗，能不能……”

“哦，胃口不小啊。刚主持医院工作一年就想换地方，而且是城建局这样的大口。”欧阳副市长喝了口茶，然后闭上了眼睛。

肖阳急忙补充道：“我知道，这事有点太急。如果实在难办，那么行管局也行啊，也可以为市直机关小县、为机关大楼的建设和维护做些工作。”

“这事，我考虑一下。”欧阳副市长睁开眼睛，话锋一转，接着说，“省里有个老领导，昨天摔了一跤，医院说可能会偏瘫。你看这种病能治吗？”

“市长，放心吧，能治，能治……”

11

两个月后，肖阳调到了城建局，担任副局长（主持工作）。这次，道贺的人更多了，质疑的却更少了，几乎所有人都知道，肖阳上面的关系很硬，没有直接提拔成局长反而有些意外了。

上任后，肖阳烧的第一把火，就是对机关大楼前人民广场的道板等进行更换。他想顺便把“V”形角的小水池砸掉，种上草坪，不着痕迹地就可以把魔石搬回家去。

不料，这个方案却在会上遭到了行管局的反对。肖阳很恼火，你一个小小的行管局，竟敢反对城建局的方案。虽说机关大楼属于行管局维护，但广场上这一块，不论是城建局还是行管局，都有职责范围。

后来肖阳才弄清楚，行管局的背后，竟是新上任的书记给撑腰。书记曾经溜达到这个地方，说这边的小环境搞得不错。行管局长便像奉了圣旨般，拼命要保住这个地方，不允许别人动。

肖阳只好把这个想法暂时搁置下来。他又想了个办法，每天早晨7点钟，到大楼上散步，从一楼一直步行走到楼顶，然后从楼顶上透过枝叶看看那块石头。

城建局的工作很忙。宁阳县是个新设县，建设任务重，建设工程遍地开花。每天早晨在肖阳办公室门口求见的人排成了队，汇报工作的、要工程的、要钱的、要人情的……

开始的时候，肖阳对这一切是认真而惶恐的，但时间长了，就明显不耐烦起来，对工程方和建筑商送的钱、名酒名烟等，也大大咧咧起来。他也经常把一些大工程、大项目的情况汇报给欧阳副市长，按照他的意见办理。

宁阳的开发建筑框架拉得很大，成效也很明显，沿海岸线改造得非常漂亮。来参观考察的各级领导都称赞说宁阳配了个能干的城建局长。肖阳很自豪，他豪情万丈地规划着他的未来：有魔石帮助他，比欧阳副市长再深的关系也攀得上，将来，他还会到更重要的岗位上大展宏图，眼前这个职位、这点成绩，算得了什么呢。

12

两年后。

关于肖阳要提拔为县长助理、城建局长的传言在宁阳的大小干部中流传着。

与此同时，县纪委紧锣密鼓地悄悄开展着对肖阳的调查取证工作，已经到了该收网的时候。

两年中，肖阳收受了大量贿赂，额度之大、敛财的疯狂程度之深，让人震惊。但是，要动肖阳也并非易事，肖阳的背后，有复杂的关系网络。除了最直接的欧阳副市长，还有省里的、京里的关系。县纪委向上面作了汇报，市里明确指示：对贪污腐败行为坚决一查到底，对已经腐败的干部，要坚决拿掉，市里早已经开展了对欧阳副市长的调查，准备在近期采取行动了，请宁阳县纪委大胆开展工作，不要有任何顾虑。

肖阳隐隐地嗅到了危险的气息。

欧阳副市长叮嘱他："近期要低调做事，时刻注意观察动静，提前作好一切准备，一有不好的苗头，就立刻转向国外。另外，最近没有特殊的事，不要和我联系。"

肖阳点点头，他的心里还有另外一套打算。

事情发展得很快，没过几天，县里就对他采取了初步的行动，限制他离开县域范围。

晚上，他把睡意正浓的妻子叫起来，严肃地对她说："有不好的事情要发生。我下面说的话，你一定要一字一句记清了！做好了，咱们下半生将会无忧无虑；做得不好，则家破人亡。"

妻子瞪着惺忪的眼睛，疑惑地看着他。

"你听着。第一件，我在国外的银行开了户，户头是你的名字，账号是××××××××××××××××，密码是××××××。一定要记住了，无论谁来查，千万不要把这个账户说出来，一切都推到我的头上，一切都说不知道。第二件，明天傍晚，我会照例去大楼上散步，然后，从楼顶跳下来……"

"啊，你要干什么啊，你可不要想不开啊，抛下我们娘儿俩怎么活啊！"妻子终于听明白他说的是什么事——交代临终遗言，她止不住号啕大哭起来。

"闭嘴，听我说完！你要切记，切记。我跳下来后，会摔在雪松里面的水池里。你要守在那里，谁也不许靠近！40分钟后，用床单盖住我的尸体，把所有人赶走，你自己在那里等着。明白吗？"

妻子被他吓得止住了哭声："什么，你疯了！你从19楼摔下来，难道，还能起死回生吗？"

13

早上，肖阳像往常一样到楼顶散步，透过葱翠的枝叶，他用望远镜看见魔石完好无损地在那里。望着初升的太阳，他长长舒了口气，明天，将是崭新的一天！

暮色降临，他再次来到楼顶上，望着黑糊糊的楼底，想象着自己摔得血肉模糊的样子，不由得胆栗。但此时，他已经没有更好的选择了。他所受贿的现金数目，查出来足够枪毙他十几回。他只有这样做，这叫“置之死地而后生”，只要逃过这一劫，过了明天，他将和家人在异国他乡的土地上，展开新的生活！

他在楼顶大声地吟诵：“大风起兮云飞扬，威加海内兮归故乡……”

有出来散步的人听见声音往上看，发现他张着双臂，像要跳下来的样子，便赶紧报了警。

有人喊：“肖局长，你干什么？有话好好说，千万别想不开啊！人死不能复生啊！”

哼，不能复生，我偏偏能复生！我死了，还能再查我吗？

他毫不犹豫地从楼顶跳了下去，落在了原来小水池的位置……

14

肖阳的妻子红肿着眼睛，坐在他的身旁守着他。看到他摔死的人，都说好惨，摔得没人样了。现在，那些围观的都被她赶走了。人都死了，还看什么呢？看热闹？他说他能起死回生，复活后，还让她用床单盖着他，谁也不让看，找担架把他抬回家，办丧事，然后，找机会离境，别人就再也不会查了。怎么会有这样荒谬的事呢，而她竟然相信了，她后悔没有劝阻他。他肯定是最近压力太大，精神上出问题了。就是怕他压力大，所以，她也没告诉他，欧阳副市长今天上午也在这个地方，跳楼自杀了……

一小时过去了，什么也没有发生。

县委、县政府的领导都在外面，她谁也不让进来，谁要进来她就自杀。她要在这里陪他最后一个晚上。

她掏出包里的便笺纸，写下了国外银行的账户和密码，下面又重重地写了两个字：赎罪！

然后，吞了早已准备好的药——如果他活了，她也生；如果他死了，她也死……人死了，要那么多钱有什么用呢，从哪儿来的，到哪儿去吧！

外围的人在继续喊话，她毫无反应。特警从楼顶用望远镜察看，发现她一动不动地趴在他身上，有半个多小时了，便迅速通知楼下的人，人们上前去才发现，她服药自尽了。

初升的太阳照耀着V形楼的底部，那里的雪松已经被伐掉了，里面的小水池也被拆除。

上班的人们三三两两地来了，一边走一边议论："昨天下午欧阳副市长刚在这里跳楼自杀，傍晚肖阳也在这里跳楼自杀了，真不吉利！"

"是啊，据说欧阳副市长跳楼，没几个人看见。报警后公安局十分钟内就把人抬走了，清理了现场，行管局也把小水池给拆了，说要种草坪还没种呢，肖阳又跳了。"

"两条人命啊……"

一块长方形的带着绿色纹理的石板，静静地躺在山崖底下。它在这里多久了？从被扔下来到现在，有一年了？两年了？它的周围长满了杂草。

一天，从上面掉下了一个人，摔得血肉模糊。一小时后，流出的鲜血像有魔力般汇集在一起，又流回了那人的身体。那个人，摇摇晃晃地站了起来……

照相馆 文/武宁

囚禁 文/猫郎君

点灯 文/罗斐

夜影 文/宝树

木雕 文/锦翼

惊奇篇

照相馆

文/武宁

三十年一成不变的照相馆，
物是人非后，悚然再会。

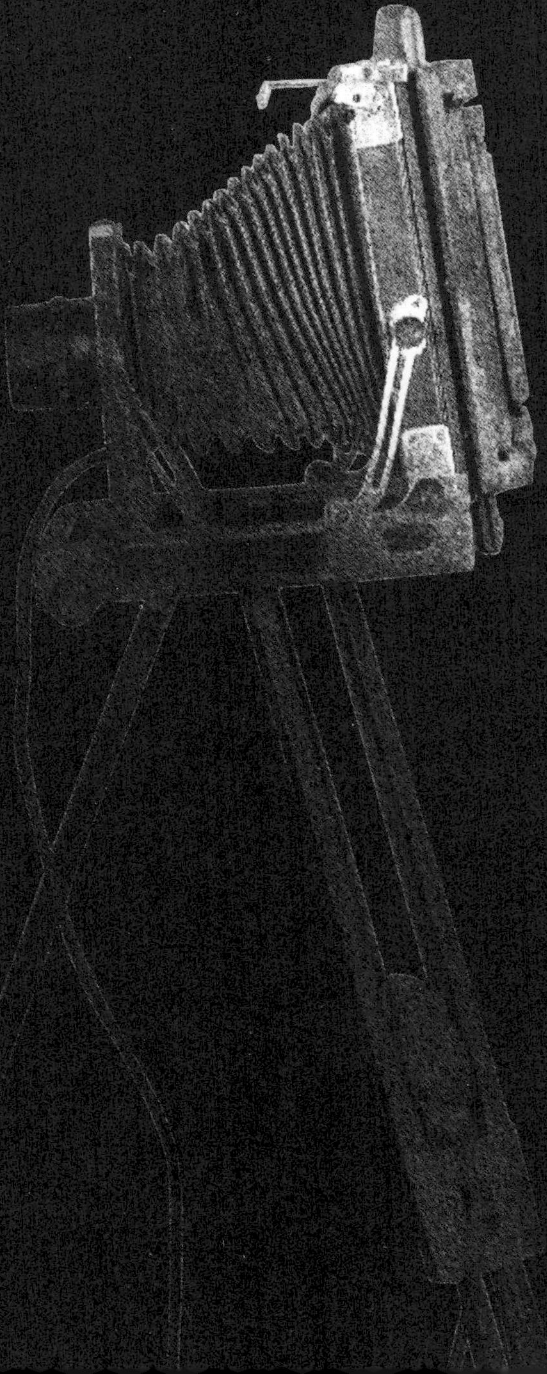

213

照相馆

我百无聊赖地坐在店门口，看着对面的肯德基门口不停有人进出，琢磨着，要不干脆过段时间把这店改成餐馆？

两年前我盘下这个小照相馆的时候，正恋爱到失去理智，没考虑太多，就跟着女友到了这个不是很熟悉的小城市，结果不到一年就又变成单身了。

小城市的节奏舒缓平淡，这么两年过下来，我开始觉得这样的生活也着实有些乏味，虽然暂时还不缺钱，但每天给不同的人拍傻乎乎的证件照，真是无聊透顶。

这家小照相馆是在一条小巷的巷口，外墙的砖头已经斑驳不堪，墙上还有爬山虎一类的绿色植物。这条街若放在大城市里，肯定要么就被当做古迹变成旅游景点，要么早就被拆迁盖高楼了。

叹了口气，我闭上眼盘算今后怎么打算，总不能守着这旧铺子过一辈子吧？

正想着，听到刹车声，一辆车停在了店门口。照相馆虽然很破旧，但位置不错，来来往往的人不少，所以，每个月还是有不少生意。我心想多半又是问路的，也懒得抬头去看。后面的巷子幽深曲折，不熟悉这片的人到这总得犯迷糊。

车上下来几个人，脚步声直接来到我旁边，却没说话。过了十来秒我实在忍不住，睁开眼一看，是四个四五十岁的中年男人，正呆呆地看着店门口那块“友谊照相馆”的老招牌。我扫了一眼，发现他们身上穿的西装都价值不菲，身旁那辆车还是奔驰，当前一个大老板模样的男人手上却拎着一瓶红星二锅头，超市最便宜的那种。

我摸不清是什么状况，这种人就算要拍证件照也不会跑到我这小店里来啊，难道是房地产老总来视察？这一片准备拆迁了？

正胡思乱想着，前面那人开口了：“老板，这里还能照相吧？”

我点点头：“能，能，您几位请进。”把他们领进后面的拍摄间，把灯光打上，问道，“是拍白底的还是红底的？彩色还是黑白？”心想估计这几个人是开车到这，忽然想起要办什么证件，才停车下来吧。

中年男人只是“嗯”了一声，说道：“黑白的。”然后四处打量着房间里的摆设，说道，“老板，拿椅子来。”

我看着他身后那个椅子，犹疑地问道：“在您身后呢。”他摇了摇头：“再拿两个。”看来是要拍集体照了，我没作声，转身出去把店里前厅放着的椅子也拿了进来，背后隐约传来他们的对话：“这照相馆30年了居然没怎么变啊”“是啊，真是难得……”

他们把三个椅子仔细放成一排，两个人分别坐在左右两个凳子上，另外两个人站在他们身后。当中的那个椅子空着，却放着那瓶他们带来的二锅头。

我看着，心中充满了尊敬，因为我大致已经猜测到他们这是要干什么——就像网上经常流传的那些老照片一样，很多年过去了，同样场景的两张照片，却已经物是人非。

甚至我能猜测出这是一个什么样的故事：30年前，几个年轻的小伙子在一起参军之前满怀豪气地拍了一张集体照；30年后，却有一个年轻人，没有机会变成中年人了……

他们付钱的时候，我小心委婉地询问求证了一下。那个拎着酒进来的中年男人也许是心情不错，从钱包里拿出一张发黄的老相片。果然是一模一样的场景，当中坐着的那个年轻人笑得很开心，两边脸上都有酒窝，看起来很帅气。

我叹了一口气，道：“大叔，你们的兄弟情义真是……”那中年人看了我一眼，不置可否，拿过照片就走了。

几个男人上了奔驰车离去后，我坐在店门口，心里充满了感慨。尽管这是别人身上发生的故事，但是岁月的冲击力是无与伦比的，两个场景不停在我脑中闪过，心里有一种说不出的压抑和嗟叹。

接下来一直没有生意，我就坐在门口发呆。回过神来的时候，天已经全黑了。我伸了个懒腰，努力抛开这种莫名的情绪，想着要不晚上就去肯德基对付一下。

这时一个老头走进店里，看里面没人，又折回来到我面前，怯生生抬头看了一眼照相馆的招牌，问道：“老板，这里能照相不？”

他看起来将近60了，一脸被生活打磨出来的愁苦皱纹，穿着身洗得发白的旧军装，提着一个鼓囊囊的蛇皮袋，配上窘迫的表情，让人有些同情。我点点头：“正准备关门，您快点吧。”

老头跟着我进屋，我打开照相机，却发现那三个椅子都还在，正准备去搬开，那老头却忽然开口："老板，不用搬，就这样，刚好。"

说完，他就坐到了中间的那把椅子上，然后从蛇皮袋里一瓶一瓶地往外掏出四瓶二锅头，也是超市里卖的最便宜的那种红星二锅头。接着他把白酒左边两瓶右边两瓶地放在了椅子上，整了整衣服，挺直了背。

我按捺住心里的疑惑，凑到照相机跟前，指挥道："您脑袋往左偏一点，对，稍微放松一下，好的。准备，笑一个。"

老头老实地听着我的指挥，咧开嘴笑起来。按下快门的那一刹那，我忽然发现，他笑起来两边的脸上都有酒窝，看起来无比熟悉。

囚禁

文/猫郎君

那些痛苦的回忆，
竟以那样离奇的方式进行了了结。

217

囚禁

他被关进那里的前五年，一直浑浑噩噩，客观来说，囚禁他的并非那些围墙和铁栅栏，而首先是他行尸走肉的身体。但从第六年开始，他逐渐有了好转的迹象，可那些痛苦的回忆也随之像虫子似的苏醒，时常让他在半夜里号哭起来。他没有一天不想到自杀，但每每又胆怯，他胆怯的不是死亡，而是其他。第八年头上，他设法逃了出来，凭着一丝残存的记忆，他找到了那栋居民楼，也找到了那扇墨绿色的防盗门，可此时的他已经没有钥匙了。他在门前站了一会儿，往事再次像滚滚黑烟般袭来，迫使他惊慌失措地离开。他找到一位朋友，朋友对他的出现表现出了足够的惊讶，但还是借了一些钱给他，他用这些钱购买了一些需要用到的物件，其中最长的一件是把硬木柄的水果刀。

当然，这些都是我后来才知道的，其中一小部分还是推测的产物，但我确定他没有使用那把水果刀，那个身患绝症的老人是被他用手掐死的。我是第一个赶到医院的警察。老人躺在病床上，看上去很安详，只是脖子上那两块黑紫色的斑显得有些突兀。我在老人的右手里发现了一个白色的信封和一张照片，照片上是一扇孤零零的防盗门，门牌号是428，照片背后有一个手写的地址，信封里装着一封短得不能再短的信：这么多年，你原谅我了吗？如果是，就让我知道。

信和照片都是凶手带来的，这一点病房里的监控录像交代得很清楚：他推门进来，站在病床前同老人交谈了十分钟，遗憾的是录像里没有声音，我很难判断在这十分钟里他们都说了些什么。但谋杀很快就开始了，我没看到老人有任何挣扎，约摸过了两分钟，他直起身，从口袋里拿出信封和照片放进尸体的手里，离开了病房。

当时我尚未得知真相，因此这起谋杀案起初给我的最大感受是离奇：一个胡子拉碴的中年男人闯进医院的单人病房，杀死了一个身患绝症的老人，还在他手里留下一封莫名其妙的信和一张奇怪的照片，这太像好莱坞电影里的情节了，他干吗要杀他呢？反正他也快死了。

我循着照片上的地址找到了那扇门，敲了一阵，毫无反应，倒是隔壁走出来一个中年男人。他怒气冲冲地告诉我不要敲了，因为那套房子早就没人住了。“女的和小孩都死了，男的送精神病院七八年了。”他说。我询问到底发生了什么。“发生了什么？”他翻翻眼珠，看上去打算关门，我只好亮出证件，促使他不管是否情愿，都必须和我谈一谈。

两天后，当我们抓到凶手时，这个发疯后砍死了妻子和孩子的男人正在护城河边游荡着，他的眼神有一点发直，呆滞里隐约闪烁着一丝忧伤，就像脏水里游着的一尾病鱼。

我问他为什么要杀死那个身患绝症的老人。

“是他自己同意的，”他像是在为自己辩解，“我找到他，一说他就同意了，他说他早就想死了，要是他不同意，我会去找其他人的。”

“为什么要杀他？”我加重语气又问了一次。

他胆怯地朝椅背缩了缩，听起来仍旧像是答非所问：“我想知道我的妻子是否可以原谅我，如果她原谅我，我就可以放心去死了，那样我就不怕见到她了。如果她不原谅，我只好继续活着，尽量延迟和她见面的时间。所以我给她写了一封信专门问这件事，”他像个正常人那样对我笑了笑，“这样，我就需要一个信差。”

点灯

文/罗斐

一座老宅，一对祖孙，

他们每晚点灯，把一切照得大亮。

我一直记得那个晚上，无论我在什么地方。

那晚暴雨如注，雨打瓦片怪声桀桀，到处黑得要命，只有老祖母提着的防风马灯，不紧不慢地映出昏黄的光。

看着老祖母严肃静穆的侧脸，再看看阴沉沉的远处，我的内心比以往哪次都害怕。从五岁到现在，三年了。虽然她总说再不带着我点灯，就没人会接着点了——这话听起来又沉重又辛酸——但我还是不喜欢每到天黑透，她就带着我在每条过道、每个房间倒油点灯。

而且，每次走在黑暗里，我总感觉有什么跟在了后头。那晚，我的脊背尤其发凉，终于忍不住叫了起来：“阿嬷，为什么我们要点那么多灯？这房子里又没有别人。”

老祖母立即转过头，狠狠地瞪我，我一下住了口。她的眼睛在老花镜里，是一种从未见过的警惕和严厉。

我们没再说任何话，依照老路线把三进宅院的所有油灯点了个遍。中间我哆嗦着手，竟是好几次没擦着火柴——我是那样急怕，老祖母却静静看着，没有任何帮忙的意思。

最后，在并没停歇的雨声中，我们沉默着回到房间，随后老祖母摘去了老花镜，拍拍床沿让我坐下。

“阿少”，她的面孔舒展开来，“不要怨阿嬷，阿嬷是为了你好。”

“为了我好？”我又委屈又困惑，“天天点那些破油灯，还死也不让我说话，有什么好？”

“嘘！不要乱说！”老祖母来捂我的嘴，三角眉皱了起来，之后揽过我，自己也躺在了木床上，“阿少，我给你讲个事。”

那是我第一次，也是唯一一次听老祖母讲起她的过去。

“我是从福州逃难到你们茂溪的，以前也是绸缎庄的小姐，上过几年学堂，18岁被卖了800块大洋嫁到你们罗家，之后再没见过我的亲人。

“你爷爷不是什么正经东西，你太公太婆却是好人，虽然没有大富大贵，但在那个世道，我也算过了几年好日子。

“自从嫁过来，一切都很好，我只有一点奇怪，就是为什么一到天黑，你太婆就要戴上眼镜点上油灯，照得到处大亮，连睡觉也不踏实。

“等我怀了你姑姑，你太婆就拉上我一起点灯了。一开始，你太婆反复叮嘱不让我说话，我也看她的眼色行事，没惹出什么岔子。但当年的我像你一样，有很多疑惑，最后还是没忍住问出了声，只是刚说第一个字，就被你太婆严厉制止了。

“回到房间后，你爷爷还没回来，我就坐在这张床上，听你太婆忧心忡忡地说——她也是听你太太婆说——不点灯，会死人；点灯开口，必有劫祸。

“说完你太婆就离开了，我心里发慌起来，觉得好像触犯了什么，但不知道报应会在哪里。

“后来，你姑姑才两岁就走了。她那么聪明，半岁就会走路，十个月就会说两种方言，走之前还会说阿妈不要哭。”

“姑姑？”我睁大了眼睛，“我居然有姑姑？那是报应到了她身上吗？怎么可能？”

老祖母叹了口气：“我也觉得不可能。至于你姑姑，也没什么好说的。总之，我那次说话以后，你们罗家似乎就走了下坡路，你太公太婆一个个都走了，你爷爷完全不管事，要不是有几个本家叔公帮忙，我一个女人家完全撑不下来。

“但我还是太累了，以至于有天晚上火柴用光了，没有心力再走一趟，剩下了三盏灯没点——”

听到这里，我一下紧张起来，下意识往老祖母身边凑，只听她继续道：“很快，你总是半夜回家的爷爷染了风寒又恶化成肺痨，不到半年就死了，剩下我和你爸爸，所有家产，几乎只剩这座老宅。”

“啊！怎么会这样？”此时一灯如豆，有光从房门顶上透出。我想象着当年的情景，再看周围，忽觉满是吓人的东西，忍不住心跳如擂：“怎么没点灯的后果那么可怕？那我今晚说了话，会不会爸爸妈妈也要死了？”

“我不知道，你爸妈不在这里，要报应，也该报应在我这把老骨头身上吧。”又叹了口气，老祖母为我掖上被子，“睡吧阿少，明天总会有太阳，有太阳就没事了。”

“阿嬷，你不会有事的。”我抱住了老祖母，“是阿少的错，阿少保护你。”

“傻孩子。”老祖母又是叹一口长气，轻拍着我，让我迷迷瞪瞪地睡了过去。

第二天，老祖母没有让我点灯，这让我不知所措。我惯性地跟她走到过道口，她却松开我的手，独自微驼着背一步步往前，只是走着走着忽然摔了一跤，老花镜都摔了出去。

我马上跑去扶她，老祖母却腾地爬起来抓过老花镜戴上，迅疾地转回头，挥手示意我离开。

我清楚地看见镜片裂了很长的一道，更加担心起来，老祖母却使劲打着手势，不得已，我一步三挪地回去了。

点灯的日子终于还是继续了，好像也没见什么报应。没两年，小镇开始了第一次城镇规划，老宅正在拆迁范围内，到了日子就被大锤铁锹之类拆成了废墟。一切都风平浪静，只有老祖母戴上老花镜，站在一堆砖块里说了些什么。

再后来，我们离开了小镇，和我爸妈团聚；更后来，由于种种原因，我和家里算是断了联系，最后扎根北京，只在老祖母奄奄一息时回去看了一眼。

但那不是最后一眼。

迷糊了的老祖母塞给了我她的老花镜，那是她给我唯一的遗物。

而在不久前，我忽然频繁梦见老祖母，她总在老宅里，阴郁地看着什么。我终于无法忍耐，回到了小镇，凭着童年的记忆，在晚上再次站在被拆掉的老宅原址上。

那里现在是一片操场，最靠里的地方，是嵌着零星几块青砖的山壁。

我戴上了曾被我好好收起的老花镜。

我看到了老祖母，她身边，并排了很多黑影。

夜影

文/宝树

一些不愿回忆的阴影，
一个无法言说的真相。

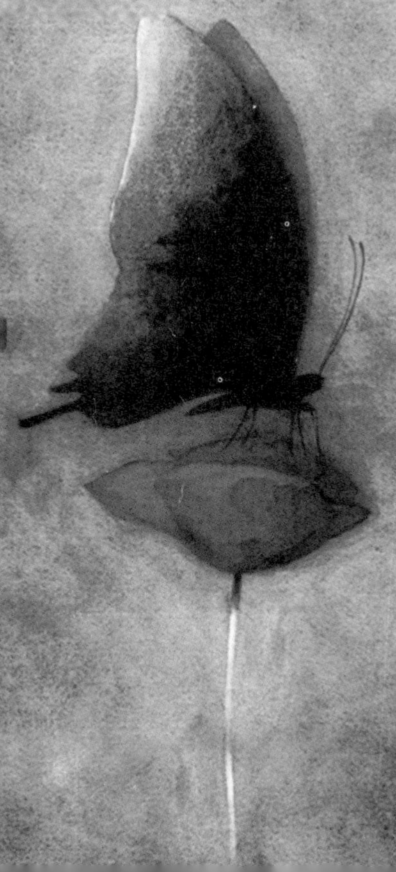

时间显示是凌晨两点半，前一天已结束，后一天未开始，时间断裂的地方。

昏暗的房间里，男人正在电脑前敲击着键盘，凝神做一份并不急需的报表。他知道现在就是上床也睡不着。那些他刻意不去想的记忆会在黑暗中袭来，啮啃他已千疮百孔的灵魂。

阿琳，阿琳。

窗外的街道上，一辆车驶过，一个熟悉的修长人影从背后投射到他面前的墙壁上，在远去的车灯照射下迅速被拉长，画出一条诡异的弧线。男人悚然一惊，猛地回头——

但是背后没有人，也没有别的什么东西，只有凄冷的四壁。物是人非，去年的结婚照还挂在墙上。他回过头，影子又消失了。

但他肯定自己没有看错，那是妻子的影子，他认得出她的身材和轮廓，甚至仿佛能认出她拂动的长发和衣裙。而这也不是第一次了，最近一个多月来，他经常能在半梦半醒间看到妻子的影子，听到隐约的脚步声，但却见不到任何人。他并不害怕，相反，却渴望能见到妻子。

“阿琳，真的是你？你……你是回来看我吗？”他激动万分，却没有听到回答。他没有开灯，生怕吓走了妻子的魂魄，却在房中四处查看，寻觅着蛛丝马迹。

他什么也没有发现，但当他走回到桌前，却赫然看到面前多了一样东西。

电脑前放着一副眼镜，一副新款细边半框眼镜，流线型的镜架造型十分别致，镜片在电脑荧幕下反射着淡淡的光。

他当然记得，那副眼镜是阿琳买给他的生日礼物，款式很漂亮，但却不容易戴牢。那天在路上开车的时候，眼镜腿不知怎么从他耳朵上滑掉了，掉在驾驶座底下，他眼前一片模糊。副驾上的阿琳说：“我帮你捡。”可是她够不着，他便自己弯下腰去，等抬起头时，看到对面一辆大货车冲过来……他的人生在瞬间支离破碎。

车子毁了，他没有事，甚至那副眼镜也没有坏，但妻子却永远离开了他，离开了这个世界，与他阴阳永隔。

他曾想毁掉这制造悲剧的眼镜，但它也是他和阿琳最后的联系，他实在舍不得毁掉，于是不知塞在什么角落里——只是它怎么又会出现在桌上？

阿琳，你是想告诉我什么吗？他想着，拿起眼镜仔细端详。他很快发现，镜片不只反射着电脑的光，还像夜明珠一样自己发光，一种奇异的光芒从镜片中隐隐渗了出来。

难道阿琳的魂附在了这副眼镜上？他的心怦怦乱跳起来，将眼镜戴上，只觉得眼前一下变得分外光芒夺目，睁不开眼。

等他适应了光线，才看到整个房间变了模样。房里亮着落地灯，沐浴在温暖的光线中，许多他收起来的妻子的照片和遗物都出现在房间里，他还听到了妻子爱听的小提琴曲……

灯下，那个影子又出现了，这次稳定地停留在他面前的墙壁上。男人深深吸了口气，回过了头。

他看到了心爱的妻子，珠泪莹然，玉容清减，站在他面前。

“老公，我好想你……”他听到妻子喃喃说。他颤抖着伸出手，想要抚摸她。还没等他反应过来，阿琳就向前几步，笔直地穿过他的身体，在椅子上坐了下来，拿起了桌上的什么东西，轻轻抚摸着。他好不容易才认出，那是一副眼镜，一副已经烧得焦黑、只剩下框架的眼镜，流线型的镜框仍然醒目。

“这……这副眼镜是？”他吃惊地看着妻子，但是，是不是少了些什么？

她纤细的影子在灯光下长映在墙上，显得分外孤独。他猛然明白过来，他分明在阿琳背后，但只有她的影子，没有他的，一点也没有。

鹏性淫毒，一出，诸牝悉避去。遇蛮妇，辄啄而求合。土人束草人，绛衣簪花其上，鹏嬲之不置，精溢其上。采之，……以御妇人，得气愈劲。

——谈孺木《枣林杂俎》

木雕

文/锦翼

平头是平平常常的木头
可做板凳，可当房梁，可雕龙，可画凤，
要说它有什么稀奇，却是——
它被雕成了绝世美女，
能让一只淫毒的鸟儿死去，
甚至——甚至牵出别的奇事

227

木雕

1973年，我高中毕业没能被推荐上大学，只能回家结婚。媳妇是全镇最有名的铁姑娘，胳膊比我腿都粗，媒人说你们俩一文一武，般配。结婚前三天，我爹却有点担心地说，你这文化在地里没用，在床上估计也没用，你媳妇半夜在被窝里要骂咱们家祖宗呢，让硬爷给你看看吧。

硬爷当年是我们镇上最受人尊敬的人，他能配一种非常神奇的药，隔空闻一闻就能让人满面春风，吃下一点，随心所欲。

现在不行了，硬爷那点东西现在成了四旧，硬爷也被天天批斗，还有的说他们家当年是大资本家大地主，谁也不敢上硬爷家去了，硬爷成了“软”爷，见谁都赔笑。

这一天硬爷刚挨了批斗。半夜里，爹让我拎一只鸡去拜访硬爷。到硬爷家门口不敢喊门，直接翻墙进去，走到房门口，先听见一阵咳嗽，有人哭着说，我死以后，你可怎么办啊？这是硬爷的声音。隔着门缝向里看去，硬爷躺在床上，他身边站着一个人，虽然背对着我，但身无寸缕，从轮廓就能看出来是一个女人，还是个年轻的女人。硬爷虽然成就了无数婚姻，他却是孤苦伶仃的一个人，以至于批斗他时，别人就会骂他是手电筒，只能给别人照亮。难道硬爷搞破鞋？我吃惊地“啊”了一声。

里面安静了一下，硬爷说进来吧。我只好硬着头皮推门进去，硬爷从床上坐了起来，那个女人已经钻到了被窝里，面朝里躺在炕上。

我喊了一声爷，问：“她是谁啊？”

“我老婆。”硬爷将床上那人的身子扳过来，我差点蹦起来——这个女人太漂亮了，我从来没有见过这么漂亮的女人，年纪不过20岁，一切美到了极致，看一眼就让人舍不得错开眼神。

硬爷突然将这女子的身体扳了过去，一连串地咳嗽着，半天才说：“我快要死了，给你讲讲我的故事吧，将来也好有人知道我从哪里来。

我本名叫应三，原本是广东人，是个木匠。民国那会儿广州城的首富伍荣坤家里为儿子公开选媳妇，应征者美女如云。他们家同时还为儿子造了一处宅子，也要聘一些木匠，我就去应聘了。

去应聘的有100多人，管家给每个木匠一块木头，让我们对着一位少女雕刻。雕刻完毕，走来300个少女，每人拿着一朵花，管家让她们细看这些木雕，将花放在最喜欢的木雕上。你知道结果是什么吗？嘿嘿，300朵花，有270朵放到了我的木雕上。

管家宣布，除我之外都可以回去了。

当天晚上，一个老妈子领我进了一间宽大的房子，白天那三百个美女竟然全部赤身裸体站在那里。老妈子让我细致地观察她们每一个人，判断她们身上最美的地方，然后吸取她们每个人身上的优点雕刻出一个女子来。我就这样和这些裸体少女在一起生活了半年，我对她们每个人每寸肌肤都了若指掌，一个绝美的佳人在我心中呼之欲出了。伍家少爷亲自给我一根上好檀木，我13天没有合眼，将这个少女的容貌一气呵成呈现在檀木上。最后一刀雕刻完毕，就倒在地上昏了过去。

后来我醒过来，听说少爷带着木雕去了缅甸，这时我才知道伍家所谓征婚、营造宅院都是假的，他们的真正用意是为少爷治病——因为伍家少爷天生那方面不行，根本无法为伍家传宗接代，看了许多名医都无济于事，最后一个来自缅甸的僧人说只有鸮鹏精血能治少爷的病。

硬爷说到这里，压低了声音说，鸮鹏是缅甸的一种鸟儿，许多古代黄书上都提到过一种能让人房中快乐的东西——缅铃，据说就是用这种鸟的精血制成。其实那些书上说得不对，他们把鸮鹏当成了大鹏鸟，说随便扎个草人披上女人的衣服就能勾引鸮鹏过来，其实都是以讹传讹。这种鸟儿固然好淫，但是如果不是至美之色，是引不出来的。所以伍家才会集300个美女的精华雕刻成一个美女。我那雕刻已经到了尽善尽美的地步，少爷为这木雕取名若水，就因为它像水一样上善。

缅甸僧带着少爷及其家丁到缅甸深山，将若水放在密林中，他们隐藏在一边观看。没过一会，众人忽觉头顶有疾风掠过，抬头看去，一只通体黑色的大鸟飞来。这鸟双翅展开犹如小半个树冠，头和人头一样大小，长喙盈尺，看起来十分凶狠霸道。缅甸僧说这就是鸮鹏。鸮鹏围着若水看了一阵，咕咕叫了两声，飞落在若水身上，将它扑倒在地，在它身上走来走去，却无实际行动。缅甸僧突然明白过来，骂了一声，这是一只母鸮鹏。

就在这时天上两声清啸，一只体型稍大的鸮鹏直冲而下，长喙如剑直逼那母鸮鹏，母鸮鹏低鸣一声，急速飞去。缅甸僧高兴地说终于来了一只公的。鸮鹏飞到若水身边，显然被它的美艳所惊，低头凝视，挥翅扇走若水身上的枯叶等物，又拿头去蹭，十分亲昵。最终这鸟儿骑在若水身上，过了一会，它再起来，若水身上滚动着一些晶莹剔透的小珠子。家丁要出去驱赶这鸮鹏，缅甸僧却让大家只管看着。

鸮鹏成其好事却不离开，依偎在这若水身边，一直到天黑，缅甸僧让大家只管睡觉。到了第二天大家再去看，那鸮鹏竟然趴在若水身上一动不动了。家丁将它抬开，这鸟儿已经死去了，若水身上布满了那种晶莹的小珠子，四周地上也全是。众人这才明白过来这鸟儿居然一夜风流无间歇，最后终于身亡。

“能让一只淫毒的鸟儿死去，若水该是多么漂亮啊！”硬爷感叹，眼睛里泛出柔情，回头去看了一眼躺在床上的女子，这应该就是那木雕了。但我却听出了不对，疑惑地说：“爷，你应该告诉那些批斗的人你是木匠，不是资本家，给他们亮一手木匠绝活。”

硬爷顿时沉默，过了一会儿，他叹口气说：“我还怕什么呢？都快死的人了。”他又看我一眼，下定决心说道，“我不是木匠，我就是伍家少爷，那木匠雕刻完若水，耗尽精力就死掉了。后来鸮鹏精血制成了药物，就是我现在给大家的这些药，真的非常灵验。但对我却没有用，对着那些女人，我就会想起若水，一想起若水，我就觉得那些女子很丑，很脏，然后我就……我觉得若水才是我最喜欢的女人，只有面对若水我才是个男人。我爹全国悬赏找这样的女子，但世上哪有这样尽善尽美的女人呢。于是——我就娶了若水。

“后来日本人占了广州，我父亲散尽家财支持抗日，我全家被日寇所杀，只有我贪生怕死带着若水和当年配置的药物来到这个镇上住下来。”

硬爷说完，又是一阵咳嗽，递给我一个药盒说：“其实也没多少了，你留着吧，只求你别将若水的事情说出去，等我死后，偷偷将若水与我合葬。”

我拿着药回到了家，三天后我就结婚了。新婚之夜，我吃下了一点那个药，虽然我激情澎湃，但望着山一样壮的新娘，我却如何也提不起精神，我满脑子都是若水。这个铁姑娘在被窝里从我祖宗八代一口气骂到我老爹。

后来不到半年硬爷就死了，我和爹偷偷将他埋了，当晚我来到硬爷家里，找到若水……我来到硬爷坟前，给他磕头说：“硬爷，你死了，可若水还活着，我会照顾好若水的。”

异兽

文/闲云归路

负猫

文/王雨辰

江东之女

文/原枕河

录鬼簿

文/阿丑

志怪篇

异兽

文/闲云归路

治疗背疼的偏方，
竟是一只不为人知的动物。
“兽”到病除的背后，
也许更让人绝望。

233

异兽

大学毕业之后，我在一家网络公司找了一份程序员的工作，因为长期熬夜，再加上坐姿不良，后背每个月都要疼上几天。去医院检查了一下，医生也没说出什么具体的病症，只是简单地开了几服药。这些药刚开始还有点用，后来我不知是产生了抗药性还是怎么了，不但毫无作用，后背疼反而变本加厉，每次都疼得我不敢弯腰。

星期六这天，后背又开始隐隐作痛，没有办法，我只好去医院拿药，并让医生加大了剂量。

回去的路上，一个从没见过的老头儿忽然拦住了我。老头儿看看四周，压低嗓音说："小伙子，我看你从医院出来，所以过来问一下，你得的是什么病啊？"

我有些明白过来。医院周围经常聚集着一批人，专门引诱患者到自己的门诊看病，也就是所谓的"医托"了。

老头儿继续说道："小伙子，我是一个老中医，退休在家开了一个小门诊，专门治疗各种疑难杂症，你要是有兴趣，可以来试试。"我不太相信这些医托，老头儿的形象也让我心里有些打鼓，当下摆摆手，快步离开。但老头儿并没有放弃，紧追几步，忽然身体一个趔趄，我急忙伸手扶住他。

老头儿剧烈地咳嗽几声，喘着粗气说："小伙子，你相信我，治不好我不收你钱。"

老头儿的神情几近乞求，我恻隐心起，转念一想，也许真有什么治疗背疼的偏方，反正医院开的药也没什么用，不妨一试。想到这里，我点点头说："好吧。"

十几分钟的路程之后，我们到达一个小区。小区看上去有些历史了，斑驳的围墙上长满青草，楼房也很破旧，很多楼房连个防盗窗户都没有。门口立着一个小传达室，玻璃碎裂，里面空空如也。

老头儿的家在3号楼的一层。走进去的时候，我有些吃惊。里面的装修虽然简单，却并不符合老年人的风格，反而透着一股运动、时尚的气息。

客厅的一角堆放着两个篮球和一双滑冰鞋，透过卧室虚掩的门，可以看到墙壁上贴着一张樱木花道的海报，海报下面是一张大写字台，写字台上是一台台式的液晶电脑。

未及深想，我的目光很快被房间里另一个东西所吸引。在靠近阳台的地方挂着一个小巧的笼子，笼子里是一只我从没见过的动物。它外形有点像是刚出生没几天的松鼠，但头上却长有犄角，身上布满的不是绒毛，而似乎是某种类似触须的东西。它静静地趴在笼子里，一动不动，似乎很虚弱的样子。

这是什么怪物？我凑上前仔细地打量着。

这个时候，我忽然发现老头儿已经站在我身边，眼睛紧紧地盯着我。我意识到自己的失态，急忙收回目光。老头儿却笑笑，说："没事，看吧！"我感到好奇，问道："这是什么动物？"

老头儿闻言一滞，目光一滞，望向别处，淡淡地说："我也不清楚，一个朋友送的。"我又看了那动物一眼，开玩笑说这可能是某个新物种吧，卖给研究所或者动物收藏家，说不定能赚一笔。

老头儿却忽然面色大变，怒目直瞪着我。我没想到一句玩笑话引发了他这么大的反应，急忙转移话题说："快给我看病吧！"

老头儿简单地询问了一下我的病情，我双手比划着回答得很仔细，老头儿却听得心不在焉，目光游移不定，似乎有什么心事。

描述完毕，老头儿自抽屉中拿出一包膏药，撕下一片，贴在我的后背上，然后说："十分钟之后就不会痛了。"

等待的时间里，老头儿起身去了厕所，奇怪的是进厕所之前，他却绕远到阳台处有意无意地打了那笼子一下。

我百无聊赖，开始打量整个房间。

在客厅的一角立着一个酒柜，里面装满了各种啤酒和葡萄酒。我哑然失笑——这老头儿还挺会享受。下面的一角有一张框起来的照片，照片里是一个二十多岁的年轻人，面带笑容，神采飞扬，看模样跟老头儿有几分相似，大概是他的孙子吧。

环绕一圈，忽然发现笼子里的小怪物已经站起来，眼睛一动不动，好奇地看着我。我冲它摇摇手。

小怪物似乎并不认生，上前两步，冲我伸伸舌头，咂了几下嘴，样子十分可爱。

我逗弄它几下，忽然生出一个想法：如果现在我带着这小东西离开，老头儿肯定找不着我，而且这小东西模样可爱，奇形怪状，估计能卖不少钱。

想着想着，我竟然陷入了这个想法，思绪有些恍惚起来。

突然一声咳嗽，一只手搭在我肩上，我蓦地惊醒过来。老头儿已经从厕所出来，重新坐在对面的沙发上。我感到头有些晕，同时微感抱歉，冲他一笑。

老头儿看了一眼笼子里的小东西，问道："背怎么样了，还疼吗？"

我这时候才意识到背已经完全没有疼痛的感觉了，我不敢相信地摸了摸后背。难道真遇到了神医？但老头儿却没有什么高兴的表现，神情淡然，竟仿佛有些落寞。

我试探着问："这得多少钱啊？"

老头儿深深地看我一眼，忽然摆摆手，说："算了，你我也算有缘，不收你钱了。"

我有些摸不着头脑。费尽心思把我拉来，看完病却分文不收。

老头儿看上去没有精神病的迹象，也不像是在开玩笑，那这是什么意思？我懒得多想，不要钱岂不更好，于是道一声谢，起身离开。临走前，我趁老头儿不注意，偷偷顺了几片膏药藏在手中。

笼子里的小东西已经重新躺下，身上的触须似乎发出淡蓝色的光芒。

回去的路上，我微微有些头晕，但后背恢复了，让我心情大好。

回到家中，我掏出膏药，迫不及待地向父亲推荐。父亲患有多年的腰椎间盘突出，犯起病来，时常疼得龇牙咧嘴。为此全家求医问药，却收效甚微。我一边帮他贴药，一边描述今天的神奇经历。父亲半信半疑，怀疑我是不是碰到了骗子。

我把膏药贴好，说："十分钟之后，您就知道了。"

奇怪的是，十分钟之后，父亲并无变好的感觉。我想可能是因为父亲体质较弱，恢复的时间要长一些。可是又等了半个多小时，还是没有变好的迹象。父亲已经失去耐心，揭下膏药，气哼哼地走了。

同样的药，为什么会有不同的结果呢？

想来想去，毫无头绪，我把剩下的几片膏药随手丢进抽屉，很快将之抛诸脑后。

时间流逝，很快半个月过去了。

一天晚上，我正伏案工作，忽然感觉后背一阵不适，还未及反应，巨大的疼痛感迅速将我淹没。这该死的后背，怎么又疼起来了，而且似乎时间也提前了。我强忍着疼痛打开抽屉，找出剩余的那几片膏药，拆开一片贴在后背上。

可是，过了半个小时，疼痛非但没有减轻，反而变得更加厉害了。

“他妈的！”我一面咒骂着，一面掏出从医院买来的中药，赶紧煎了喝下一些，躺倒在床上。

第二天上午，疼痛并无缓解的迹象，我只好请了一天的假。医院的药没什么效果，这样下去不是办法，思前想后，我认为还得去找那个古怪的老头子。但愿他没有发现我偷他的药。半个小时后，我已经到达老头儿所在的小区，但敲门之后却并无回应，老头儿不在家。

我一时没了主意，接下来该怎么办?

环视周围，忽然发现房屋的窗户有一扇似乎有些凸起，我上前一拉，竟然打开了。

这是一间卧室，被子散乱地堆在床上，写字台上的电脑开着，旁边放着一盒尚未吃完的方便面。卧室的门并没有关，能一直看到客厅里。

我叹口气，关好窗户准备离开，不知为何，脑海里忽然浮现那只小怪兽的影像。

邪念一闪而过。

四周静悄悄的，没有半个人影。

我犹豫片刻，最终咬咬牙，小心地打开窗户，闪身而入，又转身迅速关好。心像是要跳出来，我顾不上思考，直接冲到客厅。同样的位置，小东西乖巧地趴在笼子里，似已熟睡。我冲上去一把抓起笼子，飞快地冲到窗边。

翻出窗户，我已紧张得手心冒汗。还未等喘息，远远地，忽然有两个人影正向这里走过来。

等看清来人，我大惊失色。那两个人中有一个赫然就是那个看病的老头儿，只是半月不见，他似乎更加苍老了，拄着拐杖，走路已经有些颤巍巍，正向旁边那人比划着什么。

我趁他们没注意，小心地关好窗户，闪身到一棵大树后，向另一个方向迅速逃离。

回去的路上，我脱下外衣罩住笼子，这小东西的模样实在是太惹眼了。

回到家中，我悄悄溜进卧室，小心翼翼地拿下外衣。

小家伙已经惊醒，伸了伸懒腰，好奇地看着新环境。我搓着双手，心里满是兴奋。上次在老头儿家里没能仔细观察，一直是个遗憾，这次我凑近笼子仔细地打量着它。小家伙的目光转向我，竟似乎有些意外的兴奋，上前一步，一动不动地瞪着我。彼此对视中，我的意识忽然变得恍惚，头也开始眩晕起来。

不知是不是因为刚才太紧张的缘故。

不知过了多久，母亲喊我吃饭的声音响起，我蓦然一惊，仿佛从沉睡中醒来。

我手忙脚乱地想把笼子藏起来，但是未及动作，门已推开，母亲走了进来。

小家伙奇怪的样子可能吓住了母亲，以至于她惊恐地叫出声来。听到声音，父亲不知发生了什么事，拎着棍子冲了进来。

母亲的声音已经有些发抖，指着笼子问："这……这是什么……鬼东西？"

看到笼子里的小家伙，父亲也是满脸惊奇。小家伙非但没有害怕，反而霍地站起，上前两步，眼睛直视着我的父母。我不知该如何解释，慌乱中，忽然感到一丝若有若无的诡异。父母的眼神跟平常不太一样，看上去似乎有些呆滞。

是我太紧张了吗？双方似乎都僵住了，许久都没有任何动作。我莫名地感到害怕，试探着推了推父亲。父亲目光迷离，仿佛大梦初醒。

我问道："您没事吧？"

父亲手摸着头说："有点头晕。"刚说完，身子一晃，差点摔倒。

我急忙扶他坐下。回头看见母亲，诡异的感觉忽然更加强烈。

母亲保持原来的姿势，一动不动，对我们的对话竟恍若未闻。

小家伙却反而更加精神，眼睛直视着母亲，目光炯炯，身上的触须也开始发出淡蓝色的光芒。

我急忙扶母亲坐下，转身扯块毛巾罩在笼子上。

父母不久便恢复过来。他们问起刚才的小东西，我找了个理由搪塞了过去，只说是变异了的小动物，同事送的。父亲还想继续追问，我推说肚子饿了，先吃饭吧。

吃饭的时候，父亲又谈论起各种新闻，这是他的老习惯。他先说起最近城市里发现一些衰老得很快的人，接着又开始大骂现在的生存环境问题。

我有一搭没一搭地听着，脑子里全是那古怪的小东西：怪异的模样，莫名其妙的眩晕，还有那时隐时现的淡蓝色光芒，这到底是什么东西？

晚饭过后，父母的注意力已经转移到电视剧上。我回到卧室，犹豫片刻，小心地掀起毛巾的一角，发现小东西乖巧地趴在笼子里，似乎已睡着了。

我不知它喜欢吃什么，只是每天掀开毛巾往笼子里扔一些面包之类的东西，又迅速盖上。但是据我偷偷观察，它似乎并不喜欢吃这些东西，连看都不看一眼，整天没精打采地趴在笼子里。

一个下午，我回到家中，发现笼子摆放在客厅的茶几上，毛巾揭下，小东西闭目蜷成一团，整个身体笼罩在淡蓝色的光芒下，父亲则倒在一边的沙发上。

我急忙上前扶起父亲，责备他不该睡在这里。

父亲笑笑："人老了就这样，刚才我还想喂喂这小东西，没想到就睡过去了。"

我一边埋怨着，一边忽然感觉有些不对劲。我仔细看了看父亲的脸，心底一颤。父亲好像……忽然老了许多。

十分钟以后，我已经拎着笼子站在老头儿的门前。这个东西充满了古怪，远不是我想的那么简单。门虚掩着，里面悄无声息，我推开走进去。屋里弥漫着一股古怪难闻的恶臭。

我招呼了一声："有人吗？"

没有回应，屋子里回荡着我自己的声音。

老头儿没在家，我思忖着要不要等他回来。

正犹豫间，卧室的方向忽然传来一声异响，我心里一惊，小心翼翼地走过去。随着距离的接近，恶臭的味道越来越浓烈。门半掩着，我伸手轻轻推开。

一个老人静静地躺在床上，满脸病容，奄奄一息。

仔细打量下，正是那个古怪神秘的老头儿，虽只有一月未见，可他的样子竟仿佛比原来老了十几岁。

他看看我，又看看我手中的笼子，挣扎着想站起来，但身体已不听使唤，几次努力之后，他苦笑一声，说：“我还担心自己等不到你了！”

我放下笼子，打开窗户，然后把老头儿扶起来。

新鲜的空气涌进来，老头儿深深地吸一口气，又缓缓吐出。

我指着笼子，说：“我想知道这是个什么东西。”

老头儿目光转向笼子，神情忽然变得很奇怪，仿佛是仇恨，又仿佛充满敬仰。许久之后，他缓缓吐出一句：“它既是天使，又是恶魔！”

这句话我听不懂。

老头儿似乎陷入了回忆，长出一口气，接着说道：“五年前，我得了一种病，发起病来，全身疼痛难忍，吃了很多药都没有效。一天几次发病，几乎让我崩溃，我不堪忍受，于是想到了自杀。但是每当我下定决心要死去的时候，却又想到人生的美好，想到就这样死了，真是不值得。每天处在这两种想法之中，人都快要疯了。好在天无绝人之路，有一次，我去医院拿药的时候，遇到一个老头儿，他说能治好我的病。起初我并不相信，但他说得信誓旦旦，我于是动了心，决定一试，最后，果然药到病除。在他的房间里，我第一次看到了这个东西。”

老头儿指了指笼子，剧烈地咳嗽起来。

我听得后背发凉，这个故事跟我的经历几乎一模一样。

老头儿喘息平复，继续说道：“尝到了甜头之后，每次发病，我都会去找他。多次之后，我发现了他的秘密——所有的一切都跟这个东西有关。我生起邪心，认为这是个无价之宝，于是趁他不备，偷偷带走。但是没过多久，我便发现自己身体所发生的奇怪变化。迫不得已，我只好又回去找到那个老头儿，在我的再三追问之下，他终于吐露实情，告诉了我他的故事……”

我问：“什么故事？”

老头儿忽然悲戚地一笑，缓缓说道：“和我的故事几乎一模一样。”

我不知该说什么，全身的冷汗一点点渗出来。

老头儿盯着笼子，许久说道："我刚开始以为这东西能够治病，但是后来才明白，它吸走的不是疾病，而是你生病的这段时间。"

我不明白，问道："时间？"

老头儿抬起头，说："那是它的食物。"

我越听越糊涂了。

老头继续解释："它吸走你的时间，并把未来的不生病的你带到现在，但是未来的你在现实中的存在却并不稳定，会以几倍于以前的速度老去，而且吸收越多，老得越快……"

我瞪大眼，打断他："你是说，现在的你我……都是未来的自己？"

老头儿脸上忽然浮起难以言喻的痛苦之色，他颤抖着伸出一只手指向客厅，顺着他的方向，我看到了酒柜上的那张照片，照片上的年轻人神采飞扬，风华正茂。

老头儿的眼泪已经流下来："照片上的那个人……就是我！"

我深吸一口气，强迫自己冷静下来，问道："这个东西是怎么来的？地球上有这样的生物吗？"

老头儿苦笑："没有人知道它是什么东西，也没有人知道它活了多久，从我接手之后一直到现在，它还是我刚开始时看到的那个样子，没有任何变化。"

我不知该说什么，整件事已经超出我所认识的这个世界的范畴。

许久，老头儿恢复平静，说："其实，我虽然恨它，却也离不开它，它让我加速走向死亡，却帮我解除了痛苦。为了让自己多活几年，我只好……只好让它吸别人的时间作为食物。我……我对不起你，对不起很多人，是我害了你们！"

我不知该责怪谁，是老头儿别有心机，还有我咎由自取？

半晌之后，我站起身，盯着笼子说："不管它是什么东西，我今天就结果了这个怪物！"

老头儿忽然大惊，阻止道："千万不能！"

我不明所以，问："为什么？"

老头儿面露痛苦之色："它一死，所有被它吸过时间的人都会立刻消失。它的存在维系着未来的我们在这个世界的存在。”

我瞪大眼睛，半晌问道：“你的意思是说，我不但不能杀它，还得保护它，喂养它，不能让它死去？”

老头儿点点头。

我呆立无言，忽然感觉这真是一个巨大的讽刺。

老头儿自顾自说道：“它盯着你的眼睛，把你的时间吸走，转化成自身需要的能量，来维持自己的生命。在这个过程中，你会有短暂的眩晕，大脑也会暂时失去意识，但是中间只要有人将你唤醒，就可以阻止它。”

我回忆起这几天的经历，终于明白了那些奇怪的现象。老头儿沉默半晌，双手拿过笼子，放在面前。我惊奇地看着他，不明白他要干什么。

老头儿嘴角滑过一丝悲伤的微笑：“其实想想也很公平，它帮我解除痛苦，我用时间喂养它，我只是错在不该把更多的人牵扯进来……现在，我已经快不行了，就把这仅余的时间送给它，算是对你微小的补偿，也算是一种痛苦的解脱吧……”

说罢，老头儿揭下毛巾，轻拍几下笼子。小怪物惊醒，上前几步，眼睛直瞪着老头儿的双眼。我站在原地，不知该不该阻止，犹豫片刻，最终还是别过脸去。

半晌之后，老头儿已经停止了呼吸。小怪物的身体笼罩在一片淡淡的光芒之下，心满意足地舔舔嘴，重新躺下。

回到家中的时候，已是深夜，父母早就睡下。我躺在床上，一夜未眠。

第二天上午，我辞了职，瞒着父母在外面租了一套房子，并把小东西放在了客厅的中央。

下午，我来到了市立医院的门口。

此时已是深秋，天气逐渐变凉，人们开始不愿意出门。大街上行人寥寥，但医院门口却依然热闹。医院是个尴尬的存在，它为人们解除痛苦，人们离不开它，但同时却又很讨厌它。

络绎不绝的人群中，一个年轻人面露痛苦之色走出医院。

我快速迎上前去，低声问道：“哥们儿，你得的是什么病啊？”

负猫

文/王雨辰

村子里不养猫，可这十来年，春生家每晚
都有若有似无的猫叫声，
每天早晨整栋房子到处都是猫的爪痕。
这天早上，四叔还神神秘秘地让春生给周
老师带话："负猫来了。"
负猫来做什么，为什么而来？

243

负猫

听街口的缺牙阿婆絮叨，昨天黄昏的时候，太阳披着晚霞落山的方向来了个外乡人。20岁不到，年轻的后生，长得干净，像是城里人，身上背着草绿色的挎包。

听街尾的瞎子阿炳嚷，昨晚上听到猫叫，怪里怪气的。都入秋了，按理不该这般叫唤，谈不上凄厉，可听着又不太舒服，结果把所有的狗都叫起来，吵死了。

所以说，昨天来了一人一猫。

我早上起床，准备收拾东西——书、文具、咸菜，还有两斤香肠。香肠是带给老师的，周老师不收任何东西，人家是名牌大学的毕业生，来这里教书快20年，手上送走几十号大学生了。每次回家，爹都让我争气些，但读书这东西也不是想就行的。周老师好吃腊味，今儿个是他生日，所以娘特意做了两斤叫我给他带去，我们家也就一年三节才吃，虽不至于像马六家穷得连过年的饺子都得去赊肉，但供我读高中还是挺吃力的。

鸡叫头遍的时候我就醒了，但我没收拾昨晚还没收好的衣服，而是赤着脚，厉声高喊起来。我娘披着头发冲出来，差点扇我一耳刮子。

“叫，叫魂啊，你爹和你奶还没醒呢，当心起来给你一棍子。”

我几乎喘不过气来，憋得难受，过了好几秒才拉着娘跑到房间里。娘也吓得“啊”了一声说不出话来。

随后爹也醒了，骂骂咧咧地走过来，同样呆住了。

“又来了？”爹这样说着，搔着头，蹲了下来。每次遇到无法解决的事，他都会有这种习惯性的动作。

“他爹，这次没办法了啊。我还是去找个人到县里请个先生来瞧瞧吧，再这样下去没法住人了。”娘拢了拢头发，家里出大事的时候还是娘比较有主意。

爹抱着头不说话，半晌才“嗯”了一声，犹如放了个闷屁。

“家里的事不用你管。”爹和娘这样说道。确实，这个潮湿无光的房子我一个月最多回来一次，对我而言学校里的八人间寝室倒更像是家。

背上书包，我得去赶我们本家四叔拉砖的拖拉机。四叔弄了个土砖厂，生意还不错。大概因为日子好了，村子里盖房的人也多了起来。

如果没搭上四叔的拖拉机，我可能得走好几个小时。四叔很乐意送我上学，他时常特意将拖拉机开到我家门前，大声按着喇叭催促我。

“春生啊，你知道村子里来了个人吗？”我抬起头望着被四叔笔直如刀的肩膀削成一片片的阳光，闷声说：“没。”

“那你昨晚听到了猫叫没？”四叔又问道。

这个我真的听到了，应该说全村都听到了，我只好说：“是。”

“我寻思这不是好兆头，我们村里人从来不养猫，春生你该知道吧？”四叔咳嗽了两下。

我早就知道了，但我真不知道为什么早上起来家里又出那种事，而今天四叔的语气又如此奇怪。车子一路颠簸，四叔和我有一搭没一搭地聊着，完全没有平日里铿锵有力的语气，仿佛饿了数天一般。今天的旅途格外漫长，以前在四叔爽朗的笑声中眨眼就到学校了，这次我却感觉过了这么久才走了三分之一。我无聊地望着村路的两边，刚刚割过麦子，光秃秃的，有些荒凉。

突然，眼前一道白影儿闪过，我好像看到什么活物从田里窜过去，因为和我们前进的方向相反，根本来不及看清楚。我使劲儿闭了闭眼睛，再睁开一看，那东西居然反过身跟着拖拉机跑过来。

那是一只巨大的白猫，乡下不可能有这种猫。我从书上知道，这种猫都是观赏猫，别说我们，就是县里也没几个人养，那是大城市里才有的，而且不会在街上溜达，都是被抱在怀里的，也绝对不可能有这么大。如果不是毛色原因我差点以为是猞猁之类的动物。那猫很干净，四条腿修长。我视力极好，但在它身上几乎看不到毛发的痕迹，仿佛是一整块白色的皮革裹在身体上，光滑细腻如绸缎。它犹如一只小狮子，粗壮的尾巴竖立在后面，很轻松地追赶着拖拉机。

我差点叫出声来，但是跑了一会儿它停止了，坐下来盯着我。我和它的距离越来越远，我想叫四叔停下来但又不敢，只能眼睁睁看着大猫慢慢变成一个白色的小点儿。

这是我人生旅途上最有意思的一次遭遇。从小时候起我就经常做梦，梦见一只猫，我看不清颜色，看不清模样，但很清楚地感觉到那是只猫。

因为那温柔的叫声和手指柔软的触感。我们村子不养猫，从我记事起我就知道了。但今天，不，应该说这十年来，经常早上起来都能看到我们家四处有被猫抓过的痕迹，准确地说那种破坏力像是一大群猫干的——墙纸、衣物，甚至木桌椅都是爪痕。

可怕的是，我们晚上睡得如死猪一般，一丁点声音都听不到。

所以娘才说去喊人，请一些通晓那种东西，可以和另一个世界沟通的人。我一直对这种事有着好奇，觉得很神秘，但老师和书本又教导我说这些都是封建迷信，是糟粕，要相信科学。我很矛盾，但这些东西确实没法用科学解释，起码我的科学不行。

也许周老师的可以。

“春生啊，看到周老师也记得帮我问句，什么时候来村子看看，就说负猫又来了。”四叔突然说道。

负猫？我第一次听到，这是一种猫的名字吗？我想问，但四叔却一副啥也不说的样子。拖拉机颤动着将我送到学校门前，我蹦下车和四叔道别，跑进学校。

中午的时候，周老师过来了。因为都是来自一个村子，我们经常一起吃饭。吃饭的时候我会告诉他自己的学习情况，他也问问我村子里的收成年景，和平时几乎一样的场景、对白。

“对了，我四叔托我告诉你一句话。”我突然想了起来。

周老师抬起头，额头上数道深深的褶皱，他把嘴里的饭咽下去。

“说。”

“我四叔说，叫您有空儿回村子一趟，他说负猫来了。”

话才出口，那一刹那我以为自己眼花了。

周老师的长脸突然扭曲起来，抓着铝饭盒的手明显在抖动。他似乎怕自己把饭盒给打了，立即放在桌子上，接着低头摘下眼镜，用淡蓝色的衬衣角擦拭着。

吃饭前他分明擦过了。

擦了好久他才重新戴上，脸色舒缓不少，但仿佛身体被突然间抽掉了什么东西似的。

“你四叔还说什么了？”

“没了。”

“你们村子最近出什么事了吗？”

“听说来了个陌生的年轻人，不像当地人，穿得很整齐，像从大城市里来的，而且村子里一只猫也没有，但昨晚上却听到了很多声猫叫。”

周老师机械地点点头。

“春生，下午放学后别去上晚自习了，我带你坐汽车回去。”周老师用汤匙在饭碗上敲了几下。

我愣了，今天才刚到学校晚上就回去？

“我四叔的意思是说你得空儿回去，不用这么急……”

“不，今晚就去，我到你家吃饭。”周老师干笑了下。我还想说些什么，但他已经开始扒拉饭不理我了。

下午的课我上得昏昏欲睡，满脑子都想着早上的房间、四叔的话、麦田里的猫和周老师那干笑的脸。

天沉得厉害，像要下雨。下课后我没和室友一起回寝室，而是背了书包来到校门口，周老师提着一个塑料袋早就在等着我，见我来了就把没抽完的烟丢在地上：“我们走。”

车票是老师掏的钱，我紧紧贴着他坐在车上。汽车开不进村子，下车还得走上半小时。这时候天几乎全黑了，我和老师肩并肩走在小路上，天高地阔，没有其他活物。迎着冷风，我打了个喷嚏，转头的时候看到两盏绿油油的灯在远处晃动着。

不对，那是一对眼睛，猫科动物的眼睛。这里没有老虎更不可能有狮子，山猫、猞猁这种也只有山林里才有。可是，猫的眼睛能那么大吗？我看不到猫的身躯，只觉得那对眼睛始终盯着我们，紧紧跟在身后。

“周老师……”我有点儿害怕，声音打着战。

“我看到了，别理它，往前走，很快就到村子了。”周老师突然攥着我的手，步子迈得更急起来。我几乎被他拖了起来，回过头去，那东西依然跟着我们晃动着，似乎也跑了起来。

这种追逐继续着，但距离却慢慢变大，那对眼睛渐渐变小远去直到消失，跑到村口前依稀能看到不远处的灯火的时候，我们才停下来，身上已经被汗浸湿。

进村的时候很多人和周老师打招呼，他一一点头作答。周老师是这个村子里出去的，不仅是整个村，还是整个县里的第一个大学生。他和四叔是发小，但四叔读到高小就回家耕田了，他则继续读到大学。

村民们正在生火做饭，路上飘满了饭香和辣子的味道，孩子们在石路上追逐嬉戏，男人们蹲在一起聊天打牌，屋子里传来的都是锅铲的碰撞声。这些景象我非常喜欢，百听不厌，百看不厌。

“春生？”我的后颈忽然被一双大手掐住，转过头来看是四叔。

周老师也回过头来，看着四叔却收起了笑容不说话。

“哦，周越你也来了。”四叔直呼其名道。我很不快，所有人都叫他周老师，只有四叔喊他的大名。

“嗯。”周老师勉强回应道。

“去我哥家吧，顺便吃个饭，我也没吃呢。”四叔拍拍我的肩膀，三个人朝家走去。

四叔结过婚，但三年前又离了，爹骂过他，他只是笑；奶要打他，他就躲。四叔不是我爸的亲兄弟，是堂弟，但我叔爷爷因为打仗死得早，由奶抚养他长大，爹教他做人看他成家。

“你怎么也来了。”走进院子，爹披着外衣瞅着四叔，然后看到周老师，连忙走过来，握着周老师的手。两人寒暄了几句，爹叫我进去帮忙，三个大老爷儿们就坐在院子里聊了起来。

我忽然觉得有些不对。看到厨房里娘忙得热火朝天，已经端了好几个菜了，不是鱼就是肉，最差的也是韭菜炒鸡蛋。我还闻到一股绍兴老酒的香味儿，可不，桌上摆着两瓶，黑糊糊的，瓶腰上贴着红字。

这是怎么回事儿？

“师父来了。”娘一边炒菜一边对我说。

“师父？”我疑惑。

“嗯，请来的，在你奶房里聊天，你去看看吧！比你大不了多少，真不知道行不行。”娘叹着气，看来她很不满意。

我起了好奇心，放下活儿跑到奶的房门外。门虚掩着，我轻轻推开一条缝偷偷望去。奶的房间里没装电灯，她说那东西太亮，会刺着她的眼，所以我们一直放着煤油灯。

油灯下，我看到一个后生坐着小竹椅，双手放在膝盖上仰着头看着奶，奶似乎在嘀嘀咕咕说些什么，可惜我从来都听不懂，爹和娘也只能听个大概，但这个人似乎听得津津有味。

我只朦胧看到那人的侧脸，实际上啥也看不清，因为灯光太暗。我觉得有些无趣，起身离去的时候，奶突然抬起头来朝我望过来。

黄色的灯光照在她苍老的脸上，阴影部分几乎把干瘪的脑袋遮挡住了，反倒是那双眼睛亮起来，绿油油的光射出来。我吓了一跳，连忙抽身跑开回到厨房里。娘说我脸色不好看，我不敢回答，只当那是灯光昏暗，我看花了眼。

饭做好了，娘招呼大家坐在一起，让我先给奶端一碗烧得比较烂的饭菜，她牙口不好。我端着碗走到房间前，这时候奶房间的门推开，那个年轻人走出屋子。屋子里清楚许多，我这才看清楚——他穿着一身白色衬衣，灰长裤，斜背着一个挎包，打扮简单却很舒服，脸也干净，看着像姑娘似的。

“让我来吧！”他突然伸过手来接过我的碗，我不知道为什么也就递了过去。接过去的时候我看到他的手指，那根本不像是干过农活的，果然和其他人说的一样，他是外面城市里来的吧。

周老师和四叔也走过来，围在桌边坐下，年轻人被娘邀到桌子主位坐下。一桌人忽然相对无言，倒是那个年轻人一直眯着眼睛露着笑，一直说菜好吃。

“师父是什么时候来我们村的？”四叔终于放下酒杯问起来。

“20年前。”他突然伸出两根长指头冲着四叔晃了晃。

我们以为自己听错了，都看着他等他纠正，但他居然自顾自地吃着菜。

“您看着也就20出头吧，应该是两年前吧？”周老师说。

“不，20年前。”他放下筷子，依然坚持。周老师有些不悦，四叔只是低头，爹喝着酒，倒是娘一言不发望着他。

“我来这里只是昨天，但你们的麻烦，是20年前的原因。”

“师父贵姓？”四叔问。

“叫我负猫好了。”他突然睁开眼睛，淡淡的绿光射出来，我不敢直视他的眼，连忙低下头去。

桌上的人都愣了下。

“开玩笑啦，其实我是来找一只猫，它流浪到了你们村子。结果我被这位阿姨拽住，她问我会不会对付猫妖，我正好肚子饿了又没地方投宿就来了。”他摸着后脑勺笑起来，我看到娘的脸色非常难看。

“骗吃骗喝还这么直爽，也算少见了。”周老师哼了一声。

爹抬头看着娘，眼神里有些埋怨，娘瞪了他一下，他立即埋着头继续喝酒。

“我是觉得这个师父不错。”母亲坚定地维护自己的尊严。

“不不，我不是骗子，我确实很擅长对付猫。我祖上是兽医，不过到我这一代我只会给猫看病了，好像和猫有很大的缘分呢。”年轻人笑起来像猫一般眯着双眼。

249

负猫

“我们家，不，我们村的情况你也该知道了，你要是真的可以赶走负猫，就别卖关子。”四叔将酒喝干，杯子重重扣在桌上。

年轻人指了指自己，然后从背包里掏出一把草来。他放在桌上，灯光下那草长着边缘像齿轮似的叶子，淡蓝色的花，拿出来的时候还有点香气。

“这个是猫薄荷。”他和我们说，“只要是猫，就都会喜欢这种东西的，我估计猫妖也不例外吧！”

年轻人站起身，拿着名为猫薄荷的草四处走着，每个房间都放上一点，然后回到座位上长嘘一口气。

“好了，如果负猫来到一定会被猫薄荷吸引然后瘫倒麻醉，本来这个是用来对付我要追的猫的，不过这次就试试吧！”

“开玩笑吗？放一点这个在房间里就行了？这么多年我们也弄了不少办法了，有这么简单吗？别以为我不知道，这玩意儿叫猫草，好弄得很！”四叔似乎对他很不满，这次直接对上了。

娘想拦住四叔的话头，但年轻人却一点也不生气地摆摆手：“当然不只放在房间里这么简单，之前这位大嫂做饭菜的时候，我已经放进去了，相信大家都吃进去了吧！”

周老师一直握着筷子在一边沉默，这次筷子都没握住，掉在桌子上，他古怪地摸了摸自己的喉咙。所有人都有一种不舒服的样子，我倒觉得没什么，又不是啥恶心虫子之类的。

“就像对付疫病，如果不找到源头在哪里，怎么可能赶得走它们？”年轻人优哉地喝着酒。

它们？它们是谁？我惊讶地望着桌上的亲人和老师，难道他说的是这些人？

“你居然把这种不干不净的东西放到人吃的饭菜里？大哥，我们现在就押这家伙去村委会，如果有人中毒的话他就是蓄意投毒，是现行反革命！”四叔吼道。

“这都什么年月了，你怎么还在说这种话。”爹不快地摇摇头，终于开腔了。

“我说师父，您要是来我们家吃喝住都行，但不用装神弄鬼的，先前也看到了，墙上、桌子上到处被抓得稀烂，一般的猫哪里有这么厉害，这分明是猫妖啊！”爹转过脸冲年轻人说。

年轻人站起身来，走到堂屋中央的电灯下，黄色的灯光映照着他的脸，让原本棱角分明的五官因为阴影更加立体起来，像画的一样。

“时候差不多了，猫薄荷也该起效了。”

“什么？”

“猫薄荷让猫喜欢，因为还有个作用——可以给猫催吐。”他伸出右手食指点着自己的腹部。

这时候，奶的房间里传来一阵嘶哑的号叫，像动物一般。四叔和爹猛地踢开长凳冲了过去。

“我娘要有个好歹可饶不了你！”爹冲进房里，四叔也跟了进去。

号叫的声音很吓人，越来越长，越来越高，旁边的邻居们也聚拢过来，我家门口站满了人。我刚想走过去看看出什么事了，爹和四叔却退了出来，神色慌乱，嘴唇哆嗦着。

“出什么事了？”娘走过去扶住爹，但他只是弓着腿，脚步都乱了，四叔还好点，但也面无人色，随即转过身来揪着年轻人的领子。

“你到底给我娘吃了什么？”

从小时候起四叔就不叫奶婶婶，也随我爹叫娘。

“我说过了，猫薄荷，催吐。”他依旧笑着，轻松至极。

“啊？”人群突然惊叫了起来，炸锅了。

奶住的那间阴暗的小房间里，传出了“咕噜咕噜咕噜”的低鸣，像从嗓子眼里发出来的，接着一双手伸出来扒在门框上，指甲尖锐弯曲着，清晰可见，然后一只猫的脑袋伸了出来，灰褐色条纹，瞪着大眼，张着嘴，发出呼呼的像大扁头风一样的声音，紧连着猫身体的却是一张嘴——

奶的嘴巴！那张平日里干瘪如鸡皮的小嘴像蛇进食一样被撑得老开，下颌几乎贴到胸口了。从奶的嘴里正吐出一只灰色的猫来。

“妈呀，妖怪啊！”人群一哄而散，但又在离着远点的地方重新聚集起来，如同湖里受了惊吓的鱼群。

几个大人脸色极其难看，娘一把搂住我，我感到她的身体在颤抖。周老师也站在靠墙的这边死死盯着。那猫继续低吼着，带着敌意看着我们。奶痛苦地呕吐，猫的身体一点点从她嘴里出来，终于落在了地上。爹立即冲过去扶起奶让她躺在自己怀里，四叔则去倒水。那只灰褐色的猫翘着尾巴，快速地转动着脑袋，看着所有人，最后锁定在年轻人身上。

“来，过来玩啊！”他一脸的不在乎，仿佛这些再平常不过似的，蹲下来掏出一把猫薄荷冲着那只怪猫招着手。猫弓着脊背，全身的毛都竖立起来，小心地走过去，嗅了嗅那些猫薄荷，然后又抬起头看着。

“是你最喜欢的东西啦。”他继续摇摆着。

猫偏过头走开，然后又走回来，伸出前爪小心地碰了碰又立即缩回来，接着又继续嗅着，重复着以上的动作，但它身体渐渐放松，喉咙也不再发出那种低吼了。

忽然它跳起来，一把抓住那些猫薄荷滚到桌角边，伸出两条前肢把猫薄荷扣在地上，张嘴大口咬起来，接着开始打喷嚏，摩擦自己的毛发，时不时还滚动着身体，露出腹部，然后大张着嘴仿佛打哈欠一般。

和之前的敌意相反，它好像不太在意我们了。

“猫、猫妖啊！”人群里这样说着。

“这就是你们说的负猫，不，应该是腹猫。”年轻人摸了摸自己的肚皮。

大家不太理解。

“你们应该记得，这只猫就是你们养的，没忘记吧？20年前那只家猫。”年轻人走过去抚摸着猫的脑袋，它很听话地眯着眼睛蹭着年轻人的手心。我不知道为什么也走过去，蹲下来伸出手。猫立即变了脸，抬起上半身瞠目以对，张着嘴吐着气发出威胁的吼声。

“先别急，它还不习惯你们，你也是这个家的一分子。”年轻人把我带到远点儿的地方，猫再次平静下来。

“应该说，你们两个最知道它为什么在老人的肚子里，为什么要这么执着地在这个家里捣乱吧？”年轻人看向四叔和周老师。

“胡说什么，我怎么知道？”四叔狠狠地说，脸转过去的时候那只猫忽然盯着四叔，四叔吓了一跳，咽着唾沫慢慢走到墙角去。

“都是那么多年前的事了，我不记得了。”周老师推了推眼镜。

“哦？你自己许下的愿望却不记得了吗？”年轻人摊开双手。

周老师的脸色变了。

“真的忘记了吗？那只巨大的猫，雷雨的午后，村子的麦田里，你对着它许下的愿望。”

“别再说了！”周老师紧握着拳头吼道。

“喵——”

那只猫突然长长地叫了一声，人群哗一下又退后一点儿。

到底发生什么了？为什么周老师这么激动，和平日里的温柔样子完全相反，额头都鼓着青筋。

年轻人微笑着不说话，走到那只从奶的嘴里出来的猫咪前将它抱起。灰猫很顺从地伏在他怀里，眯着眼睛，摆动着尾巴。

“这个村子以前有很多猫，上点儿年纪的人应该还记得吧？”

40岁以上的村民们脸上都露出忌讳的表情，但大多还是点了头，年轻如我这般的后生却完全不明白。我挺喜欢猫的，但一直不懂为什么只有我们这里一只猫也没有。

“惧怕，厌恶，欲望，捕杀。”年轻人抱着猫朝他们走过去，人群朝后退却着。

“为什么要害怕？它们是温顺可爱的动物，来摸摸看。”年轻人冲着一个和我差不多大的女娃喊道，她是小晴，村支书的女儿。

小晴的辫子又黑又长，眨着眼睛盯着猫，猫也睁着眼看着她。

“别摸，别摸啊！闺女。”她娘想把她拽回去，但小晴仿佛着魔一般朝猫走了过来，慢慢伸出食指碰了碰猫的脑袋，接着又摩擦着它的下巴。灰猫满足地抬起头，享受小晴手指的逗弄。

“哈哈，这猫好软。”小晴笑着。身后的年轻人也都慢慢走过去围着猫。

我也想过去，但娘拉住了我。

“够了！我不知道你在变什么戏法，但请你离开这里吧！不养猫是我们村子的传统。”周老师冲过去驱赶着孩子们，这和他一贯的态度反差太大了，他以前一直都鼓励学生多接触新鲜事物。

年轻人怀里的猫突然睁开眼，挣脱了怀抱一跃而起，整个身体扑到周老师的脸上。周老师惊恐地号叫着朝后退着，一个踉跄没站稳摔倒在地上，脑袋磕在奶房间的门框上。

我们想去扶他起来，但被年轻人阻止了。猫并没有抓他，而是趴在他的脸上一动不动。

“别看热闹了！都走，都走！”四叔烦躁地驱赶着门前的村民，大家慢慢散开。

小晴一直看着猫，最后还是硬让她爹拉走的。

“李卫国，你们家最好给我们个交代，到处闹猫妖的谣言成何体统？”村支书赶走了大伙，自己却坐了下来。李卫国是我爹的大名，村长比我爹也就大个两三岁，但一直都连名带姓地吼他。

爹低头敬了杯茶给村长，然后自己苦着脸蹲在地上抱头不语。其他人都散了，只留下我们家几个。趴在周老师脸上的猫没有离开的意思，周老师也一直躺着不动。

“他没事吧？”我冲着年轻人问。

年轻人走过去抱起猫来，我们发现周老师其实是醒着的。他慢慢站起来，扶着门框，似乎很虚弱。娘和我搬了条凳子给他坐下。

“我说过了，我在追一只猫，它会满足人的愿望——当然，会在特定的时候满足特定的人。我知道这里有人遇见过它，20年前许下过愿望，整个村子才会出现名为负猫的妖怪。”

年轻人抚摸着猫的脊背，所有人都沉默着。

“有谁想说吗？”

周老师叹了口气，他望向四叔。

“我一直以为，那天是做梦。”四叔坐了下来。

“原来你也知道那只大猫。”年轻人笑着，拿出一枝猫薄荷丢到一边，灰猫立即扑了过去。

“是你说，还是我来说？”四叔问周老师，周老师摘下眼镜，紧闭着眼，最后说了句：“还是我来吧，这事本来就和你无关——”

周老师又回到了平时上课的音调，就好像给我们朗诵课文一般。

“那年我还没春生大。”

他这样说道。

20年前，我娘死了，是病死的。她做姑娘的时候就多病，我奶常埋怨我爹娶了个下不了地割不了麦子的媳妇，光长得好看有屁用。她不知道，爹在打仗的时候认识了我娘，那时我娘还是学生，她抛弃了家里优越的环境投身革命，打完仗又跟着我爹来到县里工作。我爹总觉得对不起她，我娘身子不好，也觉得对不起爹。所以他俩相处得很谦让，感情很好。我的启蒙知识还是娘教的。

那年我爹在县里主持革命大会，大家都在革命，娘晒了腊肉就去睡了。临睡前她嘱咐我包几块肉送给村子里的奶。我找不到纸，就从爹的书桌上随意抽了一张包着肉出去了。那时候村子里养着很多猫，很黏人也很放肆，一只大花猫可能闻到了肉香，冲过来叼走了我手里的肉。我追着它正好撞到革命队伍，我爹领着头，那只猫看着人多扔下肉就跑了。肉散在地上，所有人都呆了。

原来我不知道，包肉的纸反面就是毛主席像！我当时真的傻了，不知道翻过去看一下。肉油浸透了纸面，毛主席的头像上一片油花。

那天下午，我爹从革委会主任变成了蓄意侮辱伟大领袖的反革命分子。以前就有很多人不喜欢爹从不徇私的个性，这下终于逮着机会报复他。娘听说爹挨斗，着急受了风寒，撑了一个月就去世了。我爹在牛棚里听到我娘死了，也想不开上吊了。后来的事你们都知道了，我奶哭瞎了眼，但还是撑着身子带着我，我是靠吃村子里的百家饭长大的。

从那天起，我就讨厌猫，我知道那是我的错，但我就是讨厌。我爹娘都死了，村子里的孩子欺负我，他们知道我之前在城市里读书，长得白净，于是经常在我身上涂满猫薄荷，然后扔上十几只猫在我身上。我身上被猫抓伤那是家常便饭。奶眼睛瞎，我忍着痛自己上药，怕她知道难受。甚至我开始害怕回去，因为奶也养了只猫，很漂亮，它总想亲近我，但我却很烦它。我有时候欺负奶眼瞎看不见，把那只四蹄踏雪的小黑猫扔得远远的，但它总是执着地跑回来。

日复一日地被那些孩子折磨、欺辱，我几乎认命，也慢慢把怨恨转移到了猫身上——谁叫他们家都养着猫，都喜欢猫。

我记得那天是在雷雨季，我抢着割完麦子，人都快散架了。后来想起衣服落在田里就又跑了回去。田里人都走光了，我到处找自己的衣服，却没想到看见了它。

我当时吓蒙了，从来没看过那么大的猫，纯白色的，眼睛瞪得人发慌，尾巴很粗，拖在地上。它不知道从哪里走出来的，然后趴在我跟前舔着毛，我也不知道逃走，反而坐了下来看着它。

我自己都很奇怪，明明一直以来都讨厌猫，但却没法移开眼睛，突然间我有种奇怪的感觉，这只猫好像在等我说什么。

“说出愿望来。”

它喊了一声，明明是猫叫，但我却感受到这种意思。

“村子里的猫，都死掉吧。”我哆嗦着说出这句话来，“一只都不要，永远不要出现了。”

我的话音刚落，白猫猛地站起来，全身原本平滑的毛一根根竖立着，体积猛地增大了。我以为它发怒了，毕竟它也是只猫啊!

那只白色的猫尾巴竖立起来，这时候我才发现为什么那尾巴看起来粗得过分，原来是好几条尾巴在一起，一开始我没发现而已。猫发出了嘶鸣，接着起了一阵大风，暴雨下了起来，等我能再看清楚东西的时候它已经不见了。

我现在想起那一幕都感觉是在做梦，回到村子后我生了病，第二天早上醒过来就找到自己唯一的朋友锤子说这事，（“锤子就是你四叔”，周老师看我疑惑，于是解释道）我以为他会不信，但他却一脸恐慌地看着我。

“你真的不知道昨晚出啥事了？”锤子这样问我。我当然不知道，淋雨回来我换了衣服就躺下了，睡得像死人。

我问锤子，锤子摇头说不出话，只是拉着我去了村东边，那里是村子每年宰猪的地方。

我当时根本不敢相信自己的眼睛!

一只只被剥去皮的猫倒吊着，森森的粉红色的肉露在外面。猫大张着嘴，铁钩穿过喉咙，地上一片未洗净的血迹。旁边堆放着一堆堆猫肠子、猫内脏，苍蝇飞舞。剥下来的猫皮也挂着，等风干。

旁边还有两个人，猫的前爪绑在铁钩上，一个人扶着，另一个人扒皮，一张猫皮剥了一半。我认得那只猫，那身黑色的皮毛扎得我眼痛，它好像还未死，眼睛睁得大大地瞪着我，那身皮仿佛脱衣服一般被扒下来，滴血的瘦弱身子在半空中晃荡。

我当场就吐了，锤子吓了一跳。

“昨晚杀了一夜的猫，全杀绝了。”锤子说。

“我吐得头昏脑涨，勉强听到锤子叙述，原来昨天晚上村里的老人同时犯了病，像瘟疫一样，他们口吐白沫，指甲变长，到处抓东西，嘴里还发出猫叫，整个村子被弄得恐怖万分。有人说这是猫瘟，就类似狂犬病一样。背地里大家都传是猫妖，一种叫负猫的猫妖，可以让养猫的人变成猫的妖怪。

大家恐惧了，这时候不知道哪里来的说法，说杀掉猫，吃掉猫肉就可以断绝瘟疫，治好病，于是那些平日里宠爱猫的人对猫发起了屠杀。本来机敏的猫根本没有防备，全被捆起来送到刀下。孩子们号哭着，但丝毫没有办法。大家等着宰猫、扒皮、分肉，然后着急送回去给家里的病人吃。

就这样，一夜之间，村子里的猫绝迹了，一声猫叫都听不到了，而吃下猫肉的人病也好了，人们就更加坚信了猫妖的说法。从那以后整个村子再也没人养猫了。

我的愿望，真的达成了。

但我感觉到恐惧，几乎每晚我都能听到猫叫声，别人都听不到，只有我会。更可怕的还在后面。

（周老师突然停了下来，眼睛里瞳孔收缩着，如同猫一般。）

我开始发现，家里的东西莫名其妙地多了很多爪痕，自己的书也被咬烂，床头多了几根猫毛，黄色的猫毛。

有次晚上起夜，我突然听到门外咔嚓咔嚓的声音。那是以前猫爱干的事，猫如果回来太晚，主人锁了门，它们就会不停地使劲儿抓门。

我蒙着被子吓得哆嗦，过了好久声音没了，我慢慢打开被子，却看到瞎眼的奶站在我面前。她的眼睛冒着绿光，双手蜷缩着，跪在地上抓着我的床脚，那声音就像刨木头一般，刺耳得很。我这才记起，那天分了猫肉，有好心人也送了些给奶吃。

我吓坏了，要离开奶，离开村子。正好那时候我娘家里的人想带我去城里，他们可怜我娘就我这一点骨血，不忍心我在外流浪。之前他们也被斗得很惨，现在刚刚好点就立即来接我了。

我毫不犹豫地答应了。临走前的那天，奶坐在小竹椅子上一声不吭。我知道她怪我，我也知道我走了她真的就孤苦伶仃一个人了，但我那时候小，我太害怕了。

直到我走远，她也没说一个字，就是一直流眼泪。

半年后我考取了高中，同一天我打算拿着通知书去告诉奶，但她已经过世了。这以后我和村子最后一点联系也断了，只有锤子偶尔来县城做生意我才和他聊聊。

对村子的内疚让我大学毕业后拒绝了去机关单位，而是留在县城教书，对村里的娃我尤其关心。那些孩子的爹妈还以为我是念及旧情，老来城里答谢我，还为以前欺负我的事道歉。

我没敢告诉任何人。杀猫这件事一直纠缠着我，特别是听到最近几年又出现了猫妖的事，我愈发害怕起来。

我本来打算这辈子也不会回来，但那天我又遇见了20年前许下愿望的那只猫。我不明白它干吗要回来，干吗要来找我。是来向我索讨实现愿望的代价，还是代那些冤死的猫向我报仇？我走到哪里都能看到它。

后来锤子找到我，说春生家又出事了。春生是我班里最聪明、最有希望考上大学的孩子，马上就要高考。我真不希望他受到这种干扰，我不想再连累其他人了。所以我听了锤子的话来村子，如果负猫真的要报仇，就冲我来好了，别再牵连其他人。

周老师说得很慢，他说话时间不长，声音却渐渐嘶哑，平时他连续讲课几小时都精神很好，声音洪亮。

“你真的以为，这都是猫的复仇吗？”年轻人走到周老师面前。

“难道不是吗？因为我的自私和憎恨，让那么多猫惨死，让村里人受折磨，这都是我的错。”周老师捂着脸。

“如果真是这样，为什么那只为你偿愿的猫又回到了这里？”

周老师抬起头。

“你有没有想过，猫妖每次骚扰村子的日子？你真的忘记了吗？”

在一旁的四叔突然“啊”了一声。

周老师近乎呆滞地思考着，然后无法置信地望着我们，他从我们脸上的表情明白了什么。

“不会的，这不可能！”

“死去的猫就死去了，真正变成负猫的不是猫，而是人，那个每日坐在家门口流着眼泪希望你回来的人。”

“别再说了——”周老师的眼泪涌出来滴在地上，一旁的灰猫忽然走到他脚边，用颈蹭着他的小腿。

“强烈的情感会让人化为妖怪。这种情感会吸引那家伙出现，向你索求欲望。换言之，实际上你满足的不是自己，而是那只为你偿愿的猫。我找它很久了，没想到它又回到了这里。”

年轻人抓起猫，猫咪不满地叫了一声。

“为什么那只白色的巨猫会出现在这里，你也该明白了吧！因为按照老人的愿望，只是希望你回来而已，但她如猫一样无法表达出来，所以每年村里闹猫妖的日子，其实就是你的生日。”

不小心被关在门外的猫如果回到家发现大门紧闭，主人睡着，它会发疯般抓着门，希望被人发现。

我突然觉得周老师的奶奶很可怜，儿子儿媳没了，孙子远走，连唯一能陪着她解闷的猫也被杀死了。

“我不会再离开了，永远不会。”周老师跪在地上，双手按着腿，不知冲着谁说话，带着哭音，又像是自言自语。

“愿望也算达成了吧！不知道那家伙又要跑去何处了。”年轻人笑了笑把那只灰色的猫放进自己口袋，只留出一个毛茸茸的脑袋看着我们。

“打扰你们了，饭菜很可口，真想留下来多吃点儿。不过我还得去追那只猫，以后这里不会出现猫妖了，喜欢养猫的也可以养几只。”年轻人整理了一下行装。

“这只可以给我养吗？”我鼓起勇气说，指了指那只猫。

“好的。”他把灰猫拿出来放在我手上，我第一次触碰到这种感觉，温暖柔软。

书上说，人的心也是温暖而柔软的，所以当你抚摸到这些小家伙，它们便能感觉到你的心。

我抱着灰猫，它不再抗拒我了，而是缩成一团眯着眼，安静地躺在我怀里。

那以后再也没看到这个年轻人出现，在收完麦子的麦田里，那只巨大的白猫我也从未见到过了，我甚至怀疑是自己的幻觉，但又如此真实。

村子里开始出现了久违的猫叫，周老师也留在村里的小学。四叔和爹都问他是否太委屈，他说比起他奶，根本不算什么。

后来我如愿考上了大学，城市里养猫不太容易，但我尽力养了一只。我很想再见见那个年轻人，和那只拥有好几条尾巴的巨大白猫。

它是猫妖吗？还是说，它是猫神？

谁知道呢？

江东苏大老爷家中有一个女儿，是江东一带出了名的美人。苏大老爷虽然家财万

江东之女

文/原枕河

梦里乾坤，雌雄莫辨，
有些小说看到最后，
你不知道白是黑，黑是白。

贯，到头来也没有个继承家业的人，只好盼望能给女儿招个好夫婿，将这家业一并放心托付。

苏小姐终于到了出阁的年龄，于是招婿的事情张罗开来。城里的媒婆隔三差五地登门，王家大公子才情了得，李家小儿子聪明非凡，西城赵家富可敌国，东城张家门当户对……柬帖如雪花一般纷至沓来，苏府上下一时好不热闹。

胡是一介贫寒书生，家住在苏府的后面，与气派的大宅院相比，他的家简直像草房那样简陋。他是后迁至此，原本住在江西那边，父母双逝，他变卖家产，葬了二老，独自来到江东，寻了一间房屋便住下，平日为周围邻居写个书信，换几个铜钱聊以为生。他人生得秀气，待人也客气，礼数周到又不显生分，大家都喜欢与他相处。

因为苏府大小姐的婚事，他们这些住在后面的小户人家也不得安生。往来提亲的使者在府上遭遇白眼，当场不敢发作，只好跑到后面来叫骂一番。还有骑着快马飞奔而来的，卷起滚滚尘土，刚刚晾出去的衣服转眼就落上灰尘。

这天叫骂声与马蹄声一直不停，读书也读不下去，好在初春的天气温暖怡人，胡在小院子里摆上一张椅子，躺在阳光下面，若有所思地看着这些叫骂的人与飞奔的马。

苏家大小姐他只见过一次，还是三个月前他刚刚搬到这里来时的事情。那天见到苏府的人兴师动众，排成长队出门去，中间有两顶轿子。问邻居他们是做什么去，隔壁邻居告诉他，这是苏府去庙里上香，每三个月一次，早上去，当天晚上回来。

果不其然，天刚刚擦黑就看见苏府如长龙一般的仆人队伍浩浩荡荡地归来。回想起来，当时的天色十分诡异，是透着蓝的灰色，云很重似的，贴着远方的地平线，动也不动。冬天的寒冷还残留着，一到晚上就悄无声息地蔓延开来作威作福。小路两旁的树都掉光了叶子，枝丫狰狞地张牙舞爪，像一双双手，伸向路边走过的人们。

大概是因为劳累了一天，失去了早晨时候的精力，队伍里的每个人都木讷着一张脸，没精打采的，好像人回来了，魂魄却不知道丢在哪里了。这样庞大的队伍却悄无声息的，走到哪里，哪里也静默下来。

忽然没来由地吹起一阵风，吹动了天上的浮云，吹断了脆弱的树枝，枯萎的荒草随风摇摆，发出沙沙的声音。正是人们生火做饭的时候，滚滚白烟弥漫到空气里，模糊了视线。

说这风没来由不无道理，胡刚从集市上回来，行走一路，没有一丝风吹草动。事后想想，仿佛是空气中有一双手，故意要撩开轿帘，让胡看到坐在里面的苏小姐。

苏小姐的容颜自是不负盛名，她低着头坐在轿子里，微微垂着眼，仪态静好，风华万千。胡是定当不会忘记这阵诡异的风带给他的惊心动魄。站在院里愣了好久，直到队伍走出很远，周围重归寂静的时候，他倏然醒神，被惊得出了一身冷汗。

他是被苏小姐的美惊到，同时也恐惧于她这般绝世的美貌。这般的美是不应当属于人间的，它的灵性超越生命本身，仿佛自成一体，已无拘无束，肆无忌惮，凡人又怎能镇得住这上天入地的美。

轿帘掀开的那一瞬间，苏小姐的侧脸就烙印在了胡的脑海里，当日他辗转反侧，终不能眠，一合上眼睛便能看到坐在轿子里的苏小姐。倒不是因为这一眼埋下了情种，他自然想过苏小姐早晚有一天是要嫁人的，可自己这般家境，索性懒得再去多想。

只是忽然想到家乡那山上狐妖的传说，恐怕就算狐妖，也没有这般鬼魅迷人吧。

下午的天气实在暖和，他在不知不觉间睡去，到傍晚时分感觉到一丝凉意才醒过来，看一眼落下去的太阳，准备回房。

在他转身的时候突然传来一声响动，不知道是什么东西掉进草堆里发出簌簌的声音。他感到诧异，回头去看，隔着一条小路就是苏府的院墙，失去叶子的树枝从里面伸出来，墙根下的草有齐腰那么高，与树枝一起遮挡了大半的风景，将院墙之下的风景挡得十分阴沉。

枯黄的杂草摇摇摆摆，无风自己摆动起来。他诧异地望着，看见从里面站起个人，是苏府家丁的打扮，穿着棕黄色的褂子，里面是草黄色的短衫，大概是翻墙出来掉进草堆里，衣衫不整的，还有些地方挂着杂草。

看到了胡，那人张口说："请问，去集市要走哪个方向？"是女子的声音，好像银铃似的，叮叮当当撞得人心一颤。

胡一眼就认出那正是苏家大小姐，即便她改了不合身的男人装扮，也还是能认出来。苏小姐脸上挂着浅浅的笑容，脸色相比于胡的记忆要红润许多，眉目如画，顾盼生辉。她走近了，看胡发着愣，又问了一遍。

胡诧异地问："苏大小姐？"

“咦？公子怎认得我？”苏小姐很是惊诧，睁大了眼睛，“我还以为没人会认得我呢。”

胡微微苦笑，摇了摇头：“苏小姐的大名在江东可是无人不知无人不晓！”

“公子可别这样恭维我，试想一个根本没有人见过的人，她是怎样的容貌和才情，又是怎样的性子和德行，真正有几个人了解？”

苏小姐叹一口气，转过身，看着自家的院墙接着说道：“那是我家，四周都用高墙筑起来，我看不到外面，外面也看不到我。平日父亲大人又不准我出门。所以我想，也许这里的人也没有一个人认得我吧。他们光知道这个院子里有一个大小姐，可是她长什么样他们都不知道。”

被苏小姐这样一说，胡也觉得自己的话实在虚伪，一时尴尬无语。苏小姐的目光越过他，看向他身后的院子：“公子住在这里？”

“小生三个月前刚刚从江西搬到此处。”

“从江西来的？”苏小姐的视线收回来，上上下下重新打量了他一遍，“我连这城里的集市都没去过，想不到公子从江西就来到我眼前了，真是有缘分。”

胡有些不好意思，抿起嘴角微微笑了笑，问：“苏小姐是要去集市？”

苏小姐点头：“听家里的仆人说城里来了大戏班，想去看看呢。父亲大人不准，我只好偷偷翻墙出来。想不到在这里见到公子，真是失了体统，公子莫要见怪。”

“不会不会，”胡连声说道，沉默一下，最终还是鼓起勇气说，“此处去往集市路途不算遥远，如果苏小姐不介意，就让小生为小姐带路吧。”

苏小姐自然高兴：“那么有劳公子了。”

胡将椅子收进房子里，晚上天气转凉，他取了棉披风给苏小姐披上，而后两人同行。苏小姐看他穿得单薄，本有推辞之意，但在胡的坚持下还是将棉披风披在肩膀上，于胸前打了一个结。她走在胡的身边，微微落后于胡，不时地抬眼从后面打量，看他白净秀气的脸庞，不知怎的，觉得这披风真是暖和。

苏府距离集市不算远，但是略显偏僻，人烟稀少。天色渐渐暗下去，远方的天空呈现墨蓝色，将天底之下的茅屋瓦房都映成漆黑的颜色，仿佛剪影似的，只有微微灯火摇曳，稍稍点亮了夜的宁静。吃过晚饭的人大概都去集市上凑热闹了，他们一路上并未见到几张面孔，显得有些沉闷。

一阵夜风吹过，胡问苏小姐：“冷吗？”

“不会，公子的披风暖和着呢。”苏小姐摇头，看胡笑起来，又转过头继续往前走，她也想问胡冷不冷，但是却问不出口。

又行了一会儿，终归是要说点什么，苏小姐左思右想，唤了一声：“公子……”

胡回头看向苏小姐：“怎么？”

“我听闻江西山水秀丽，犹如仙境，是真的吗？”

“呵呵，确有这种说法。”

“那山上真的有狐妖吗？”

胡愣了一下，想不到苏小姐会问到这个：“小姐是从哪里听说的？”

气氛稍稍缓和了一些，苏小姐笑笑，快走两步与胡比肩而行：“是我家中有仆人来自江西，见我平日沉闷，便讲一些民间的奇闻异事给我听。他说江西的南山上有两只狐妖，修炼千年，得道成仙。奈何天神不容，派神将下凡与之大战百回，将两妖重伤，困在南山之上，往后每十年都要受蜕皮换骨之苦，除非他们自愿被打回原形，不然这痛苦将伴随他们永生永世。”

“小姐家的仆人也见闻甚广啊。”

“这是真的吗？”

“倒是确实有此传闻，但是山上究竟有没有狐妖，谁也说不清楚。”胡摇摇头，“江西城邻山而建，关于那山的传说众多。小生还听说南山之上住的其实是一位名叫摩迦的神仙，神通广大，法力无边，只要虔心朝拜，即可达成心愿呢。”

“怎样的心愿都可以吗？”

“听闻如此。”

“若我想如神仙一般长生不老，也可以？”

又是一愣，胡诧异地看向苏小姐，看她眼含期盼，觉察出苏小姐的疑问并不是无心之语，便问：“小姐怎会这样说？”

苏小姐叹了一声，似是想起了难解的心事，细眉微垂，眉头紧锁：“实不相瞒，我所住的地方，房门前便是一处花园，我每日看得最多的便是窗外的景色。那些树木在春天发芽开花，夏天花朵凋谢，绿叶成荫，秋天的时候叶子也枯黄坠落，到了冬天已腐烂成泥，埋在冰雪之下。其实人不也正是如此？我们便好像是在春季降生，夏日成长，秋时衰老，到了冬天已是白骨一堆。公子，你觉得呢？”

“似也没错。”胡微微皱眉，细听着苏小姐继续说。

“再美的花也终有凋谢的一天，那个时候还有谁记得它曾经的美呢？要是我啊，宁愿做那山顶的狐妖，忍受蜕皮换骨的苦楚，也不想有一天零落成任人踩踏的泥土。”说着她又长叹了一声，笑容略带苦涩，看向胡，问，“公子是否觉得小女子不着边际，痴心妄想？”

胡沉默不语。

“我们终究是要老去的吧，不论是绝世姿容，还是奇丑无比，最后总在衰老中慢慢死去，是吧？”苏小姐抬眼望向胡，在灯火的映照下，她的脸庞柔和俏丽，眉似远山，眼如星辰，娇艳的红唇好似夏天里新鲜的樱桃，色泽动人，美轮美奂。

沉默了许久，胡只是轻叹一声，讷讷重复道：“是啊，人终究是要苍老衰亡的。”

此时已经走到集市上，行人如织，两边叫卖的商贩，有卖馄饨、汤圆、面具、布鞋的，有卖对子的，还有卖糖画的。话说到此，本是为这些热闹而来的苏小姐也没了欣赏的心情。无趣地打量着从身边走过的路人，他们脸上挂着莫名的笑容，好像体会不到人世间的疾苦似的，一直这样欢乐，往后也会这样欢乐下去。而体会到了的人，时时刻刻将忧愁锁于眉间，即便想痛痛快快也很难笑出来。这漫长的一生，终究托付给了忧愁。

一群打闹的孩子突然冲过来，呼啸着过去了。苏小姐回头望一眼，无奈地笑，又看向好像心事重重的胡：“公子？”

胡像没听到似的，继续茫然向前。

“公子？”

醒过神，胡应声：“嗯？”

苏小姐疑惑地问：“公子在想什么？”

沉吟一会儿，胡说：“听小姐一席话，小生也觉得人生实在是短暂，若能长生不老自然是好，但是光想一想就能如神仙一般，世间哪有这般便宜的事？这残酷的人世间，无论想要达成怎样的心愿，可都是要付出代价的啊。即便是传说中的狐妖，想要有如人生一般短暂的快乐，也付出了千年修炼，且天地不容的代价。”

苏小姐坚定道：“若这是一生一世的期待，对于我来讲，付出怎样的代价都是值得的。”

“这……”胡欲言又止。苏小姐看出其中必有缘由，便抓紧机会问：“公子，可是有什么说法？”

胡看了看苏小姐，摇摇头，长叹一声：“既然小姐是真心想见那摩迦之神，小生倒是知道一个办法……”

“真的？”苏小姐脸上有了神采，双手攥着胡的胳膊激动地问。

“但是，”胡略有为难，继续说道，“这个方法实在是艰苦，怕小姐千金之躯，难以承受。”

“怎么个艰苦法？”

“说来倒也不难，南山的北边方向有一条崎岖小路，真心想拜见神明的人从这条路上山，每三步一跪，至九步一拜，登至山顶。摩迦感其虔诚之心，便会现身为其达成心愿。”

“这有何难？”

“小姐殊不知，山北一边乃是缓坡，是上山道路之中最长最远的一条。道路不平，山中栖息着野兽，可谓是凶险万分，不知多少为见真神之人在半路成了野兽的餐饭，丢了性命，化作白骨一堆。”

苏小姐低下头，思量了一会儿，下定了决心似的对胡说：“既然人总有一死，我宁愿为了自己这个心愿而死，也不想在这世上虚度年华，最后苍凉而终。”

胡不解地问道：“小姐为何认定自己最后会苍凉而终呢？”降生在苏府，已经注定了此后荣华富贵的一生，他实在很难理解为何苏小姐会是这样悲观的态度。

苏小姐说：“公子住在我家的后面，这些日子往来提亲的媒人使者想必也是见了不少。这些人没有一个人见过我，他们光是听说苏家的大小姐如何美貌便提着重金前来提亲。不论最终父亲大人将我许配给谁，这场婚事也不过是一个用金钱买美貌的交易。现在将我娶回了家倒还是可以看，若我以后老了呢？待我衰老，我那相公岂不是要觉得自己白白送出金银珠宝，换一个人老珠黄？到时候还会有人看重我？怎还会有现在这般热闹？难保我不会在一个寂寞的庭院里，独自寂寞地死去吧？”

说着实在是悲凉，胡不免要同情这样的富贵小姐，年华终究是要逝去的啊，到时候她还能剩下什么呢？谁也不知道将来会发生什么，正因如此，恐惧才会存在啊。

“既然小姐执意要完成这个心愿，小生愿意奉陪。只是从此去江西南山需要三日路程，况且小姐家家规甚严，恐怕难以成行呀！”

见胡答应了，苏小姐的眼珠一转，说：“公子不必担心，明日又是我家去寺庙祭拜的日子，我跟父亲说身体不甚舒服，在家休息，待他带着家丁离开之后我就可以去找公子了。”

“这……”胡有些迟疑，“可行？”

“可行可行！”苏小姐连连点头，“我离开之前会给父亲大人留一封书信，请他不要担心，我几日之后便会回来。等到回来之后再跟他解释这一趟行程，到那时啊……到那时……”苏小姐瞟了一眼胡，含羞低头，不往下说了，“总之，到那时就好说了。”

胡未得要领，只好暂时点头应了：“那好吧。”

戏台上的精彩表演似就是那么一下子，还未尽兴就已经结束了，但苏小姐为明日的计划已是激动万分，甚至有些迫不及待了。

回到苏家后院，院子里寂静无声，想必是苏小姐偷出大宅的事迹还未暴露。胡从家中拿出椅子，让苏小姐踩在上面翻过墙去。他仰头对苏小姐说：“苏小姐一定也是天底下最会翻墙的大小姐了。”他笑，月光照亮了他的脸庞，仿佛白玉雕刻的五官展现在苏小姐面前，夜色也沾了光，变得剔透起来。

苏小姐双手扶着院墙，低头看他一眼：“那公子明天可要在这里等我。”

胡点头：“明日小生一定备好车马，待小姐出来之后我们即刻起程。”

“一言为定。”

胡看着苏小姐纵身越过院墙，又站了一会儿，感觉有些寒冷，想收了椅子回房准备睡下，又一想，将椅子留在了原地，独自回房内。

清晨醒来，胡出门去集市上借了一辆马车，回来时正见苏大老爷的队伍浩浩荡荡走过他家门前。果然如苏小姐所说的一般，队伍中只有一顶轿子。

不一会儿苏小姐从墙后探出头来，踩着胡昨日留下的椅子跳下来，三步并作两步跑到胡的身边："公子果然信守诺言。"

胡牵着马，笑道："既然答应了小姐，小生怎敢食言，我们路上再说吧。"

"好，"苏小姐一边上车一边说，"我昨夜回到家里还想着，要是今天出来见不到公子可怎么办，或是公子突然说不去了……"

胡也坐上车，驱动马匹前行，笑着问："小姐如此不信任小生？"

苏小姐赶忙解释："是我实在不敢相信，真的有一天，会有人带我去见神仙，实现我的愿望。不瞒公子，昨夜我回到家中，整晚都不敢合上眼睛，生怕醒来发现是梦一场，一切都烟消云散，公子也不知去处。"

"怎会，我就住在小姐家的后面啊。"

"我真怕待我醒来，出门一看，外面的人都说没有公子这个人呢。"

"为何？"

"不清楚，说也说不清楚。"苏小姐摇摇头，似是叹息，"我总觉得公子不甚真实呢。"

"这又是为何？"

"公子就好像是神仙派来，带我去实现心愿的使者。"

胡被苏小姐说得哈哈大笑："小生真是万分荣幸。"

苏小姐在车中，看着胡的背影，微微笑了一下，低头不语。

依照胡的安排，他们晚上刚好行到江边，找了一家客栈，要了两间上房。舟车劳顿，两人互道晚安后各自入睡，一夜无梦。第二日雨停，他们搭船过江，又是一天的行程。江上风大浪急，苏小姐被摇得昏头晕脑，呕吐不止，下船的时候已经浑身无力，两腿发软，还是胡背着她下船，找了一家客栈暂时住下。

苏小姐服下郎中开的药后便一觉睡到天明，最终醒在从窗外照耀进来的阳光里。

阳光晃得她一时看不清眼前，依稀记得胡公子昨晚照料自己到很晚，困极了就伏在茶案上睡去。用手遮挡了光，四下看去，未见到胡的身影。

她坐起来，将空荡荡的房间看了一遍，确定胡不在这里，心中不免惊慌。她下床推开房门，走到胡的房门前，犹豫再三，抬手轻轻地敲了敲门。

过了很久也没有人开门，胡肯定是不在里面，但她还是站在门前，似乎一定要等到这扇门被打开似的。

有脚步声走上楼，店小二端着一盆热水，见到苏小姐咧嘴一笑："姑娘醒了？"

苏小姐疑惑地看他，听他的语气好像是在等自己醒来似的。

"胡公子有事出去了，他临走之前吩咐小的照顾姑娘。他走的时候姑娘还在睡，小的也不好打扰，就在下面掐算着时间，估计姑娘这个时候该醒了，这不，就顺道把水给姑娘带上来了。姑娘回房先洗一洗，然后再下楼吃些东西，吃完估计他就能回来了。"

店小二说着往苏小姐的客房里走，苏小姐跟了上去，问："他可有说是做什么去了？"

"没有，"店小二摇头，把水放下，回身跟苏小姐说，"但是小的猜他可能是去上坟吧。他可是城里远近闻名的大孝子，不声不响走了这么久，回来肯定得去父母的坟上烧炷香吧。"

"哦……"苏小姐应了一声，还想继续问，但见店小二已经躬身退下了，便没开口。

洗漱过后苏小姐下了楼，店小二已经安排好了一张桌子，引着她过去，然后才招呼上菜。早晨客栈里的人不多，不一会儿菜就上全了，苏小姐一个人对着满桌菜肴也提不起兴致，夹了两棵青菜后就放下了筷子。

一直在旁忙活的店小二见了，问："姑娘怎么不吃了？要是菜不合胃口您直说，小的让厨房再给您换一桌。"

"不必了，我还不饿，不想吃东西。"

"那可不行，胡公子走的时候都交代了。姑娘坐船颠簸一天，昨天晚上来就没吃东西，今天早上再不吃哪里行？"

苏小姐皱着眉头，闷闷不乐地瞟了一瞟店小二，低声嘟囔："他倒是都交代好了，偏不交代自己何时回来。"

店小二听到笑起来，一边擦桌子一边说："姑娘别着急，他父母葬在南山脚下，出城再回来，怎么也得小半天。"

听到"南山"两个字苏小姐更加疑惑了："不是说好一起上山吗，他怎么自己先去了？"她是第一次离家远行，一觉醒来突然没了同行的人，难免感到恐慌，觉得周围都不安全，越发焦虑起来。

“你们要上南山？”店小二张大了眼睛看着她。

苏小姐抬头，已经有些不耐烦：“怎么？”

店小二突然变得鬼鬼祟祟，凑到苏小姐跟前说：“看姑娘的样子不像是本地人，不知道本地的忌讳。那南山邪得很，姑娘要是想翻过山到后面的县城，小的劝姑娘还是绕道走。若没有要紧的事，还是回去好，不是吓姑娘，南山真去不得。”

苏小姐心说：我还就是有要事一定要去南山呢。她往旁边挪了挪，避开贴过来的店小二，问：“怎么去不得？”

店小二更压低了声音，轻声说：“那山上有狐妖。”

“我听那传说了，两只狐妖，被天神困在山顶，永生永世不能下山。”

“那可不是传说，是千真万确的事情。这些年来不信邪上山之人，十个里面有九个是回不来的，回来了也是疯疯癫癫，每天都嚷着说见到了狐妖。胡公子本应是知道这些的啊，怎么还能把姑娘往山上带呢？”店小二不知是急的还是气的，直跺脚。

可是他夸张焦急的神态却未能打动苏小姐，说得好像是胡故意要陷害她似的，依她看来，还指不定是谁打着什么鬼主意呢。

她脸上未露出嫌恶的表情，反问：“真的有人见到狐妖？”

“小的怎么敢拿这事欺骗姑娘，这城里的人谁不知道南山凶险？姑娘既然听说了狐妖被困住的传说，想必也知道两只狐妖每十年都要蜕皮换骨一次的说法吧？姑娘想想，他们蜕皮换骨，蜕的是什么皮，换的是什么骨？就是人的皮囊和骨头啊！”

“人？”

“皮骨都是肉身，痛也痛在肉身之上，所以他们只要在十年期限之前抛弃原本的肉体，将元神转入另一副肉体中，所要承受的痛苦就会大大地减轻。据说每十年狐妖就会在山上施下海市蜃楼一般的法术吸引过路的旅人上山。如此过去千百年，他们依然在山上修炼，若是让他们修成之时得到适合的肉身，恐怕天神的法术也不能再约束他们。”

“你是说他们将会下山？”

“那是自然，他们原本是山中猛兽，修炼成妖不就是要到人世间享乐？”

苏小姐嗤笑一声：“那你怎知道他们还在山上？万一他们早已经下山，就在这城里，或者，就在你眼前呢？”说着她抬起眼，眸中故意含了抹媚笑，一笑倾城，风情万种，似有顽皮的挑衅，也似有魅惑的引诱。

店小二先是愣住了，而后吓得退了两步，一时琢磨不透苏小姐是有意戏弄还是玩笑之言：“小的是为姑娘好，姑娘若不信，上山遇见妖精可别怪小的没有提醒。”说罢，他草草擦了下桌子，转身快步走开了，因为走得太快，腿还撞到了椅子。

眼见店小二一瘸一拐回到后厨，苏小姐的笑容慢慢消失了。

中午时分胡才从外面回来，见他进门店小二先围过去：“公子，听说你要上南山？”他急急地问，对这件事还是念念不忘，耿耿于怀。

胡十分诧异，反问：“你听谁说的？”

“昨日跟你一起住店的姑娘啊，公子你是本地人，知道山上那些事情，可不能害了她啊。”

胡看着店小二，微微苦笑说道：“你放心吧，南山山路崎岖，地势险峻，山上又丛林密布，危机四伏，想必她见到了就会知难而退了。现在即便是在下，也无法劝阻她，不妨让山来告诉她吧。”

店小二犹豫：“可是她为何一定要去南山？”

“呵，因为人心总有痴妄。”胡回答之后不理发愣的店小二，自顾绕开上楼。

苏小姐在房中等候已久，胡先向她道了歉，而后解释自己先去南山下祭拜父母的原因。他的父母葬在南山东面，而他们此行的目的地是南山北面，要走两条路，而且距离甚远，他想苏小姐舟车劳顿，与其再陪他在山中绕路，不如留在客栈好好休息。

“想要上山见到摩迦，还有好多苦头在等着小姐呢。”胡说笑似的，露出一个笑容。

苏小姐想到什么，问：“公子以前住在江西的时候，可听说过有人见到狐妖？”

胡笑了，说：“自然听过，虽然还有很多传说，但当地人偏偏对狐妖十分热衷。每年都会有四五个人声称见到狐妖，有的说狐妖吃人，说得绘声绘色，有的说沾了仙气，借此招摇撞骗。”

“有这种事？”苏小姐甚是惊奇，这些人，连妖精也能拿来做文章骗人，实在了得，“那公子是不信的了？”

“不信，也信。世间虚虚实实，真真假假，全凭一颗世俗之心分辨而已。小生信，不见得山上就真有狐妖；小生不信，不见得山上就没有狐妖。”

“那公子凭什么说按照公子的方法就能见到神明呢？”

胡笑了笑，却没有回答。

苏小姐疑惑地盯着他，等了一会儿，又说：“仙与妖本是缥缈虚幻的形态，人所见之，何以区分哪个是妖，哪个是仙？也许他们见到的狐妖就是摩迦之神，也许公子口中的神明就是狐狸修炼成的妖精吧？我不知道他们是怎样见到了妖精，也不知道公子所说的能见到神明的方法从何而来。我不是不信任公子，只是心中的疑惑无法解除，望公子不要见怪。”

胡仍是笑着，摇头说：“小姐多心了，小生只是不想将见过神明的话挂在嘴边，仿佛与那伙骗子为伍了一般。”

“公子亲眼见过？”

“是啊，亲眼见过。”胡点头，当日的情景又浮现眼前，“说来话长，当时小生在山下安葬了父母，在他们的墓前一直跪到天黑。小生没有兄弟，两位老人双双仙逝，便觉得世间好像空荡荡的，连一分挂念都没有了。不知道过了多久，小生抬起头，看到半山腰的地方有一团白光，不知道是什么，也没觉得害怕，莫名地朝着那团光走过去了。”

苏小姐听得入迷，追问：“那就是摩迦了吗？”

胡又点头：“小生走到近前才看清那光正是一位穿着白衣之人身上发出的，但却看不清他的模样，只听到他问小生为何在山下久跪，小生说是跪在父母的坟前，他说那又是要做什么呢？难道跪着死去的人就可以复生吗？小生说不能。之后他笑起来，他说小生是第一个见到他的人，他可以实现小生的一个心愿。小生说尚没有心愿，他又笑，便告诉了小生再去寻找他的方法，说如果以后有了心愿，便可以用这方法去找他。”

“公子当时怎么不说一个心愿呢，随便说一个也好啊，也许他真的帮公子实现了呢。”

“也许吧，小生当时的确想说一个的。小生想说：‘如果你真的是神仙，就让在下的父母活过来吧。’”

“为什么不说？”

“因为小生想，”胡轻轻叹气，“即便他们再次活过来，终有一天还是会再次死去。小生怎么能用自己的心愿，使他们承受两次死亡的痛苦呢。”

而后苏小姐不说话了，坐在那里静静地看着胡，也不知道在想什么。

下午他们动身，乘马车前往南山之北。马车走了半天，终于到了南山脚下。

天有些阴，云沉沉地擦着山巅懒慢地移动，小道如蛇一般盘旋卧于山体之上。从下向上望去，大山面色阴沉，威严之势不言而喻。忽有一声不知是何动物的长鸣，惊动一片飞鸟从树林里钻出来，黑压压地往天边飞去。

苏小姐仰头望着，静默许久，问：“这便是南山了？”

胡点头：“是的。”

“从这里上山便能见到摩迦之神？”

胡依然点头，却不语。

苏小姐从车上跳下来，又是仰望良久：“真是让人难以置信……”显然这山的险峻与荒凉，远超出她的想象。

沉默一阵，胡说：“小姐若是不想实现那个愿望了，我们现在就乘车回去吧。”

“不，当然要。”苏小姐断然回答道，“既然已经来这里了，哪有退缩的道理。”虽然是这样说着，她还是犹豫了一会儿，问胡：“公子不与我一起上去吗？”

胡摇头：“旁人不好在场，神明怪责下来，恐怕连小姐也不愿见了。”

“这样……那好吧。”苏小姐又是踟蹰了一下，抬头对胡说，“我最后有一个请求不知公子能否答应？”

“怎个请求？”胡有些疑惑。

“从此刻起，请公子背过身去，不要回头看，在我下山回来之前都不要转过身。如果我天黑还没有下来，公子就这样驾车回去吧。待到明天这个时候再来，若是还不见我的踪影，公子也不要回去，就乘着马车去别的地方。”

“为何？”

“我虽给父亲大人留了书信，但是发现我不在了，他一定会派家丁出来寻找。要是他知道我葬身于此，难免要迁怒公子，所以如果我真的再也下不来，公子能走多远就走多远，再也不要回到江东了。”

胡摇头：“若小姐真有个三长两短，小生也推脱不了责任。小生依小姐之言，现在背过身去等待小姐下山，晚上也不会离去。小生会在这里等三天，如果到时小姐还没有下山，小生自会去苏府向苏大老爷请罪。”

苏小姐不忍：“公子……”

“小生主意已定，小姐莫要再劝，还是抓紧时间上山吧，可不要让小生在这里久等。”

见到胡态度坚决，苏小姐反而松了口气。她盯着胡的面庞，微微一笑，点了点头，待胡转身之后，她亦转身，面向威严的大山，深吸一口气，迈开步伐。

山上的道路却是如胡所说，十分崎岖，泥土也就罢了，地面上还尽是棱角分明的小石子，即便苏小姐尽量每行三步寻找平坦的地面跪下叩拜，不出百步也是锦衣染血，膝痛难忍。再加上天气阴冷，风吹得她全身冰凉，仿佛身体里的血液都被冻住了似的。

不知走了多远，苏小姐想回头望一望胡是否还在山下等待着，又恐被神明窥见，责怪其心意不诚，只好捺住性子一步一步艰难前行。周围怪石嶙峋，树木光秃，此时日头已经落山，天昏地暗。苏小姐倚坐在岩石上，看自己磨破皮的手掌，满是泥土的衣衫，污渍之上还有猩红血迹，触目惊心。头发散乱了，想必妆容也是花得不能看了。她的身体又累又疼，就这样停歇下来。

离她不远处的道边有一座巨岩，不知何时一白衣男子手持纸扇站在其上，面容清俊，翩然若仙。他看到苏小姐坐在地上容颜凄惨，走到她的面前问：“姑娘一个人来这里做什么？”

苏小姐答他：“我是来见那名为摩迦的神明的。”

男子说：“摩迦之灵殿位于南山之巅，从这条道上山尚有百余里，路途遥远，何况姑娘这样三跪九拜，想要去山顶简直是登天般，遥不可及。如今姑娘已磨伤了手脚，弄脏了衣衫，夜间有野兽出没，姑娘还是知难而返方才明智。”

苏小姐思量再三，摇头婉拒：“谢公子好意，但是摩迦我是一定要见的。正如公子所说，我已经磨伤了手脚，弄脏了衣衫，即便是为了自己所经受的艰苦磨难，我也一定要登上山顶。”

对方又说：“姑娘自山下而来，一定听到狐妖的传说。姑娘怎知道这山上所住的一定是摩迦，而不是狐妖？”

“虽然众说纷纭，但我心只信一人。”苏小姐坚定道。

“姑娘一定要见到摩迦才肯罢休？”

“是。”

“何以如此坚决？”

“为了完成自己心中的愿望。”

“又是何愿？”

苏小姐抬头看着男子，郑重其事地说：“不求长生，只愿不老。”

似是有些惊讶，男子微微一愣，而后摇头，略带嘲笑：“姑娘的心愿实在是狂妄，殊不知春去秋来，昼夜更替，世间万物随时之流逝生老病死，以轮回之道享人间喜乐悲苦。此乃不可逆转之理，姑娘又何苦苦自身而违天理？”

“公子说的道理我自然懂得。”苏小姐说，“而这世间有仙、佛、人、鬼、怪，何以仙佛鬼怪皆可长生不死，千般变化，人却须经历老死之劫难？我不求如神佛一般永生于世，也不求像精怪一样作乱人间，我只要一张不老容颜，到自己将死之时也能如此刻一般风华正茂，难道算是过分？若修行之苦可达成这个心愿，我甘愿虔心行拜。”

男子稍退一步，上下打量她一番，浅笑道：“姑娘想要不老之身，又打算用什么作为交换？”苏小姐迟疑，不知如何作答，又听男子说道：“佛家有云既得必有失，我现在有方法可达成姑娘的心愿，姑娘又以何回报？”

苏小姐抬头直视明月，悠悠问道：“那么公子，您想要的又是什么？”

夜深，月明星稀，胡坐在马车上，听见身后传来脚步声。他回头，见苏小姐走下来，衣冠整齐，鬓插金钗，金钗上面的小珠子摇摇摆摆，发出轻轻的碰撞声。苏小姐面带笑容，缓步移到他的面前。

“你可真是要我好等！”胡埋怨一声，后不禁笑问，“这副身体如何？”

苏小姐笑而不答，径直走上马车。

胡公子微微错愕。

却听苏小姐的声音从马车上飘来：“胡公子，你现在可想好，要许什么愿望？”

录鬼簿

文/阿丑

凡有古怪技能，必有传奇身世。

1/走索王

江州马氏家主马易言娶妻三任，没有能活过二十五岁的，而且都没有留下子嗣。马易言伤感地说："神算子曾经给我算卦，说我注定命中无子，事到如今，我还是断了这个念头吧。"话虽如此，他却还是怀着侥幸心理娶了第四任妻子。

一日，他的妻子在梦中看见一匹独角骏马，骏马在天空中奔跑，跑了几圈才停下来，最后化成一条赤练钻入了她的肚子。妻子醒来之后将梦中的情形告诉马易言，马易言欣喜地说："这是吉祥的征兆。"过了不久，果然传来妻子怀孕的消息。

怀胎十月，到生产的那天，马易言在门外忽见一道紫光从房檐上逸走，急得大声呼喊："我儿勿走！"接着听到一声马嘶般的哭声。接生婆哭着喊着从房间里跑出来，边跑边惊叫："妖邪降世了。"原来是生下了一个极丑的婴儿，脸长似马，眼睛极大，双手像蹄子一样蜷曲着。

马易言害怕引来灾祸，准备将这个婴儿丢弃到河中，他的妻子却紧紧抱住婴儿，哭着说："辛辛苦苦生养的孩子，此时却要把他丢弃，这是不符合圣人教导的啊。他除了相貌丑陋，安详熟睡的样子和其他的孩子没有区别。"并以死相逼，用一把剪刀抵住自己的脖子。马易言不得已放下孩子，摇着头走了出去。

婴儿取名马廉，三岁才学会说话，九岁才学会走路，身体孱弱多病，每次生病都很严重，好像随时会死掉，但又奇迹般地活转。大夫都觉得很惊奇，认为这都归功于神灵的护佑。

马廉十二岁时，独自在门口玩耍，一个走索的伶人正好路过，飞快地走上前来，拉着他的手说："像你这样骨骼清奇容貌奇异的孩子，不去行走江湖，实在是巨大的损失。如果你能够跟随我，学习我的技艺，我就死而无憾了。"马廉说："这正是我所期盼的。"于是跟随他离开了，没有人知道他们去了哪里。

多年以后，成都出现了一个走索王，他的身体像骏马一样强壮粗犷，却能够稳稳地站立在头发粗细的丝线上，在悬崖的两端自由行走。他还能够把绳索抛入天空，绳索笔直地垂下来，就像是绑在云端一样。人们看了，纷纷称赞说：“这是仙术啊。”

有一个年轻人轻蔑地说：“这不过是骗人的把戏，没什么可惊奇的。”走索王笑着说：“既然你不相信，为什么不自己爬上去看一看？”年轻人顺着绳索往上爬了三天三夜，终于爬到了绳索的尽头，却看见绳索系在一个黑面赤发的厉鬼脚上。厉鬼怒斥年轻人的无礼，年轻人大吃一惊，慌忙从绳索上滑落下来，从此再不敢说大话。

后来一个江州茶商认出走索王来，问道：“你不是马易言的儿子马廉吗？”走索王平静地回答：“并没有听说过这个人。”茶商回到江州后，对马易言说：“一个人的容貌会随着时间改变，我的记忆也会模糊，但马廉的容貌太奇异，天底下没有人会和他相似，我见之不忘。”

马易言夫妇于是从江州赶来成都，请求见走索王一面，走索王却紧掩门扉，大声说：“走索这件事，只有全神贯注无欲无求，才能像仙鹤一样站立着，否则会被凡尘羁绊，被绳索抛弃失去性命，这难道就是你们想看到的结果吗？”马易言只好哭着和妻子离开了。

又过了三年，走索王的名声已经在江湖传播开了。他虽然不是武林人士，却凭借高超的技艺位列江湖百大高手的行列，并且收到了华山论剑的邀请。在去往华山的路上，走索王偶遇长白山湖女谷底春。谷底春皓腕凝霜，皎白如月，有出尘之姿。走索王静静地看着她，沉痛地自言自语：“以前为了追求走索的最高境界，我违背孝义，抛弃了我的父母。今天看到谷底春之后，我才知道，我还远远没有做到无欲无求，这是上天对我不侍奉父母的惩罚。”

他战战兢兢地走到谷底春面前，表达自己的倾慕之情。谷底春因姿色出众，被许多大侠所追求，并不将走索王放在眼中，反而嘲笑走索王的容貌，说：“路边丑陋的石头仰望洁白的云朵，这其实是对云朵的侮辱啊。”走索王听后，黯然离去。

华山剑宗离浪山请求走索王为大家表演走索，走索王推拒再三，离浪山仍然坚持，他迫不得已而走上悬崖之间的绳索。走索王一路稳如泰山，轻巧地在绳索上翻飞，灵动得像一只仙鹤，行走的姿态又像是骏马，围观的人们都被他精湛的技艺震慑，无不称赞。走索王走到绳索的中央，忽然刮起山风，将绳索吹得左右摇摆，走索王几次试图稳住身体都没有成功，终于在众人面前跌落到山崖中，死前的惨叫声让人毛骨悚然。

蓬莱仙山的凌虚道长叹息地说："这都是因为被女子乱了方寸的缘故，是走索王命中的劫数。"命令童子将走索王散乱破碎的尸体装入布袋，带回了蓬莱山。在蓬莱山，凌虚道长用莲藕重塑了走索王的真身，并教授他幻化之术和除妖之术，将他收为自己的关门弟子。走索王感激不已，潜心学习仙术，但离开仙山的想法却一日强过一日。

一日，他对凌虚道长说："我从小跟着走索的伶人在江湖中行走，像天上的鸟儿一样自由，长时间驻足一个地方，只会让我的双腿萎缩颤抖，没有办法达到走索的最高境界，希望您能让我离开。"

凌虚道长听后大笑三声，以手轻弹走索王的面额："无欲无求并不是走索的最高境界，过分追求自由已经成为束缚你的枷锁，连人世间的道义都不遵守，谈什么绝顶高手？"

走索王随即大悟，当日赶回江州，侍奉在父母身边，从此隐姓埋名，像普通人一样生活着。他为人至孝，待人温和，虽有绝世的技艺却从不展露，在江州以屠狗为职业。过了五年，马易言夫妇相继去世，走索王悲恸过度，呕血不止，整个人奄奄一息，扶着棺柩顿足大哭，人们无法劝止。葬礼结束后，走索王就离开江州，从此游历江湖，来去无踪，仍旧以屠狗为职业，并降伏了许多妖魔。

山野樵夫说，曾经见过一个容貌丑陋的人在绝壁之间行走，也不知道是不是走索王。

2/过江

过江这种动物，生长在弱水之中，身长九百里，每三千年才长一寸，与天地齐寿，每逢汛期就游入长江，在长江里翻滚嬉戏。人们不知道这是什么生物，只当它是一只巨大无比的银鱼。

因为身形巨大，过江游过时总是会掀起滔天巨浪，将驶过的船只打翻。渔民们深受其苦，听信没有根据的谣言，以为是河神发怒，将年少貌美的女子沉入水中，却并没有消除祸患。

就这样过了很多年，一日傍晚，朝中掌管水利的官员梦到一位颧骨突起的异人，异人自言是弱水的水神，听说百姓被过江所祸害，特托梦教授解决之道。官员这才知道过江才是长江水患的罪魁祸首。异人说，民间有一位青指美人，擅长使用鱼肠剑，用鱼肠剑割去过江的犀角就能够解除过江之祸。

官员醒来后，将梦中所见所闻报告给武皇，朝中的许多大臣都不以为然，认为这是无稽之谈，不足为信。武皇却说："天底下很多事情是我们所不了解，却必须相信的呀。"于是通告天下，重金寻找青指美人。其间有很多人贪图钱财，将手指染成青色，冒充青指美人，都被拆穿了，处以重刑。前后寻找了十七年，才在会稽找到了真正的青指美人。

会稽简山公子容貌俊逸出尘，右手中指就像用碧玉雕琢而成，在黑夜中也会发出幽蓝的光芒，周围人都引以为异。百姓将这件事情告知郡守，郡守派人送来千两黄金，希望能请简山公子消除祸患，不料简山公子将送钱的仆人赶了出来，愤怒地说："难道为百姓消除祸患这件好事只能用金钱来衡量吗？道义是不能和金钱紧密联系的！三天之后，我一定会赶到长江岸边，除去过江这只怪物。"

仆人将这番话转述给守君，守君朝简山公子的住处作了一个揖，长长地叹息说："对万贯金银毫不动心，虽放浪江湖却怜悯芸芸众生，他的心中一定有无比坚定的信念，简山公子果然就是那个消除祸患的人啊。"

三天之后，简山公子果然来到长江岸边，但他并没有跳入水中，而是静坐在江边的大石上，如同一尊佛像。围观的人们等待数月之后纷纷散去，只有一位老人一直守在他身边，简山好奇地问他："为什么你不和其他人一同散去呢？"

老人回答："少侠的眉毛像剑一样插入鬓角，双唇紧抿，侠义之心通过相貌显现出来，我为什么不相信呢？"

简山公子说："老先生了解我啊。我在等我的朋友荣修，他正从关外赶回来。"

老人惊讶地说："难道是那位徒手杀死四条巨蟒的力士？他的美名已经传到了全国最偏僻的角落。"

简山公子回答："正是他。"

又过了十几天，还是没有等到荣修。老人说：“听说过江长达百里，翻个身就能腾起巨浪，这样的动物不是凡人所能制伏的。荣修虽然能杀死巨蟒，却未必能够消除过江之患，他是不是已经畏惧了？”

简山公子指着远处一个高大威猛的人影说：“荣修是个信守承诺的君子。”

老人于是不再言语，默默地走开了，把一片广袤的天地留给两位奇男子。

荣修此番从关外回来，还带来了一种坚韧无比的藤蔓，能够绑住数千斤的石头。简山公子将藤蔓缠在腰间，双臂缠铁索，让荣修站在岸边牵住，自己跳入水中，对荣修说：“我此番前去一定凶多吉少，如果我不幸溺死，一定要把我的尸体捞上来，不要让我的魂魄流离四方。”

荣修应允了。

简山公子于是跳下水去，逆流而上三十里，终于找到了过江。过江全身的鳞片如同铠甲一样不可穿透，月光下闪着银色的光芒，在河里游动卷起大潮。简山公子用铁索将自己绑在过江身上，慢慢地爬到过江的头部，抽出鱼肠刀准备割下过江的犀角。过江拼命摇摆身体，试图把简山公子甩下来，江水立刻溢出，飞溅的巨浪足有十丈高，看见的人没有不惊叹的。

简山公子耗尽了所有力气，但他想到自己与沿岸百姓的承诺，就没有放弃，仍然紧紧地抓住过江，终于将过江的犀角割除下来。过江疼痛难忍，撞上河中巨石，流出的血将整条江都染红了，过了三天红色才被冲刷干净。因为过江挣扎得太厉害，简山缠在腰间的藤蔓也被绷断，荣修收回藤蔓，藤蔓的尽头只有一把鱼肠剑，并没有见到简山的尸体。

此后过江再也没有出现，长江的水患也消失了。

荣修在长江边寻找了三年，始终没有找到简山公子的尸体，终于自杀，死前他大呼：“我是个不守承诺的人啊，答应简山的事情却没有做到。请将我的尸体投入长江，作为没有兑现诺言的惩罚！”

人们将荣修的尸体和简山公子的鱼肠剑合葬在一起，取名“君子墓”，这个坟墓后来埋没乡野，被荒草所掩盖。

3/苦竹玉

上古有神树，树冠高达百尺，能遮盖住整个村庄，远远看去，就像是一把巨大无比的伞。用刀斧砍它会流出鲜红的汁液，人们都说这是祥瑞的象征，要用琼浆牛羊供奉着。当众人从这棵树下走过时，都会匍匐跪拜，以表达崇敬之情。

一个姓徐的方士听闻这件事情，建议始皇将这棵树移植到阿房宫，并说："这样的神物难道不是上天赐给陛下的礼物吗？不老不死，接受万民的敬仰，这样的品质和陛下是一样的。"

始皇听信方士的话，准备移植这棵树，李斯进谏说："神树从岩石的缝隙中艰难地生长出来，餐风饮露，吸收日月精华，早就不同于一般的草木。树根连通的是秦岭的龙脉，如果贸然移动，恐怕会对陛下和国家都造成损害。不如遵循百姓的方法，用最甘甜的酒水和最肥壮的牛羊供奉，派专门的士兵守卫，每年举办祭祀活动，这样才是正确的做法啊！"始皇不听，动用了几万人，将这棵树移植到阿房宫。三年之后，神树果然枯萎了，过了不久，始皇驾崩，人们纷纷说："这是移植神树带来的祸患。"

唐贞元年间，有一个叫做苦竹的僧人，胡须和眉毛都是白色的，但容貌还是童子的模样。苦竹的剑术已练到了出神入化的境界，整个长安没有比他更厉害的剑客，许多年轻人慕名来到他的山门前，请求苦竹教习剑法。

苦竹谦虚地说："我的技艺并没有达到通晓天地法则的地步，怎么能够做你们的师傅呢？"众人不肯散去，苦竹只好收下三个徒弟。其中有个资质特别愚钝的，名字叫做荣修。众人都不解，询问苦竹这件事情："荣修出身寒门，对剑术一无所知，为什么要舍弃那些聪明人而选择他呢？"

苦竹预言说："这三个人中，其余两人会成为剑术方面的大师，只有荣修会成为宗师。"人们不以为然。

三人苦练几年，其余两人都已达到用剑气就可开山裂石的地步，在江湖中拥有了很高的声望，唯独荣修只学会一些简单的套路，动作笨拙不堪。人们更加认为苦竹之前的判断是错误的。苦竹微笑着不说话，坚持自己的看法。

荣修自感不如两位师兄，于是跑来向苦竹辞行："我花了三年的时间才达到别人学习一年的水平，这样下去，我永远不可能成为一名好的剑客。与其浪费您的心力，不如把学习世间高妙剑术的机会让给别人。"

苦竹说："我所看中的正是你这一点。"于是从怀中掏出一块绿色的玉石，放在荣修手上。玉石在荣修手中发出绿色光芒，看起来像冰块一样剔透，但它本身的温度却像火一样灼人。荣修惊奇地问道："这是什么东西？"

苦竹说："当年的上古神树被阿房宫一场大火烧去枝干，我那时还只是一名幼童，跟随父母到废墟中搜寻宝物，便发现了这块宝玉。神树是天地中生养的灵物，这块石头就是灵树的灵魂。"荣修惊讶得说不出话来——原来苦竹已经一千多岁了。

荣修跪在地上说："我所期盼的不过是成为好的剑客，并没有想到会收到这样的宝物。"

苦竹说："这块玉石能够帮助你的修行，但是如果你的德行败坏，这块玉石就会代我取走你的性命。"苦竹说完这番话就闭上眼睛圆寂了。

荣修将"苦竹玉"镶嵌在自己的宝剑中，每天勤加练习。三百斤的长剑在他的手中就如同鸿毛一样轻，他的剑术渐渐超过了两位师兄。因为勤奋和苦竹玉的缘故，荣修后来果然成为一代剑侠，出剑如同风驰电掣，可以做到一剑九孔。他的剑法自成一派，被江湖上年轻的仁侠所推崇。

成名后，荣修仍然保持了谦厚的本性，并没有因为出名而变得轻浮。他始终保持对剑术的好奇，不断研习前辈的剑术，希望能达到苦竹所说的通晓天地的阶段。

北邙山有巨蟒出没，祸害行人，许多侠客跑去铲除它们，最后却被它们吃掉。荣修听说后，骑马仗剑而去。他在树林中埋伏了三天三夜，不活动也不吃喝，和草木没有区别。一条赤色巨蟒从山洞中游出来，正好荣修的马匹走过，赤蟒将马缠死，吞入腹中，荣修却在附近没有动弹。

赤色巨蟒感受到人的热度，向荣修这边游过来，张开大嘴，从荣修脚后跟处开始吞食，荣修也由它去，好像死了一样。赤色巨蟒吞到一半时，荣修忽然抽出剑，割断赤色巨蟒的嘴巴，剑一折，就将巨蟒的毒牙撬了下来。

没有想到山中还有三条巨蟒，它们听到动静后都赶了过来。它们在游动时，树叶发出了沙沙的声音，让空旷的山谷更加诡秘。荣修并不害怕，知道这些巨蟒都是存活了千年的怪物，熟知人的习性，于是干脆抱拳站在赤蟒的尸体旁等待。三条巨蟒齐头并进，巨大的尾巴扫动着，如同三条皮鞭向荣修抽过来，荣修用剑轻易地拨了回去，持剑的手像风一样，划过每一条巨蟒，剑刃在巨蟒的身上刮出银色的火花。荣修的身体像剑一样舞动，已经分不出哪个是剑哪个是人，只看到一团影子在闪现。

没过多长时间，荣修就把这些巨蟒全部杀死，并且撬下了它们的毒牙。他正准备离开时，忽然从山洞中走出一个怒气冲冲的老人，须发皆白，用树叶遮住羞处，大声呵斥荣修："这些巨蟒都是天地间的神物，你为什么要杀死它们？"

荣修说："因为它们祸害行人，我只不过是为民除害，并没有做错啊！"

老人盘腿坐下，怒气不减道："它们并没有祸害行人。这个山洞接通龙脉，所以里面生长的生物都极大，如果杀死这些巨蟒，洞中的巨鼠就会变成人间的隐患。况且，巨蟒平素并不出山洞，只是碰巧被上山的猎人发现，猎人回去胡说八道，说北邙山的蛇怪作恶人间，其实这些传言都不值得相信啊！"

荣修感到羞愧，向老人跪下请求原谅。老人说："只听信谣言就鲁莽行事，这样是永远没有办法达到天人合一的境界的！"荣修十分惊讶，老人竟然知道他心中的想法。于是，他向老人讨教天人合一的方法，老人说："你手上的苦竹玉是上古神树的精魄，而我却是上古神树的真身啊！"接着，老人将天地法则教授给荣修。之后，荣修果然大彻大悟，却自此弃剑不用，遁走江湖，很少有人再看见他。至于老人教授给他什么，他也只字不曾提过。

后来，他与会稽简山公子交好，却因为过江之祸，两个人都死去了，苦竹玉从此不知所终。有人说曾经看见狂邪子柳决心佩戴过这块玉石；也有人说这块石头随荣修一起下葬了，江湖上出现的苦竹玉都是假冒的。众说纷纭，皆不足为信了。

4/纪叟

天授年间，泸州学子纪生屡试不中，畏惧父亲的威严，不敢返乡，只好逗留京城。过了不久，他就把盘缠用光了，只得从客栈搬到城外的破庙居住，与贩夫走卒们住在一起，几乎过上了乞讨的生活。

一日傍晚，纪生在出城的路上看见一只野兔，很想抓来当晚餐。他追赶那只野兔一直到郊外，却不小心走上岔道，最终也没有抓到那只兔子。纪生反复走了几遍，最后都走回原地。之前他一直听那些同住的村夫讲一些野狐奇谈，知道自己可能落入了狐狸的陷阱，于是喊道："我所畏惧的不是死亡，而是不知道怎么死去。我希望布下这个陷阱的人能够当面告诉我，我到底犯了什么错误。"

无人应答。

这时候天已经黑了，纪生更加畏惧，全身战栗到说不出话来。忽然不远处出现了一盏红色的灯火，一个缥缈稚嫩的声音问道："请问客人是不是泸州纪生？"

纪生以为是路过的行人，高兴地回答："是啊！"

"半年前，我见你的时候，你还穿着苏州制的丝绸长袍，腰上佩戴宝玉，丰神俊秀，就像是降落人间的仙人一样。没想到现在你居然穿着破旧的布衣，整个人都憔悴委靡，和以前大不一样了。"

纪生羞愧地说："人的境遇是由上天决定的啊！"

那个说话的人走到纪生的面前，纪生这才看清楚他的容貌。原来是一个红衣童子，长得十分清秀，额头上有一条深长的疤痕。童子说话十分老成，他对纪生说："我姐姐和我就是来帮你改变境遇的！"

纪生跟随童子走到一个大宅前，宅邸用美玉做地砖，用轻薄的绸缎做帘子，还有轻柔的雾气围绕，双足就像踏在云端，场景如诗里的广寒宫一般。纪生赞叹："这样的景象不应该在人间出现。"

过了不久，一个白衣女子迎出来，容貌清秀淡雅，一见纪生就跪下来，哭着说："听说您这半年过着穷困潦倒的生活，这实在是我的疏忽，希望能够得到您的原谅。"

纪生惊讶地说："我并不认识你。"

女子将之前的事情娓娓道来："半年前，先生在城南的听海楼喝酒，在酒窖里发现两只喝醉的狐狸，有没有这回事？"

纪生说："有，是一只稍大的白狐和一只略小的赤狐。"

女子哭得更加厉害，头低伏在地上，说："听海楼的掌柜认为狐狸是邪魅之物，要将两只狐狸剐皮示众。先生不忍，花重金将这两只狐买下，带到城南放生。”

纪生回答：“是有这么一回事。”

白衣女子更加泣不成声：“我就是那只白狐。刚才那个赤衣童子就是赤狐，他额头上的伤疤就是那时候留下来的。”

纪生听后大吃一惊，将女子扶起来，说：“那不过是举手之劳，并不值得被记住。”

女子道：“希望能够侍奉在先生的左右。”纪生以人妖殊途的理由婉拒。女子再三请求，以死相胁，纪生才同意女子陪侍左右。纪生为女子起名为“蒹葭”。

蒹葭与纪生回到京城，以擅长酿酒闻名，喝过她酿的酒的人，没有不称赞的。她尤其擅长酿造葡萄酒，味道芳泽，回味绵长，被称为长安一绝。

纪生已经没有生活上的担忧，又在蒹葭的照顾之下，学业精进，在两年之后的考试中金榜题名，被命为沧州刺史。而后官职节节攀升，年纪轻轻就已经在朝堂上占据重要的地位，可谓春风得意，但蒹葭却越来越沉默寡言，容貌也不如往日明艳，经常呆坐在窗前。纪生问她：“听说你最近饮食不进，有什么事情让你担忧呢？”

蒹葭紧皱眉头，说：“一百年前，我的母亲曾经将我许配给琅琊山的诡狐，他凶残暴躁，法术高强。现在婚期将近，我恐怕以后不能陪伴在先生身边了，这就是让我担忧的事情啊！”

纪生沉吟片刻，说：“在我沦落江湖的时期，常常在民间行走，曾经认识过一些江湖上的侠士，其中有一个屠夫，名叫马廉，听说能够降服妖邪。”

二人找到马廉，马廉正在屠狗，技艺十分高超。此人容貌甚丑，却十分讲义气，听完纪生的讲述之后，笑道：“这样的小妖何必放在心上。事成之后，一定要给我几壶蒹葭亲手酿造的葡萄酒作为报酬。”纪生见他如此侠义，更加崇敬他。

三日后，京城黑风大作，草木都失去了光彩，蒹葭大惊失色，哭着说：“诡狐来了，希望先生能够让我离开，以免累及无辜。”

纪生抓住蒹葭的衣角，不让她离开。

黑风中出现一名黑衣男子，容貌十分狰狞，双手一摆，立刻飞沙走石。风沙迷得人睁不开眼睛，将河岸的垂柳连根拔起。黑衣男子化作一道白光，从黑云中飞下来，飘到纪生的面前，厉声说：“你竟敢抢走我的妻子！”他十指伸长，如同利剑一般，说话间就要将手指插入纪生的胸口。蒹葭冲上前，长袖飘飘，将那十根手指卷入袖中，身手轻柔曼妙，却隐含杀机，准备与诡狐同归于尽。

蒹葭的道行不如诡狐，没有缠斗多久就落了下风。诡狐用结界将蒹葭困在紫色圆圈中，圆圈越变越小，蒹葭几次都没有冲破，身体因此更加虚弱。纪生大呼："马廉，你为什么还没有来？"

忽然，天空中出现一道紫色闪电，闪电里奔出一匹独角骏马，比普通的骏马要大几倍之多，双目炯炯有神。骏马用独角顶上诡狐的胸口，诡狐变回狐狸的样子，顺势咬上了骏马的脖子，骏马长嘶一声，前蹄撑开，将诡狐踢出百丈之远。而后诡狐又变换作大鹏的形状，双翅撑开时将云层都撕裂了，只见它利爪弯曲，想要把骏马抓起丢入附近的大湖。骏马并不畏惧，猛地用后蹄踢开大鹏，将大鹏的一只翅膀踢折了，大鹏随即发出"啾啾"的哀鸣声。几经变换，诡狐无计可施，最后变成一条蟒蛇，缠住骏马的四肢。骏马不能动弹，长嘶几声。忽然，又是一声惊雷，骏马和蟒蛇同时从云层中跌落，落地时发出了巨大的声响。有胆大的百姓走过去看，发现地上砸出一个半丈深的大坑，独角骏马已经不知所终，地上只有一只巨大的死狐。

蒹葭从结界中走出来，转忧为喜，说："那位屠夫果然是异人啊！"

数日后，夫妻俩拿着自酿的葡萄酒去见马廉，马廉已经不在了，周围的人都不知道他去了哪里。

后五年，纪生被名利所累，心念江湖，于是辞去官职，隐去姓名，自称纪叟，在宣城的一个小角落里开了一间酒肆，每次酿酒都香飘四溢，传播几百里都不减淡，为世人称赞。后纪叟去世，蒹葭便不知去向了，人们也就再没有喝过那么好喝的酒了。

李白曾作诗祭奠他：纪叟啊，你在黄泉是不是还酿着老春酒。只是那里没有李白，你酿的酒有谁会懂呢？

图书在版编目（CIP）数据

惊奇物语 / 南派三叔等著. —北京：北京联合出版公司, 2013.4

ISBN 978-7-5502-1483-5

Ⅰ.①惊… Ⅱ.①南… Ⅲ.①短篇小说—小说集—中国—现代 Ⅳ.①I247.7

中国版本图书馆CIP数据核字（2013）第078315号

惊奇物语

作　　者：南派三叔　等
选题策划：北京磨铁图书有限公司
责任编辑：徐秀琴
特约监制：柳　易　梁睿乔
特约策划：罗　斐　管嫣红
产品经理：陌子涵
特约编辑：姬庆祥　樊广灏
封面设计：熊猫布克

北京联合出版公司出版
（北京市西城区德外大街83号楼9层　100088）
廊坊市兰新雅彩印有限公司　新华书店经销
字数320千字　700毫米×980毫米　1/16　印张18
2013年6月第1版　2013年6月第1次印刷
ISBN 978-7-5502-1483-5
定价：32.80元
